台湾企業の発展戦略

ケーススタディと勝利の方程式

朝元照雄

勁草書房

はしがき

　この書籍は前著『台湾の経済発展：キャッチアップ型ハイテク産業の形成過程』（勁草書房，2011 年）および『台湾の企業戦略：経済発展の担い手と多国籍化への道』（勁草書房，2014 年）に続くものである。
　前者の執筆の動機は，「なぜ台湾は"中所得国の罠"に陥らないで，「産業の高度化」を推進することができたのか」という問題意識によるものである。台湾の半導体産業，液晶パネル産業およびノートパソコン産業の基礎を支えてきた工業技術研究院（ITRI）およびサイエンスパークの新竹科学工業園区の存在を明らかにしたものである。
　前者の研究から多くの台湾企業の活躍を知り，次の研究に進むようになった。後者は世界最大のファウンドリー（自社ブランドを持たず，他社から製造受託の半導体専門のビジネス）企業の台湾積体電路製造（TSMC），世界第 4 位のファブレス企業の聯発科技（メディアテック），世界最大の EMS（電子製造サービス）企業の鴻海（ホンハイ），世界第 3 位の液晶パネル企業の群創光電（イノラックス），世界第 5 位のノートパソコン企業の華碩（エイスース）を分析した。ある意味では前者で明らかになった台湾の半導体産業，液晶パネル産業およびノートパソコン産業の中でハイテク産業の発展を支えてきた具体的な企業を選んでさらに進んで考察したものである。
　しかし，一国の経済発展を支えたのはハイテク産業・企業だけでなく，インフラを支えた通信事業や金融サービス関係も無視することができない。特に，WTO 加盟に備えて，経済の自由化・国際化の潮流の中で公営事業の民営化を行ったのが中華電信（CHT）である。
　1996 年 1 月 16 日に立法院で「電信三法」（電信法修正案，交通部電信総局組織条例，中華電信股份有限公司条例）が承認された。それによって，交通部電信総局による通信事業の運営から中華電信が公営事業として分割されるようになった。続く 2005 年に，さらに進んで中華電信の公営事業の民営化が推進され，

独占的経営の終焉を迎え，次の自由競争の局面を迎えるようになった。

　日本の通信事業・日本電信電話公社（電電公社）の民営化によって日本電信電話株式会社（NTT），NTTグループが誕生した。中華電信は「台湾版NTT」と理解しても良いし，公営事業の民営化に成功したケースを解明したものである（第1章）。

　そして，2001年11月1日に台湾のフィナンシャル・ホールディングス法が公布された。それによって，多くの金融機構がフィナンシャル・ホールディングス（FH）を組織するようになった。国泰金融控股（キャセイFH）はそのFHの中でも売上高が最も高い民間企業である。国泰FHの傘下には国泰人寿（生命保険），国泰産険（物産保険），国泰世華商業銀行，国泰創業投資，国泰綜合証券および国泰証券信託の6つの子会社を擁している。他の銀行のM&A（合併・買収）の経緯を考察したものである（第2章）。

　第3章は世界最大の自転車企業のジャイアントを研究する。1972年にジャイアントは設立された。1970年代初期にジャイアントはアメリカ最大ブランドのシュウィン（Schwinn Bicycle）社からバイクのOEM受託生産を獲得した。1979年に，シュウィンのシカゴ工場では大型ストライキが発生し，ジャイアントに発注する台数が次第に増えるようになった。ジャイアントとシュウィンの双方の合弁企業の設置を希望した。最終的な合意を得る際に，シュウィンは突如，香港の自転車製造企業は中国の深圳で共同出資の中華自転車（CBC）を設けるようになった。明らかにシュウィンからの裏切行為である。

　1986年に劉金標董事長は決死の覚悟でオランダにジャイアント・ヨーロッパ本部を設立し，自社ブランド「GIANT」の第一歩を歩み出した。それ以降，世界の販売網を構築するようになった。その後，アルミ合金，炭素繊維などの新素材や製造技術の改善，海外の専門家を招聘し，ジャイアントの開発チームに参加させた。そして，対中進出によって大規模の製造ができた。ツール・ド・フランスに賛助し，多くの賞を獲得した。それによって，製品のブランド化を構築し，世界最大のスポーツ・バイク企業に成長するようになった。

　第4章は世界第4位（一時的に第2位）パソコン・ブランドのエイサー（宏碁）を対象にしている。1976年にエイサーは設立された。2000年12月の2回目の改造時に，エイサーを2つに分社化し，1つはブランド企業のエイサー，

1つはODM生産の緯創資通（Wistron＝ウィストロン）である。それに，BenQのブランドと製造を兼ねる明碁グループ（BenQ，後に明基電通に改名）である。

2005年1月1日にエイサーのヨーロッパ地域社長（イタリア籍）のジャンフランコ・ランチがエイサーの総経理（社長）に就任する。それ以降，エイサーは買収によって，ゲートウェイ（Gateway），パッカード・ベル（Packard Bell），eMachinesおよびFounder（方正）など5つのブランドを擁することになった。それによって，エイサーの世界シェアは2006年の6.8%（第4位）から2009年の13%（第2位）に大きく上昇し，HP（ヒューレット・パッカード）に次ぐまでに大きく躍進した。2008年にエイサーのネットブックAspire Oneが発売され，直ちにエイスースのネットブックの販売台数を超え，ネットブックの勝者になった。

しかし2010年5月，アップルがタブレットのiPadを発売し，同年9月，サムスン電子もタブレットのGalaxy Tabを発売し，アンドロイド（Android）方式のプラットフォーム市場に進出した。先進国におけるパソコンの飽和とタブレットの発売によって，ノートパソコンの出荷量の減少という悪い影響を及ぼし，エイサーの業績の悪化をもたらした。

第5章は宏達国際電子（HTC）を考察する。1997年のHTC設立以降，リスクが低く，掌握しやすく，ポケコンと呼ばれるPDAを選択し，参入するようになった。それ以降，HTCは通信機器に参入し，世界初のPDA機能付きの携帯電話（PDA Phone）を製造した。さらに，HTCは3G時代の新しいビジネスチャンスを反映して，3G対応のPDA機能付きの携帯電話を開発するようになった。その後，HTCのアンドロイド・システムの携帯電話「HTC Magic（マジック）」（俗称G2）は，当時，アップルのiPhoneに次ぐ，ランキング第2位の売上量を記録した。アップルのiPhoneの発売前にHTCが先駆けてタッチパネル，ページを捲る方式を開発したことは，いままでの努力の方向性が正確であることを証明した。しかし，HTCのスマートフォンの操作とアップルのiPhoneが類似しているため，HTCはアップルの特許侵害の訴訟の対象になった。特許侵害の訴訟以降，HTCの業績の悪化をもたらした。

表は台湾証券取引所上場銘柄の売上高ランキング（2015年）と税引き後の純利益である。本書の第1章で扱った中華電信は第23位，第2章で扱った国泰

表　台湾証券取引所上場銘柄の売上高ラン

2015年順位	企業名	企業コード	2015年売上高（1,000台湾元）
1	**鴻海**	2317	4,482,145,967
2	和碩	4938	1,213,712,976
3	廣達	2382	1,007,257,380
4	仁寶	2324	847,305,698
5	TSMC	2330	843,497,368
6	台塑化	6505	629,513,853
7	緯創資通（ウィストロン）	3231	623,273,988
8	大聯大	3702	515,536,489
9	**華碩（エイスース）**	2357	472,335,318
10	**国泰 FH**	2882	441,265,039
11	富邦 FH	2881	430,242,760
12	統一	1216	416,151,323
13	英業達	2356	395,470,221
14	**群創光電（イノラックス）**	3481	364,132,984
15	友達光電	2409	360,346,494
16	台化	1326	329,349,307
17	聯強	2347	322,133,452
18	南亜プラスチック	1303	299,781,414
19	中国鋼鉄	2002	285,053,876
20	日月光	2311	283,302,536
21	寶成	9904	269,081,173
22	**宏碁（エイサー）**	2553	263,775,202
23	中華電信	2412	231,795,104
27	**聯発科技（メディアテック）**	2454	213,255,240
44	HTC	2498	121,684,231
71	ジャイアント	9921	60,417,621

（注）　10，22，23，44，71は本書で研究対象の企業の順位である。
　　　なお，1，5，9，14，27は前著『台湾の企業戦略』の研究対象の企業。
　　　2005年の群創光電のデータは前身の奇美電子のものである。
　　　2005年の和碩（ペガトロン）は華碩（エイスース）から分社化されていないた
　　　2005年の大聯大のデータは公表されていない。
（出所）　台灣證券交易所『證券統計資料年報』，『上市股票公司財務資料簡報』を筆者

FHは第10位であり，第3章で扱ったジャイアントは第71位，第4章で扱った宏碁（エイサー）は第22位，第5章で扱ったHTCは第44位である。
　そのほかに，2005年の売上高および2005～2015年の売上高の増加を示している。売上高ランキング第2位の和碩（ペガトロン）は2009年に華碩（エイス

はしがき

キングと税引き後の純利益（2015年度）

2005年 売上高 （1,000台湾元）	2005～15年 増加倍率 （倍）	2015年 純利益 （1,000台湾元）	2015年 純利益率 （％）
673,501,824	6.65	146,866,977	3.28
─	─	23,811,625	1.96
403,104,473	2.50	17,827,131	1.77
220,902,441	3.84	8,684,610	1.02
264,588,364	3.19	306,573,837	36.35
443,320,450	1.42	47,301,922	7.51
154,941,812	4.02	1,334,094	0.21
─	─	5,420,469	1.05
179,764,037	2.63	17,097,470	3.62
23,217,710	19.01	57,513,572	13.03
11,048,314	38.94	63,592,585	14.78
40,251,951	10.34	14,107,839	3.39
162,554,195	2.43	5,563,633	1.41
152,844,615	2.38	10,815,594	2.97
217,295,128	1.66	4,931,960	1.37
159,782,720	2.06	27,578,193	8.37
57,590,117	5.59	3,185,995	0.99
167,510,166	1.79	31,741,605	10.59
186,317,669	1.53	7,604,721	2.67
53,523,704	5.29	19,478,873	6.88
13,759,919	19.56	9,531,358	3.54
204,958,099	1.29	603,680	0.23
183,381,851	1.26	42,805,728	18.47
46,491,209	4.59	25,958,429	12.17
72,768,522	1.67	－15,533,068	－12.77
10,750,280	5.62	3,843,479	6.36

め，売上高は華碩に含まれている。

が整理したものである。

ース）から分社化し，ノートパソコンのODM専門の企業として独立した。近年，鴻海と和碩はアップルからiPhoneのODM生産のため，売上高の増加に寄与している。第11位の富邦FH，第10位の国泰FH，第21位の寶成（ナイキーなどから運動靴のODM生産企業），第12位の統一（台湾最大の食品企業）の

2005～2015年の売上高は2桁の倍率（10.3～38.9倍）の伸びを見せた。税引き後の純利益を売上高で割ったのが純利益率であるが，TSMC，中華電信，富邦FH，国泰FH，メディアテック，南亜プラスチックの純利益率は2桁の業績をあげた。最近，業績不況のスマートフォンのブランド企業HTCの純利益率はマイナス，パソコンの飽和による需要減の影響を受けたエイサー，緯創（ウィストロン）の純利益率は0.2%台の低いパフォーマンスであった。

　筆者は筑波大学大学院時代の恩師の渡辺利夫教授（拓殖大学前総長）から開発経済学とアジア経済論の基礎的学習の指導を受けた。開発経済学の基礎から最新の研究動向に至る学問的展開，問題意識を理論，政策と実証とのバランスの上に配置するという研究の方向性を示唆していただいた。御礼を申し上げたい。学部時代の指導教授の板垣與一教授（故人，一橋大学名誉教授）および飯島正教授からは一般的な学問，そして人生の啓蒙教育を受けた。これらの先生から途上国の経済研究について学んだことが，その後の研究分野を決定付けることになった。

　既刊の台湾経済関連書籍の執筆に協力してくださった方々にも感謝を申しあげたい。それは渡辺利夫，羅福全，劉進慶（故人），施昭雄，劉文甫，陳添枝，伊東和久，佐藤幸人，宮城和宏，梶原弘和，瞿宛文，蘇顕揚，呉恵林，劉仁傑，川瀬光義，中嶋航一，顧瑩華，董安琪，水橋佑介，李宗榮，今井孝司，蔵田大輔，張維青，黄登忠（故人），小野瀬拡，中原裕美子，赤羽淳などの諸先生である。森田明先生（大阪市立大学名誉教授）には拙い論文を添削していただいた。一読者の視点から読みやすいようにコメントを寄せてくれた。大変有難い日本語の師である。

　個々のお名前は省略するが，政府，大学，中央研究院，工業技術研究院，新竹科学工業園区管理局，企業関係者から資料の提供，インタビューへの対応など，多大のご協力をいただいたことにも御礼を申し上げたい。特に，日本台湾学会第18回学術大会（宇都宮大学，2016年5月21日）で，ジャイアントの劉金標董事長が基調講演を行い，筆者は「ジャイアントの勝利の方程式」（本書第3章の一部分）について論文を発表した。大会期間，劉董事長，羅祥安総経理，中村晃・ジャイアント・ジャパン社長などからジャイアントについていろ

いろ教わった。記して感謝の意を伝えたい。また，九州産業大学の山本盤男学長，内山敏典研究科長，益村眞知子前学部長，黄完晟産業経営研究所長および文言所長をはじめとする諸先生からも御教示をいただき，大変お世話になった。

本書のカバーの写真は郭雪湖（1908～2012年）の代表作「南街殷賑」（1930年，絹・着色，188×94.5センチ）であり，台北市立美術館に所蔵されている。ご厚意によって貴重な写真を提供していただき，感謝の意を申し上げたい（図案使用契約書番号 105-08-01-19）。

2006年に福岡アジア美術館で「日本時代の台湾絵画」美術展が開催され，初めてこの絵画を見て，深い印象が残った。絵画は植民地時代の雑踏する迪化街城隍廟口（台北の乾物問屋街）を描いていて，屋号の看板は中国語のほかに日本語も使っている。当時の面影を感じさせ，大変興味深い。この現物の絵画を見たい場合，是非台北市立美術館に見に行っていただきたい。また，「麗しの島：近代台湾と日本（中）」（『日本経済新聞』美の美，2015年6月21日付）に，「日本時代の台湾絵画」の特集を組んでいて，名画「南街殷賑」のカラー写真が大きく掲載され，大きな紙幅で紹介した。合わせて読むように薦めたい。さらに，編集に心を砕いて下さった勁草書房編集部の宮本詳三氏には深く御礼を申しあげたい。

最後に，研究生活と私生活に愛情を込めて，長年支えてくれた妻・照子（翠娥）に本書の成果を捧げたい。妻から研究に適した環境を提供されなかったらこの書籍の執筆はできなかっただろう。息子・雅明と嫁・真理，可愛い孫の凛，葉月など，私の家族にも感謝したい。

平成28年　初夏

朝元　照雄

目　次

はしがき

第 1 章　中華電信（CHT）……………………………………3
―― 公営事業民営化の変遷過程 ――

はじめに　3
Ⅰ．通信事業の沿革　4
Ⅱ．中華電信の発展　16
Ⅲ．民営化後の企業戦略　23
おわりに　43
コラム①　台湾で尊敬されている日本人・八田與一　48

第 2 章　キャッセイ・フィナンシャル・ホールディングス
　　　　　（国泰金融控股）……………………………………49
―― 世華聯合商業銀行と第七商業銀行の M&A による勢力の拡大 ――

はじめに　49
Ⅰ．銀行の設立緩和後の発展と合併　50
Ⅱ．台湾の FH の現状　54
Ⅲ．国泰 FH の展開　61
Ⅳ．世華聯合商業銀行と第七商業銀行の合併の動機　70
Ⅴ．国泰 FH の海外進出　73
おわりに　75
コラム②　蔡英文総統の誕生と台湾の民意　77

第3章　ジャイアント（巨大機械工業）……………………………………79
　　　　　──ツール・ド・フランスの賛助によるユーザー・イノベーション
　　　　　戦略とコア・ケイパビリティの追求──
　はじめに　79
　Ⅰ．自転車産業の発展　81
　Ⅱ．ジャイアントの沿革　86
　Ⅲ．ジャイアントの企業戦略　95
　Ⅳ．ジャイアントの製品開発　115
　Ⅴ．戦略的同盟 A-Team　128
　おわりに　136

第4章　エイサー（宏碁）……………………………………………………141
　　　　　──ゲートウェイ，パッカード・ベルなどの買収による多ブランド
　　　　　戦略の選択──
　はじめに　141
　Ⅰ．エイサーの沿革　142
　Ⅱ．組織の改組　172
　Ⅲ．ブランド戦略　178
　おわりに　190

第5章　宏達国際電子（HTC）………………………………………………195
　　　　　──自社ブランド構築へのプロセス──
　はじめに　195
　Ⅰ．HTC の沿革　197
　Ⅱ．HTC の企業戦略　209
　Ⅲ．企業組織と財務分析　217
　Ⅳ．王雪紅の企業家への道　221
　おわりに　233

初出論文………………………………………………………………………239
人名索引………………………………………………………………………241
事項索引………………………………………………………………………246

台湾企業の発展戦略
―― ケーススタディと勝利の方程式 ――

第1章　中華電信（CHT）
―――公営事業民営化の変遷過程―――

はじめに

　1980年代末に世界経済の自由化と国際化の潮流に沿って，公営事業の民営化が論議されるようになった。民間企業ができる事業は民間に任せるという，「大きな政府」から「小さな政府」への転換の動向が見られるようになった。1989年，台湾の行政院（総理府に相当）は「公営事業民営化推進小委員会」を設け，民営化推進に関する検討を行った。

　1991年，立法院（国会）は「公営事業民営化移行条例」を公布し，翌年，「公営事業民営化移行条例施行細則」を発表した。1996年末，行政院院長（首相に相当）連戦は「国家発展会議」を開催した。同時に，公営事業民営化推進小委員会は国家発展会議のコンセンサスに基づいて，公営事業民営化のタイムスケジュールを制定し，2002年6月末までに民営化作業を完成するよう政府に要求した。

　通信事業は公共サービスおよび資本集約型産業の特性を擁していた。そのために，過去において多くの国々では公営事業による経営が法的に規定されていた。台湾の中華民国憲法の第143条において，公共事業および独占的な事業の公営が原則であると規定された。中華電信が設置されたあとも，公営事業による独占的な経営が行われていた。

　しかし，通信技術の進歩および市場のニーズの変化によって，通信事業の独占的な経営および公共事業などの設置理由は，時代の変化とともに消失するようになった。それに，WTOの「基本通信協定」の要請のもとで，多くの国は通信市場を次第に開放するようになった。中華電信の民営化の趨勢を止めるこ

とができなくなった。

　1996年1月16日に立法院で「電信三法」（電信法修正案，交通部電信総局組織条例，中華電信股份有限公司条例）が承認された。それによって，約100年間にわたり実施された交通部電信総局による通信事業の運営から，中華電信股份有限公司（CHT，以下，中華電信）が公営事業として分割されるようになった。同時に，台湾国内の通信市場を全面的に開放するようになった。続く2005年に，さらに進んで中華電信の公営事業民営化が推進され，独占的経営の終焉を迎え，次の自由競争の局面を迎えるようになった。

　このような公営事業民営化の経緯を踏まえて，本章は次のように展開する。まず，第Ⅰ節は戦前および戦後台湾の通信事業の沿革を概観する。続く，第Ⅱ節は電信総局時期，中華電信の公営時期，公営事業の民営化時期および民営化以降の時期に分けて考察する。第Ⅲ節は民営化以降の中華電信の企業戦略を分析する。ここではファイブ・フォース分析，SWOT分析およびプロダクト・ポートフォリオ・マネジメント（PPM）分析を行う。最後の節は中華電信の短期，中期，長期の発展目標を検討する。

Ⅰ．通信事業の沿革

　以下は**表1-1**に沿って台湾の通信事業と中華電信の沿革を説明する。

(1)　戦前の通信事業

　台湾の通信事業は清・光緒3年（1877）に，福建巡撫（省知事）丁日昌が台湾の府城（台南）から安平港および打狗港（高雄）までの電報回線を敷設したことから始まった。清仏戦争以降，欧米先進国のアジア進出を見て，清朝は台湾を地政学的に重視するようになり，福建省傘下の台湾を「台湾省」に昇格した。光緒12年（1886）に台湾巡撫・劉銘傳は台北で「電報総局」を設立した。電報（公務用と民間用）の業務を開始し，台湾が近代的インフラの構築の第一歩を歩み出すようになった。

　光緒21年（1895），日本による台湾の植民地統治が開始された後，電報および電話などの通信事業が大きく前進するようになった。明治28年（1895）に

第1章　中華電信（CHT）

表1-1　台湾の通信事業と中華電信の沿革

年別	事項
1877	福建巡撫（省知事）丁日昌は台湾府城（台南）から安平港と打狗港（高雄）までの電報回線を敷設すると提言。電報回線は同年10月に完成。
1886	台湾省に昇格したあと，台湾巡撫劉銘傳は台北に「電報総局」を設立。電報業務は公務のほか，民間にも開放。台北から基隆，滬尾，台南の陸上回線を敷設，合計800里。のちには安平から澎湖，滬尾から福州の海底回線を敷設。
1887	滬尾，基隆から台北の回線を竣工。滬尾，基隆の2ヵ所に電報局を設置。台湾北部の淡水から福州，安平から澎湖の海底回線が開通。主な使用者は，台湾と中国間で貿易に従事した外国人商人。
1888	基隆，滬尾から台南の回線竣工。 劉銘傳は通信人材の育成のため，台北大稲埕に電報学堂を設立。
1890	台北電報総局に電報学堂を開設。
1895	日清戦争後，台湾を日本に割譲。近藤師団が台湾に駐在し，基隆と七堵で軍用電信所を設置。それ以降，台湾各地に電信事務所を設置。
1896	台日間海底電報ケーブルを開設。軍事用。
1897	台日間海底電報ケーブルを民間急用に開放。 福州と淡水間の海底電報ケーブルを敷設。「淡水－川石山線」と称した。日本と国外通信予備用回線。 台湾最も早い電話は，澎湖の日本軍部門間に敷設。
1898	台湾総督府は台湾の電信所を7等級局に分けた。1等局，2等局，3等局，支局，出張所，受取所，取扱所。
1900	「電話交換局官制」を交付し，電話交換局を台北，台中，台南に設置。台北と台南は5月9日に開設，台中は6月3日に開設。 台湾総督府は「電信法」を実施。
1906	台中と台南間の電話が開通。
1920	富貴角に無線電信局を設置。一般通信業務を行う。
1921	特定航路の船舶に無線電取扱所を設置。海上船舶の通信範囲を増やし，沿海の漁場開拓を促進。
1925	台湾-日本間の海底無線電の通話開始。 鵝鑾鼻に無線電信局を設置。日本とオーストラリア，南洋などとの連絡局。後に台南市に移動。
1926	基隆線電信局を真空管方式に変更。
1928	宜蘭-台北間に無線電通信を開設。 台東，花蓮に無線通信を設置。沿岸で運航する漁船の連絡用。予備用回路にする。 通信省が放送所を設置。無線電話の放送（無線放送）を実験的に開始。
1929	基隆無線電信局の真空管方式に変更。

表 1-1 つづき

年別	事項
1929	澎湖と台南間で短波無線通信を使用。
1930	台北と香港間で直接無線通信が開通。
1932	台北とマニラ間で直接無線通信が開通。各地に放送台が設置。
1933	台北と東京間で直接無線通信の試通話に成功。
1934	台北と東京間で直接無線通信が開通。
1936	台北電信局が航空無線通信業務を開始。台北空港内に電信局分室を設置，関連業務を実施。
1940	台北と上海間の無線電話通信を開通。
1941	台北と大連間の無線電話通信を開通。
1944	台北と上海間の無線電話通信を停止。 台北と大連間の無線電話通信を停止。
1945	台湾復帰，台湾行政長官公署交通処が「郵電管理委員会」を設立。全台湾の郵政・通信業務を接収。 7名の委員が通信業務，通信工務，台北郵便局などを兼任。
1946	第1次台湾省参議会大会を開催。台湾電化公司，台湾電力公司など7大事業を資源委員会と台湾省が共同で運営。 2名の委員を増やし，台北電信局（電報局）と台北電話局を兼任。 5月，郵政総局，電信総局を台湾郵電管理局に改組。
1949	台湾郵電管理局を電信管理局と郵政管理局に分けた。電信管理局は交通部電信総局に所属し，台北国際電話局，電波研究所と同じように交通部直轄機構。 台北国際支台，開放台を設置，台湾と香港間，台湾とアメリカ間の通話を開放。
1950	台湾と日本，台湾とフィリピン間の通話を開放。
1951	台湾とアメリカ間，台湾とフィリピン間のファクシミリ業務を開放。 アメリカは台湾で台湾援助公署を設立。アメリカ援助を提供し，通信インフラ建設に支援。
1952	台北地区に信用制公用電話を開放。
1953	「4ヵ年電信建設計画」を実施。市内電話交換設備の拡張を優先。
1958	日本電電公社と技術協力方策を提携。双方が人員を実習として派遣。
1960	アイゼンハワー大統領が台湾訪問。台湾と日本間，台湾とアメリカ間の電報回線各1回線をニュース発信用として拡張。
1962	自動電話41,500号機拡張計画を実施。アメリカ開発基金会から520万ドルの借金を申請。
1963	台北と台中間長距離ダイヤル・サービスを開放。
1965	アメリカが1964年に発起した2項目の協定に加入。「国際通信衛星企業」のメンバーに。
1966	地上電話台と衛星との通信のため，地上電話台建設計画を計画。
1967	屏東にマイクロウェブ・システムを設置し，香港との通信回路を開放。

表 1-1 つづき

年別	事項
1967	世界銀行からの借金による市内電話の拡張，長距離直接ダイヤルシステムの構築，マイクロウェブ幹線の拡張。電信訓練センターの設立。アメリカ専門家の来台による地上電波台の規格の制定。 国際電信台を国際電信局に改称。国際電信局暫定組織規程の公布。
1969	電信管理局の通信組織を調整。「研究設計委員会」，「電信訓練所」を設置。 電波研究所を電信研究所に改組。 衛星通信地上マイクロ波の使用開始。太平洋地域衛星通信との連結。 屏東にマイクロウェブ・システムを設置し，フィリピンとの通信回路を開放。 台北と基隆間全自動化の電話直接ダイヤルサービスを開放。
1970	台北国際電信台を台北電話局および台北長距離電信局に改組。 市内電話機の据え付け期日の短縮，台北と基隆間長距離直接ダイヤル業務を実施。 成功大学，台北工業専門学校と台中高等工業高校などと産学協力，電信クラスの学生を公募。 国際電報回路の増設（電報，ファクシミリ，新聞放送など 103 回線）。 台湾とアメリカ間のコール電話を開放。
1971	通信設備の拡張，第 2 次円借款。 国際通信連合会の専門家 H. Gable などが来台，全電子式電報交換機とマイクロ波回路の改善技術を協力。
1972	台北，台中，高雄間の長距離電話の自動ダイヤル・サービスを完成。国際コール電話サービスを開放。
1973	大台北地域の人口増加により，電話番号を 7 ケタに。
1974	2 台目の衛星通信地上台が完成。ヨーロッパとアフリカとの接続完成。 電信建設第 6 次 4 ヵ年計画は 6 ヵ年国家経済建設計画に合わせて，第 7 次計画と合併。電信第 1 次 6 ヵ年中期計画に改める。
1975	「郡には電話を」（郷郷有電話）目標を完成。
1978	国際電話を開放。
1979	電子式自動電報交換システムを導入。自動再度ダイヤル，同番号多回線，自動記帳など機能の提供。 台湾と琉球（沖縄）間の高品質海底ケーブルを完成。
1980	台湾とルソン島間の海底ケーブルを敷設。「農村には電話を」（村村有電話）計画を完成。
1981	3 台目の衛星通信地上台を完成。太平洋地域衛星作業を強化。 デジタル通信所を設置。デジタル通信ネットワークおよびデジタル処理システムを構築。 台湾とグアム島間の海底ケーブルを敷設。 大容量デジタルタイプの長距離電子交換機を導入。長距離電話がデジタル時代に進出。 台湾全島の市内電話，長距離電話ネットワークの自動化を完成。
1987	台湾，香港，シンガポール間の海底ケーブルシステムを完成。
1989	閩南語（台湾語）気象録音電話サービス方策を実施。

表 1-1　つづき

年別	事項
1990	日本とシンガポールなどとアジア太平洋海底光ケーブル・ネットワークを構築。
1995	CT-2 システムを開放。
1996	行政院が通信自由化および通信組織企業化政策を推進。電信総局を改組，中華電信を分割。
1997	ポケベル（B.B. Call）および携帯電話などの業務を開放。
1998	アジア太平洋の海底光ケーブル・ネットワークの投資に参加。 大台北地域の電話番号を 8 ケタに。 第 2 高速道路（北二高）の樹林，龍潭収金所で中華電信研究所の高速道路電子収金システム（ETC）を導入。
2001	台中と南投両県の電話番号を 8 ケタに。
2003	中華電信がアメリカ・ニューヨーク証券取引所に上場。
2005	中華電信の民営化。

（出所）　黄富三『電信巨擘』中華電信股份有限公司，2010 年。

　台湾の東側の蘇澳から西側の淡水，南側の恆春にわたり，電報回線を広範囲に敷設されるようになった。植民地統治の後半までに台湾全島には 30 以上の通信回線が敷設されるようになった。

　台湾と海外との通信回線網は，明治 30 年（1897）に沖縄・那覇から淡水の通信回線が開通した。明治 43 年（1910）に長崎から台北の第 1 号通信回線が開通し，大正 6 年（1917）に長崎から台北の第 2 号通信回線が開通した。それ以降，植民地政府は島内の陸上通信回線を改良し，無線電施設を拡充して，通信局を増設した。その結果，昭和 19 年（1944）12 月に陸上通信回線は 7,231 キロに，海底通信回線は台湾南部の布袋から澎湖の良文港間の 68 キロに達した。そのほかに，総督府は澎湖と厦門（アモイ）の通信回線を敷設した。

　植民地統治の最終年（1945）に，有線通信局は 221 ヵ所，無線通信局は 12 ヵ所が設置された[1]。台北および宜蘭には無線通信局の固定局が設置された。そして，基隆，台南の 2 つの無線通信局は海岸通信局（海上運航の通信業務を担当）であるが，固定局の業務も行われた。東部の台東および花蓮港郵便局では中周波無線機器を設置し，沿海で運航する船舶の通信を担当していた。

　1895 年の植民地統治初期，電話受信機の設置数は 2,431 世帯にすぎなかった。その後，次第に設備の拡張によって，植民地末期の昭和 19 年（1944）12

月に電話局は194ヵ所，電話受信機の設置世帯数は2万506世帯に大幅に増加し，長距離回線は344回線に増えた。対外（内地，国際）無線電話について，台湾と日本との電話通信業務は昭和9年（1934）から開始された。総督府通信部は1940年に台北と上海間，1941年に台北と大連間の無線電の通話業務が開始された。しかし，終戦末期の1944年9月1日と1945年8月1日に戦時中の爆撃，破壊などによって，通話業務が中止した。

以上は清朝から植民地時代の台湾を中心に述べたものである。その後，国民政府の台湾接収，国共内戦に敗れた中華民国政府は台湾に移るようになった。以下では台湾に移った国民政府の部分を述べることにする。

(2) 戦後の通信事業

第2次世界大戦末期における台湾の主な通信は30余りの通信回線であるが，米軍の爆撃による損害が激しく，西部では台北と嘉義間の通信回線，東部では台北と花蓮間，南部での通信が不通になった。台湾と日本間の通信は台北電信局を中心に，海底通信ケーブルおよび無線通信の併用の方式を採用した。しかし，海底通信ケーブルは故障が頻繁に発生し，不通になりやすい状態であった。台北と東京，福岡以外の無線通信も設備の故障によって不通になりやすい状態であった。

戦後，国民政府が台湾を接収以降，通信業務は電信総局が管理するようになった。接収当初，戦争時の破壊によって多くの通信設備が故障し，台湾の電話受信機のうち開通しているのがわずか9,000世帯数であり，一部の機械式自動電話を除くと，大多数が手操作の旧式電話である。1949年に国民政府が台湾に移転したあと，通信設備のインフラ建設が重点項目の1つであった。通信建設計画を実施し，戦後の再建と通信設備の近代化を目標にした。それ以降，電報の受発信量の増加，手操作電話から自動電話の転換によって，通信手段の近代化を図るようになった。

以下，台湾通信事業の組織の変遷について考察する。

1945年10月25日に台湾が中華民国政府に返還された後，同年11月1日に台湾省行政長官公署交通処は「郵電管理委員会」を設立した。それは，台湾の郵便，通信業務の移管を目的としたものである。委員の7名はそれぞれが電信

業務，電信工務，台北郵便局などを担当した。1946年に委員2名を増やし，台北電信局（電報局）および台北電話局の事務を担当するようになった。それ以降，時代のニーズに応じて，台湾郵電管理局，台湾電信管理局および台湾電信管理局の改組の3つの時期に分けられる。これらの機構のいずれの時期も交通部電信総局が統轄していた。

1) 台湾郵電管理局（1946～1949年）

1946年，交通部電信総局傘下で中国全国を9つの区の電信管理局，6つの重要都市に電信局，1つの国際電信台に分けられた。そのほかに，新疆省電信管理局および台湾省郵電管理局を設け，通信事業の発展を促すようになった。それによって，同年5月5日に「台湾郵電管理局」を設立し，郵便業務および通信業務を担当するようになった。その組織の仕組みは局長1名，副局長2名およびその下には郵政処，電信処，貯金処，総務科，会計科，秘書室，人事室，視察室，職員福利委員会を設けた。

2) 台湾電信管理局（1949～1980年）

1949年4月1日に，台湾郵電管理局は郵政業務と通信業務に分けられ，通信業務担当の部署として「台湾電信管理局」を設立した。台湾電信管理局は交通部電信総局に所属し，台湾のすべての通信事業を統轄した。国共内戦に国民政府が敗れたため，同年11月に電信総局は国民政府とともに台湾に移転するようになった。

1953年に第1次経済建設4ヵ年計画に合わせて，電信総局は「第1次電信建設4ヵ年計画」（1953～1956年）を実施するようになった。この第1次電信建設4ヵ年計画の具体的な内容は，市内電話，公共電話および長距離電話を拡充し，電報，ファクシミリ，無線電端末機の通信回線の増設である。

1965年6月7日，台湾政府は「交通部電信総局台湾電信管理局所属の電信局暫定組織規程」を公布し，台湾電信管理局の傘下に特等，1等，2等，3等および4等などの通信局の設置の規定修正を行った。1967年3月，「交通部電信総局台湾電信管理局所属の電信局暫定組織規程」を再び修正し，工務処，業務処，供給処，会計処の4つの処，財務科，総務科，監理科の3つの科，秘書

室，人事室，検審室，工程師室，公共関係室，安全室などの6つの室を設けた。

社会のニーズに合わせて，1969年3月に「交通部電信総局台湾電信管理局所属の電信局暫定組織規程」を公布し，同年7月1日に改組を行った。この改組によって，台湾電信管理局は7処（部）10室に改組した。国際電信台は国際電信局の2処6室に改組した。同年5月1日に電波研究所は電信研究所の2室2組に，同年12月26日に電信訓練所の3組3室に改組した。そのほかに，国際通信連合会は各国間通信情報の重要な媒介手段のために，設置したのである。海底ケーブル，衛星や無線電波の連結を通じて，国際間通信は国際通信連合（International Telecommunication Union：ITU）によって管理されている[2]。

1973年から第6次電信建設4ヵ年計画が実施され，この期間の電話機の普及率は大幅に向上した。そのほかに時代の要請に応じて，計画を修正し，国内通信設備の拡張のほかに，ヨーロッパ，アフリカ，中近東に対する衛星通信および海底ケーブルの敷設を行った。

第6次電信建設4ヵ年計画の時期に，石油危機の勃発および10大建設の実施によって，もとの計画から大きく乖離するようになった。そのために，この4ヵ年計画はわずか2年半の実施で中止するようになった。その替わりに，政府の6ヵ年経済建設計画に合わせて，「第1次電信6ヵ年中期計画」を実施するようになった。

「第1次電信6ヵ年中期計画」（1975年7月～1981年6月）は次の成果をあげることができた[3]。

①市内電話の加入世帯数は1975年度の68万6,000世帯から1981年度の261万2,000世帯に，192万6,000世帯も増え，年平均増加率は25％であり，世界トップクラスの増加率を果たした。

②電話受信機数は1975年度の101万台から1981年度の353万7,000台に増えた。それによって，世界160余りの国家のうち，台湾は電話機設置350万台規模以上の二十数ヵ国の1つになった。特に人口100人当たりの電話受信機数は1975年度の6.3台から1981年度の19.6台に達し，平均約5人に1台の電話受信機の計算になった。当時，台湾の電話受信機の普及率はアジア諸国のうち，日本に次ぐ高い普及率をあげていた。

③国際通信回路はこの6年間（1975～1981年）に867の通信回線が増え，日

本，アメリカ，イギリス，ドイツ，カナダ，香港などの世界主要国・地域と回線で直接連結し，台湾と国外との通信ネットワークが強化されるようになった。

　④1979年7月に台湾・琉球（沖縄）間，1989年3月に台湾とルソン間および1981年5月に台湾・グアム島間の海底通信ケーブルを敷設した。それによって，台湾の対外通信手段は，衛星通信の回路のほかに，3つの海底大容量通信ケーブルを持つようになった。

　⑤1975年末に「郡に電話を」（郷郷有電話）計画の目標を達成し，台湾の231の行政郡（郷＝地方小都市）には電話回線を敷設するようになった。引き続いて，1976年に「農村に電話を」（村村有電話）計画を推進し，村までに電話回線を敷設するようになった。4年間の努力を経て，1980年10月に計画日程よりも8ヵ月前に目標を達成した。

3）　台湾電信管理局の改組（北区，中区，南区）（1981〜1994年）

　台湾の人口の増加，情報時代の到来で業務が大幅に増加するようになった。そのために，機械設備の増加，分局の設立，組織の増設の必要が生じてきた。1981年に電信総局所属の台湾電信管理局を台湾北区電信管理局，台湾中区電信管理局および台湾南区電信管理局に分割し，それぞれが北区，中区，南区の3つの区（地域）の通信業務を担当するようになった。

　電信総局は「第2次電信6ヵ年中期計画」（1981年7月〜1987年6月）を制定した。主な内容は国内通信および国際通信の設備を拡張し，通信ネットワーク・システムのデジタル化と高品質化の達成を加速することである。電信総局と台湾電信管理局の職権の多くは重複しており，および後の業務性質の変化のため，組織上では大幅な調整が必要になった。1981年1月23日に総統令によって，「交通部電信総局組織条例」および「交通部電信総局所属分区電信管理局組織通則」の公布を行った。同年5月1日に，電信総局所属の台湾電信管理局を台湾北区，中区，南区，国際，長距離などの5つの管理局に調整するようになった。それにデジタル通信，電信研究，電信訓練の3つを加えて，合計8つの付属機構になった。

　1986年に経済建設委員会傘下の「経済社会健全法規作業小委員会」は，通信技術，情報伝播，経済，管理，立法など12名の専門家を結合した。そして，

「電信および情報近代化関連法規の研究」を行い，技術の統合の観点から次の3つの通信民営化政策の基礎的な概念を提出した[4]。

（1）通信と情報技術サービスの改革によって，情報社会の発展に向かい，台湾の通信事業に市場競争の機能を導入すべきである。

（2）台湾の通信および情報事業における経営組織の近代化を図り，行政監督および事業機構を分離すべきである。

（3）台湾の通信環境の合理的な発展のために，通信の主管機構の設定，政策の法規の制定は通信の健全な発展および国民の便利を目標にすべきである。

1988年5月25日の経済建設委員会の第465回委員会会議で，通信政策と法治の近代化の検討および提言の討論を経て，民営化の方針が確認された。経済建設委員会会議の決議は次のようである。通信事業の自由化に合わせて，電信総局の業務担当部門は，最初に国営通信組織に改組し，通信の経営に専念する。行政監督に関しては制度改正以後の電信総局が担当する。そのために，通信の制度改正は国策の一環であり，委員会や専門チームを設けて全面的に通信法規を検討し，電信署で政策の監督および規範を担当して，電信総局の運営部門を国営企業に改組した[5]。

1988年6月17日に交通部（交通省）は「電信政策および法制近代化専門小委員会」を設置し，この小委員会の下に経済の自由化，企業化および法制化の3つのチームを設けた。メンバーは経済建設委員会，交通部，電信総局，業界代表によって構成された。これらのチームは，通信法規の改革に着手し，主に関係する3つの法規の修正を検討したのである。

1991年7月24日に開催された第632回部務会報の中で電信総局運営部門の企業化および国営通信企業の組織の民営化の検討に着手した。それを推進するために，電信総局に設立準備チームを組織し，推進するようになった。通信事業の民営化は，国家の全体の利益および政策から考慮する必要がある。そのために，電信総局は準備チームを設けて，財政部（財政省），経済部（経済省）および専門家を招いて共同で研究を行い，通信企業化組織推進小委員会を設けた。1991年10月に交通部（交通省）に通信事業民営化研究計画を提出し，さらに1993年12月に通信事業民営化研究報告を完成した[6]。

4) 中華電信の公営事業化（1995～2004年）

1994年9月12日に電信総局は「電信三法改制草案」の作成を検討した。電信三法の立法手続きを経たあと，新たに設立する中華電信股份（株式）有限公司は，依然として公営企業であった。

1994年，台湾政府はアジア太平洋運営センターを推進し，通信業務自由化のタイムスケジュールを制定した（表1-2）。1994年からバリュー・ネットワークの業務を初めて開放した。続いて，1995年にCT-2（俗称，「二哥大」）の業務を開放し，1996年に中継式無線電話の業務を開放した。さらに，1997年にポケベル（B. B. Call）および携帯電話（俗称，「大哥大」）の業務を開放した[7]。

新しい時代のニーズに対応するために，1996年1月16日に，立法院（国会）で「電信三法」が承認された[8]。「電信三法」とは，電信法，交通部電信総局組織条例および中華電信股份有限公司条例の3つの通信に関する主な法令である。同年2月5日に総統令で公布し，行政院が通信業務の自由化政策を実施した。「電信三法」によって，1996年7月1日に中華通信股份有限公司が正式に設立された[9]。それ以降，台湾の通信事業は自由競争の段階に入るようになった。1996年に「電信三法」が承認され，同年12月に李登輝総統主催の国家発展会議で，公営事業は5年内に民営化を完成する必要があると発表し，大型公共事業は持株を民間に売り出す方策が提起された。1997年2月に行政院長（首相に相当）の連戦は「年末（旧暦）記者会」で，中華電信の民営化を発表した。

2000年に中華電信民営化の持株放出方策推進計画で，2000年末以前および2001年1月～6月の2つの段階に分けてそれぞれ33％の中華電信の持株を放出すると発表した[10]。また，2001年6月末までに交通部（交通省）の持株を34％までに減少させ，中華電信の民営化の目標に到達すると発表した。

1998年11月16日に中華電信は台湾証券取引所に上場し，株券を発行した。さらに，2003年7月17日にアメリカ・ニューヨーク証券取引所に上場した。公営事業の民営化に反対する中華電信労働組合の抗議のもとで，2005年8月12日に民営化を推進するようになった[11]。

台湾政府の公営事業の民営化の定義とは，政府の株券を民間に売り出し，民間の持株比率が50％以上に超えること。そして，公開的，公平的に他の民間

表 1-2 通信自由化のタイムスケジュール

項目	開放時期
(1) 通信自由化の開放業務	
1) ユーザー末端設備自由化	
①ユーザー電話機（親機，子機を含む）	1987 年 8 月 1 日
②データプロセッサー（2400 bps 以下，レンタル回路，通信用）	1987 年 11 月 1 日
③電報交換用ユーザー末端設備	1988 年 5 月 10 日
④データプロセッサー　9600 bps 以下	1988 年 6 月 1 日
9600 bps 以上（音声周波数 56 kbps 以下）	1989 年 6 月 1 日
⑤モバイル電話機	1989 年 7 月 1 日
⑥無線電呼び出し機	1990 年 2 月 1 日
2) 通信ネット利用の自由化	
①国内データプロセッサー回路の共同レンタル使用の制限緩和	1989 年 6 月 15 日
②国際データプロセッサー回路の共同レンタル使用の制限緩和	1989 年 10 月 11 日
③ユーザー自らの屋内配線準備	1990 年 7 月 1 日
④ユーザーによるネットによる衛星通信やテレビ放送の業務	1993 年 10 月 1 日
⑤国内データプロセッサー回路による市内電話システム接続の制限緩和	1994 年 3 月 1 日
⑥テレビ放送業者の衛星地上ステーション構築，番組中継の業務	1994 年 12 月 1 日
3) 通信業務の経営自由化	
〇第 2 類通信付加価値ネットの業務部分	
①「情報の保存，検索」，「情報処理」，「遠距離交易」，「文字処理編集機能」，「音声の保存と送信」，「電子分件の保存と送信」，「電子カンバン」，「電子データ交換」，「データ交換通信」と「ファクスの転送」など 10 項目の通信付加価値ネットワークの業務を持続的に開放。付加価値ネット業者が国際専用ラインの借り入れ制限の緩和	1989 年 6 月〜1995 年 6 月
②「資料のフォーマットと編集通信協定の処理と転換業務」，「視覚信号会議の業務」，「航空座席ネット予約の業務」と「インターネットの業務」を民間業務の経営に開放	1995 年 12 月
〇モバイル通信の業務部分	
①デジタル式低効率無線電話（CT-2）の業務	1994 年 11 月
②4 つのモバイル業務を持続的に開放	
ⅰ）モバイル電話の業務	1997 年 1 月
ⅱ）無線電呼び出しの業務	1997 年 2 月
ⅲ）モバイルデータ通信の業務	1997 年 3 月
ⅳ）中継式無線電話の業務	1997 年 5 月
〇衛星通信ネットの業務部分	
①第 2 類国内衛星小型地上ステーションネット業務（VSAT）	1996 年 4 月
(2) 企画開放の通信自由化の業務	
1) 衛星通信ネットの業務部分	
①衛星放送テレビ番組中継レンタルの業務	1997 年 12 月
②衛星モバイル通信の業務	1999 年 12 月
③衛星固定通信の業務	1999 年 12 月
2) 固定通信ネットの業務部分	
①市内電話の業務	2001 年 7 月
②長距離電話の業務	2001 年 7 月
③国際電話の業務	2001 年 7 月
④回路レンタルの業務	2001 年 7 月
⑤ブロードバンド交換通信の業務	2001 年 7 月
⑥データ交換通信の業務	2001 年 7 月

（出所）　電信総局『電信自由化政策白皮書』1997 年。

企業とともに競争を行う場合に，民営化を成し遂げたと認められる。要するに，中華電信の民営化以降，他の民間企業の台湾大哥大，遠傳などの他社と同じ舞台で熾烈な競争にさらされることを意味している。

その後，中華電信は積極的に人事を調整し，業務の改革を行い，企業の転換を成功させることができた。いまでも台湾の通信事業のトップの座を占め，公営事業の民営化の成功のケースとして注目された。

5) 中華電信の民営化（2005年以降）

1995年に中華電信が設立され，2005年に公営事業の民営化を選択するようになった。この時期に一方では国際間での公営事業の民営化推進の趨勢，他方では中華電信労働組合のデモによる民営化反対の2つの勢力の戦いの下で，政府は民営化推進路線を選ぶようになった。以下の第Ⅱ節は中華電信の発展プロセスを述べることにする。

Ⅱ．中華電信の発展

国民政府が台湾を接収した後，電信総局は長年にわたり台湾の通信政策の決定および通信事業を統括した。しかし，国際的情勢による「市場の開放」の外圧および民間からの「特権打破」の内圧によって，政府は通信事業の独占から民間企業に開放するようになった[12]。台湾政府の公営事業の民営化のステップは，まず，電信総局から通信運営部門を公営事業として分割する。その後，公営事業の民営化を推進するという，2つのステップを歩むことにした。

(1) 中華電信の設立

1980年代以降，経済の自由化，民営化の趨勢がイギリスからアメリカに波及するようになった。そして，その潮流が世界各国に波及し，共産主義国家の崩壊に大きく影響を及ぼした。この世界の動態を受けて，かつての孫文の三民主義の「国家資本を発達し，民間資本の節制を行う」の施政方針を採用した台湾は，自由化政策へと大きく舵を切るようになった。

電信総局は通信自由化のブームに対応するために，郵便・電信組織企業化研

究小委員会を設け，公営事業の民営化の実施可能性および民営化の推進に発生するかもしれない問題点を検討した。1986年3月18日，交通部は電信総局および郵政総局，郵電司および総務司を召集し，「郵便・電信組織企業化研究」の第3回会議を実施した。会議の議題は交通部所属の各部署のうち，どの部署を民営化すべきか，民営化の前後の順序をいかに決めるか，民営化推進のスケジュールをどのように決めるか，各部署の企業化研究小委員会の参加人選などの課題を討論した。

　1986年11月28日，交通部は電信総局，郵政総局，総務司を召集し，郵便・電信組織企業化研究小委員会の第4回会議を開催した。しかし，改革の進展が大変遅く，1988年になっても依然として研究段階に止まっていた。1988年2月26日，電信総局は通信機構の企業組織型形態改革専門小委員会を開催し，この時期に電信総局は既に通信機構を企業化に変更する必要性を確定していた[13]。

　交通部は郵便・通信組織の企業化に全力で推進し，同時に先進国の通信自由化の成否の経験に注目し，研究資料を関係部署に参考用として提供した。

(2)　政策の変化

　台湾の法律関係の制定は，立法院（国会）による承認を経て，総統令の発表によって，実施に移行するプロセスを踏む必要がある。通信事業の自由化は重要な政策であり，法令の制定・修正が必要である。そして，国内外の政商団体はこのビジネスチャンスに興味を持ち，参入することを図っていた。1991年1月7日に政務委員（無任所相）郭婉容が電信法草案を交通部に提出し，交通部は法務部（法務省），電信総局などの部署に検討するように要請した。

　同年，交通部は「電信企業民営化研究小委員会」を設立し，専門家，学者および電信総局の高級主管がこの小委員会のメンバーに参加するように要請した。1994年に民営化の進展に心配する民間団体は，行政院に「電信法修正草案民間版」案を提出し，台湾における通信事業の自由化，国際化が早く進展するように促した。しかし，通信事業の民営化の開始の段階において，電信総局の多くの職員は民営化政策に反対していた。数十年間において，電信総局は政府の機構で，職員は公務員であり，彼らは民営化以降に民間企業の従業員になる。

その場合，職員の権益を保つことができないと危惧し，反対の態度をとっていた。そのために，電信総局は職員の心理的セラピーおよび通信企業化政策の実施に合わせて，組織の交流を強化した。

この期間中に職員の反対の感情を低減させる措置として，1993年1月に電信訓練所は，交通部所属公営事業の民営化移行時の職員権益補償弁法を電信総局に提出し，審査を依頼した。しかし，1994年1月に公営事業の民営化に反対する労働組合関係の職員は，通信事業民営化に強く反対し，民営化が失敗した場合，交通相がすべての責任を負うとの意見書を電信総局に提出した。

同時に，1994年2月に地方電信局団体は通信民営化の反対決議があり，同年5月に中華民国全国労働組合（総工会）も民営化反対の姿勢を持ち，通信事業民営化政策を再考するよう，3万6,000名の電信総局の職員の権益の保障を促した[14]。

1995年9月に交通部電信総局は「中華電信公司改組作業計画及び進捗」の第1回会議記録を各機構に送り，労働組合にその計画に合わせて，改組がスムーズに推進するように協力を要求した。同年12月に電信総局は「新電信総局及び中華電信股份公司初歩改組計画」を交通部に審査するように提出し，交通部は2ヵ月ごとに電信総局の処理状況を報告するように要求した[15]。

1996年1月に立法院（国会）で「電信三法」が通過し，同年2月5日に総統令による実施が公布された。通信事業の自由化政策が実施されるようになり，中華電信公司の改組が確定されるようになった。

(3) 中華電信の公営事業化

1996年7月17日，交通部は電信総局を改組し，通信業務を分割して中華電信を設けるようになった。この時点において，中華電信は依然として公営事業であるが，それは民営化の道に推進する通信事業自由化の第一歩を踏み出したことである。以下，携帯電話，光通信回線ネットワーク，通信衛星，インターネット，国際通信について説明する。

1) 携帯電話

1959年にモトローラ（Motorola）は世界で初めて携帯電話を開発し，一家に

1台の固定電話から1人1台の携帯電話に進展する時代的な変化を促す，最初の一歩を踏み出すようになった。携帯電話を持つと便利になり，世界の消費者から歓迎されるようになった。この趨勢を捉えて，1989年7月に電信総局は台北，台中，高雄の3大都市でモバイル通信ができるようにした。同年11月に中山高速道路の沿線都市でも使用ができるように通信エリアが拡大した。初期では携帯電話がアナログモバイルシステム（Advance Mobile Phone System：AMPS）を使用し，リュクサックのような大きさで背中に担ぐ方式で，重たく，価格も高かった。暴力団の親分は部下にこの重い携帯電話を背中に担がせて使用していることから，「大哥大」と呼ばれるようになった。これは英語の「talk-a-talk」の当て音からの由来である。1994年6月に台湾の携帯電話の使用者数は56万1,987台に達した。

　1995年に中華電信はヨーロッパで使われていたデジタルモバイル電話（Global System for Mobile Communications：GSM）を導入した。1997年1月に交通部はGSM方式（900兆Hz）とDCS方式（1800兆Hz）のライセンスを6社の携帯電話業者に発行した（表1-3）[16]。モバイル通信業務の開放によって，携帯電話は競争時代に邁進するようになった。2003年2月まで，世界では184ヵ国以上の460のネットワークの8億2,100万人の消費者がこのGSM方式を使用していた。

　携帯電話の技術と機能の発展は速く，台湾における携帯電話の推進に中華電信は大きな役割を果たしている。1996年1月24日，交通部は通信業務の自由化，携帯電話の開放業務に対応し，現行の周波数調整作業研究会議を召集し，通信業務の開放を行った。同年5月25日に電信総局は携帯電話自由化のためのDCS-1800周波数調査と周波数の区分と地域区分案の調整会議を行った。同年6月3日に電信総局は公文書を国防部（国防省）などの部署に提出し，携帯電話の周波数と軍用通信の周波数の調整を要求した。

　新生の電信総局は行政と監督の業務を担当し，分割した中華電信は通信サービス業務を担当し，公営事業であるが，民間企業と同等の待遇を与えている。1997年6月20日に電信総局は中華電信，太平洋通用電訊，遠傳電訊，和信など7社の通信企業に，携帯電話基地台識別コード（BSIC）のNCCコード配分番号を振り分けた[17]。続いて，同年12月5日に中華電信などに携帯電話の業

表1-3　携帯電話のライセンス獲得業者（1997年）

携帯電話別	区域別	企業名	主な株主	外資提携先
DCS (1,800兆Hz)	全区域	太平洋通用電訊	太平洋電線 長榮運輸 宏碁（エイサー）	米・GE
	全区域	遠傳電訊	遠東紡績 中華開発	米・AT&T
	北区	和信電信	台湾セメント 中国合成ゴム 東元電器	米・SPRINT
	中区	東榮国際電訊	東雲 建台セメント 中華開発	香港第一太平
	南区	東榮国際電訊	同上	同上
GSM (900兆Hz)	北区	遠傳電訊	遠東紡績 中華開発	米・AT&T
	中区	東信電訊	東元電器 東訊 中国鋼鉄	ドイツ・テレコム 日本・住友
	南区	泛亞電信	亞太投資 （台湾プラスチック） 国産実用	米・Southwest Bell

（出所）『經濟日報』1997年1月14日付。

務AMPSの免許を与えた。1998年7月にAMPS携帯電話システムのデジタル化の具体的なスケジュールを提出するように要求した。

　台湾は携帯電話の普及率が最も高い国の1つになった。技術進歩によって，携帯電話の体積が小さくなり，いつでもどこでも簡単に使用することができ，特に緊急事故の救助時に最も有力な連絡ツールになった。

　具体的な事例として，1999年9月21日に発生した台湾中部大地震（集集大地震＝921大地震）時に，携帯電話は「921震災後再建」に大きな役割を果たすようになった。この日，陸軍総司令部は震災による固定電話の通信寸断による救助の連絡のために，1999年11月19日から2000年3月30日までに，中華電信からGSM方式の携帯電話の250通信回線のダイヤル番号の提供を要請した。しかし同年11月6日に，中華電信が9月23日から提供した500通信回線

第1章　中華電信（CHT）

の携帯電話は，11月末に通信回路の緊急修理が終了するために，携帯電話の提供を回収すると発表した。その後，中華電信はGSM方式の携帯電話の100通信回線のダイヤル番号の支援を承諾し，同年11月20日に中華電信本部は中区支店，長距離通信支店に引き続いて支援するように命じた。

携帯電話の通信受送信基地台の電磁波は人体に悪い影響を及ぼすと誤解され，基地台の設置場所の提供に抵抗する消費者が存在した。そのことによって，携帯電話の基地台の設置スケジュールは若干の遅れが発生するようになった。特に携帯電話を民間企業に開放したあと，基地台設置のニーズが大幅に増えるようになった。携帯電話の通話可能エリアは基地台の設置数の多少によって通話の範囲に大きな影響を受けるようになった。

台北市政府は防災システムのGSMモバイル電話システム改善計画に合わせて，2002年1月以降，台北市政府傘下の区役所，警察局および消防局の建物の最上階の空間を提供してもらい，携帯電話の基地台を設置するようになった。それによって，通話可能エリア範囲の拡大に大きく寄与するようになった。

2）　光通信回線ネットワーク，通信衛星と海底光通信ケーブル

インターネットが普及し，情報の検索やメールの受送信に高速度のブロードバンドが求められるようになった。2001年7月以前に中華電信は500万世帯のHiNetユーザー使用獲得を目標に立てていた。

衛星通信の場合，通信の品質が高く，直接伝達の通信手段が構築しやすいという長所があり，世界各国が導入するようになった。1969年から台北近郊山仔后に地上衛星台を設置し，世界衛星機構から提供した宇宙衛星通信設備を通じて，衛星通信が行われていた。

1995年7月8日に交通部長（交通相）劉兆玄は電信総局主催の「台湾・シンガポール衛星協力計画」会議で，シンガポールとの協力によって人工衛星を発射し，それぞれ半分の投資費用の負担を行うと報告した。1997年にシンガポールの通信企業との協力による「台湾・シンガポール1号衛星」が完成した。この通信衛星は製造企業のフランス・MMS社，フランスのロケット発射企業のAriene Space社の協力を得て，1998年8月25日に南米のフランス領ギアナ（Guyana）から発射に成功し，軌道に乗った[18]。

また，国際通信システムの目標を達成するために，海底光通信ケーブルの敷設が不可欠になった。1996年9月14日に中華電信公司国際電信分公司は，フランスとシンガポールのヨーロッパ・アジア間の第3号の国際海底光通信ケーブルの延長計画に出資し，アジア太平洋各国との通信に備えていた。つまり，衛星通信のほかに，海底光通信システムの構築によって，海外との通信の確保手段を備えるようになった。

　そのほかに，中南米など各国との通信手段の確保も不可欠であるため，広域北米間の光通信計画に中華電信は出資した。また，対外通信チャネルの拡大のために，中華電信はアジア太平洋光ケーブルネットワークの第2号（APCN-2）計画の構築にも参加し，2000年5月16日に行政院（総理府に相当）の了承が得られた。中華電信が設立された後，積極的に通信技術の進化を図り，国際競争力の向上に寄与している。

3）インターネット

　家庭にインターネットが導入されることによって，都市部と農村部間の情報格差を縮小することができた。具体的に言えば，2005年1月に「新竹県尖石県秀巒村錦路，養老部落固定ネット建設プロジェクト」が計画され，「2005年度不経済（採算度外視）地域電話普及サービス実施計画」の一環として実施された。2005年3月，梨山などの山岳地域の住民にADSL回線を設置し，山岳地域の通信サービスに大きく寄与するようになった。

4）国際通信

　携帯電話を使い海外との通信を可能にするために，中華電信は海外の通信企業間の契約締結が必要になる。1999年1月からウクライナのUMC社との間にGSM900方式の海外通話ができる契約を結んだ。それ以降，台湾の携帯電話は日本，アメリカ，シンガポール，フランス，ドイツ，イギリス，カナダなどの62ヵ国95のネット企業とGSM900方式の通話を行うことができた。1999年にジンバブエ（Zimbabwe）のNET-ONE社とGSM900方式の双方国際通話業務を開始し，合わせて67ヵ国の102のネット企業との契約締結によって国際通信ができるようになった。

Ⅲ．民営化後の企業戦略

　通信事業の自由化は国境を越えた企業間の競争である。この環境の変化に対応するために，中華電信公司は時代のニーズに対応する競争戦略を作成する必要がある。2001年に固定ネット通信業務が開放され，市場開放以降に最も注目されたビジネスチャンスとして捉えるようになった。

　公営事業と民間企業は経営価値の本質の上では大きな差異がない。その違いをあえて言えば，公営事業の経営管理の手続きが比較的に複雑である。組織の類型，構築目標の順序およびメカニズムなどの方面において，公共管理および企業管理の間には大きな差異が存在していた。公営事業の場合，公共管理における目標を決定する最終責任は立法機構が担当していた。民間企業の場合，企業管理における責務は理事会が負い，最終的には株主が損益を受けるようになる。

　確かに，中華電信の上層部は，組織の改組および企業文化の再建などの実質的な経営の転換を行っている。それによって，外的環境の変化に対応して中華電信の競争力の向上を図り，競争の優勢を創造することができたのである。

　中華電信の民営化に関する課題は多く，より複雑である。中華電信の民営化の推進戦略，企業の資源の最適な配分方式などを考慮する必要がある。公営事業の管理の問題点は，競争力の不足，市場の需給バランスの軽視，産業の将来にわたる展望の不足，政策の責務および利潤の競合，政策決定の手続きが煩雑で進度が遅いなどである。そのために，民間企業と比較した場合，機敏な対応ができないために，ビジネスチャンスを逃すことがしばしば発生する。そして，人事管理，建設プロジェクト，資材の購入，組織の調整などに公営事業のトップに自主的な権限がなく，職員の賃金やボーナスは法令の規定に従って支給される。そのために，利潤獲得のインセンティブが不足になり，財務構造の不健全，投資計画の不確実性，理監事会の機能不足，従業員の年齢構造の高齢化傾向などの不都合がしばしば発生する。公営事業は生存発展を図るために，民営化移行の前に経営の改革および経営体質の改善が必要である。その戦略は以下に示される[19]。

（1）政府から政策的任務が解除され，必要が生じた場合，委託や補助金の供与の方式によって政策を実施すること。

（2）独占的に経営による特権を廃止し，民間企業に開放して自由化競争を促すこと。

（3）利潤目標に対する貢献度に応じて，従業員の個々の賃金，昇格，賞罰，ボーナスなどを個々の業績に連結する。そして，国家公務員という一生の安定的な雇用保障がなくなったこと。

（4）理監事は専門知識および豊富な経験を持ち，彼らに実権を供与し運営すること。

（5）公営事業に与えられた免税の特権を撤廃し，民間企業と同じように税金を支払う義務が生じること。

（6）民主的な参加方式を採用し，充分な権限を企業トップに譲渡する。企業のトップおよび関連の主管はビジネスの成否の責任を負うこと。

（7）責任中心の制度を実施し，関連の主管はコストの低減，販売の努力および利潤の創出などの責務を負うこと。

（1）ファイブ・フォース分析

次はマイケル・ポーター（Michael E. Porter）の著書『新訂 競争の戦略』で提唱された独創的な企業競争形態の概念である「ファイブ・フォース」のフレームワーク（図1-1）を援用し，中華電信の音声通信とインターネットの通信を含む固定通信ネットワーク分析を進めることにする[20]。

企業経営の成否の中核は競争であるが，企業の競争については5つのフォース（力）を用いて分析することができる。ポーターの「ファイブ・フォース」（5つの力）のフレームワークである。この5つのフォースは，(1)「供給業者」：売り手の交渉力（Suppliers : Bargaining Power of Suppliers），(2)「買い手」：買い手の交渉力（Buyers: Bargaining Power of Buyers），(3)「新規参入業者」：新規参入の脅威（Potential Entrants: Threat of New Entrants），(4)「代替品」：代替製品・サービスの脅威（Substitutes: Threat of Substitute or Services），(5)「競争業者」：業者間の敵対関係（Industry Competitors: Rivalry Among Existing Firms）である。次は「ファイブ・フォース」のフレームワークを援用し，

図 1-1　ポーターのファイブ・フォースのフレームワーク

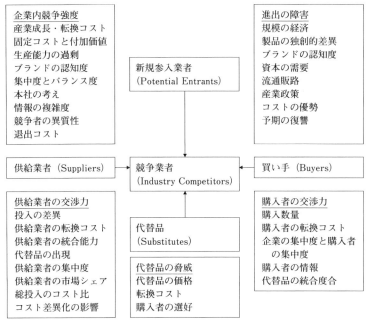

（出所）M. E. ポーター（土岐坤ほか訳）『新訂　競争の戦略』ダイヤモンド社, 1995年, 18ページを基礎に筆者が追加したものである。

次の中華電信の様相を考察する[21]。

1）供給業者の価格交渉力

　供給企業の統合能力から見ると，通信事業のビジネスに参入時の設備投資およびインフラ投資の金額が莫大のため，参入障壁が高い。そのほかに，通信事業の統合コストが高く，リスクが大きい。それによって，中華電信の価格交渉力が相対的に高い。通信事業の情報公開の度合いは高く，固定ネットワークの構築時には公開入札方式を採用するために，中華電信の価格交渉力は高い。

　売り手企業から見ると，固定ネットワーク設備，接続設備および通信ケーブルの3つの供給企業に分けられる。中華電信の主な設備供給企業は次のようである。

①ネットワーク設備の供給企業：アルカテル（Alcatel），ルーセントテクノロジー・ネットワークス（Lucent），シーメンス（Siemens），エリクソン（Ericsson），ノーテルネットワークス（Nortel），シスコ（Cisco），ジュニパー（Juniper）など。
　②接続設備の供給企業：アルカテル（Alcatel），ルーセントテクノロジー・ネットワークス（Lucent），サムスン電子，万国，台通，華豊など。
　③通信ケーブル企業：太平洋ケーブル，華栄ケーブル，華新麗華ケーブル，聯合ケーブルなど。

2）「買い手」の価格交渉力

　固定通信ネットワークの買い手の価格交渉力は次のことが考えられる。

　買い手の企業者数と1社当たりの購入数量から見ると，固定通信ネットワークのユーザーは一般の消費者，中小企業，大手企業などである。そのうち，一般の消費者が最も多く，1世帯当たりの通信量が少なく，買い手の価格交渉力が弱い。大手企業の企業数は一般の消費者よりも少ないが，通信量が多く，価格交渉力が強い。中小企業の通信量と価格交渉力は一般の消費者と大手企業の中間である。

　通信の規格化によって，固定通信ネットワーク業者が提供できるサービスの相異がなく，転換コストが低い。それによって，消費者に対する価格交渉力が相対的に向上する。

　固定通信ネットワークに参入する場合，通信インフラや通信機械設備の価格が大きいために，このビジネスの参入障壁が高い。また，固定通信ネットワーク業者の情報公開の度合いが高く，価格交渉力が相対的に上昇する。

　そのほかに，通信の自由化の実施によって，固定通信ネットワーク業界は中華電信の1社の独占から数社の寡占市場の状態に移行し，業界の競争が熾烈になり，消費者の選択のチャンスが大幅に上昇することになる。それによって，価格弾力性が大きく上昇し，固定通信ネットワーク業者の価格交渉力が次第に低減するようになる。

3）「新規参入業者」の脅威

　新規産業業者の脅威には「潜在的競争者の存在」による脅威が含まれているが，固定通信ネットワークの潜在的競争者の存在が少ない。その理由はこの業界に参入時に以下の高い障壁があるからである。

　①ライセンス資格の獲得が必要になる。台湾の固定通信ネットワークに参入する場合，交通部（交通省）から関連のライセンスを得る必要がある。しかも，このライセンスは企業社数の制限がある（既掲表1-3を参照）。交通部は参入企業の経営資格を審査し，企業が持つ資金力，技術および台湾の通信市場が受け入れられる規模を考慮する。このライセンスの獲得が市場参入の最大の障壁である。

　②大量の資金投入が必要になる。この業界に使われる技術はある程度の高さが要求される。現在，台湾で新規参入の企業は海外の知名な企業との技術協力が要求される。そのほかに，参入企業は通信インフラの構築（ネットワークの建設と機械設備）に膨大な資金の支出が必要になる。

　③専門人材の獲得が必要になる。この固定通信ネットワークの多くの専門人材は中華電信に集中している。1994年の通信サービスの開放によって，多くの固定通信のネットワーク企業がこの業界に参入している。新規参入の企業の場合，特に通信エンジニアリング設計，企画および製品開発などの専門技術人材の獲得は比較的に難しい。これは新規参入企業の参入障壁の1つである。しかし，新規参入企業は中華電信の専門人材をスカウトし，自社の不足分を補う手段もある。

　④市場の規模が必要になる。台湾の固定通信ネットワーク市場の拡大が速く，それぞれの通信サービスの開放によって，多くの企業がこの業界に参入するようになった。新規参入企業は既存の通信市場からシェアを奪うことになる。しかし，新規参入の企業にとってこの業界の参入障壁が高いという難点がある。同時に，既存の周波数の制限によって，多くの企業に周波数の配分ができない。

　それによって，市場の高い成長率が期待できなくなり，新規参入企業にとっては資金の回収速度を低下させる要因になる。それは新規参入者にとって不利な条件になる。要するに，潜在的競争者の参入障壁が高いため，中華電信にとっての脅威は大きくはない。

4)「代替品」の脅威

　ハイテクの新技術の成熟になり，IP-based を主とするインターネット通信や双方向の有線テレビ通信のネットワークに，インターネット電話とケーブル電話を結合したことによって，固定通信ネットワークに代替する可能性がある。

　インターネット電話（Voice over Internet Protocol：VoIP）とは，インターネットや個人の IP ネットを利用して音声を伝送する新しい通信技術である。伝統の音声交換は通信ネットワークを利用することに対し，VoIP の伝達原理とはアナログ方式のインターネット電話のゲートウェイ（Internet Telephone Gateway または VoIP Gateway）を利用して，IP デジタル方式に変換する通信手段である。インターネットを通じて，個人の IP ネットワークを目的地の消費者のアドレスに転送し，音声フォーマットに変換する通信方式である。VoIP 技術は通信ネットワークの使用効率性の向上によって，通信サービス企業の投資収益率を増加することができる。それによって，新規参入業者のビジネスチャンスを持たせ，既存の通信サービス企業とのネットインフラにおける格差を縮小することができた[22]。

　ケーブル電話（Cable Telephone）は有線テレビの双方向 HFC ネットワークおよび光通信ネットワークを通じて，消費者に市内電話，長距離電話，国際電話，モバイル電話および低周波数モバイル電話（PHS）などの高品質の音声通信サービスを提供している。

　これまでの論議をまとめると，代替品による脅威について，新しい音声技術の進歩によって，伝統的な音声通信を代替する手段を持つようになる。そういう意味で言えば，代替品の脅威は高いことがわかる。

5) 同業他社の競争

　現在，台湾の固定ネットワークの供給事業は中華電信，新世紀資通（速博），東森ブロードバンド通信（東森寛頻電信）および台湾固網などである。以下ではこれらの同業について紹介する。

①中華電信（CHT）

　中華電信の前身は電信総局であり，1996 年 7 月 1 日に通信制度の改正によ

って，中華電信が設立された。公営事業の民営化が進められ，中華電信の主な株主は交通部（交通省）であり，政府の持株比率は36％である。2000年から残りの64％の持株を民間に売り出し，公営事業の民営化を推進している。この64％の新しい株主は国泰人寿（生命保険），富邦グループ，台湾電信グループなどである。中華電信の主な通信サービスは市内電話，長距離電話，国際電話，モバイル通信，デジタル通信，デジタルネットサービス（ISDN），衛星通信などである。中華電信についてはすでに述べたため，繰り返し述べることを省略する。

②新世紀資通（NCIC）

　新世紀資通（New Century InfoComm Tech. Co., Ltd.: NCIC，速博＝Sparq）は遠東グループが設立したものである。グループ内には遠東紡績とアジアセメント（亞洲水泥）の2つの企業が4割の持株を掌握している。協力企業はシンガポール通信，その他の株主は中華開発，統一，台湾電力，国泰人寿，互盛資通などである。2000年に遠傳が株券の公開買い付けによって，新世紀資通は遠傳の子会社になった。

　新世紀資通は台湾電力の通信ネットワークと遠傳電信のモバイル電話ネットワークを基礎に通信システムを構築している。遠傳電信を擁することは，新世紀資通にとっての強みであり，消費者に有線通信サービスとモバイル通信サービスを提供することができた[23]。そのほかに，新世紀資通の出資グループは台北市内の19％の主要な商業ビルを所有し，通信機器の設置に有利である。関連企業は年間31億台湾元を消費者のインフラ建設に投入している。しかし，新世紀資通の最大の欠点は「最後の1マイル」（Last Mile，ラストワンマイル，消費者に通信のための接続を提供する最後の行程）の構築の支援が少ないことである。それに，有線通信の消費者が少ない点は新世紀資通が直面する課題である。

③東森ブロードバンド通信（EBT）

　東森ブロードバンド通信（Eastern Broadband Telecom：EBT）は2000年5月に設立された。主に力覇グループによって設立され，力覇，嘉新食品化繊，

中華銀行，友聯物産保険および東森メディアなどの関連企業が出資し，東森ブロードバンド通信の30％の持株を掌握している。ドイツ通信などが技術面での協力企業で，国民党党営事業，宏泰グループ，交通銀行，彰化銀行，中国鋼鉄，新光グループ，東元，新光物産保険，東南セメント，明台物産保険および華榮グループなどの35社が出資している。そのうち，日本のJRに相当する台湾鉄路が所有する資産を持って投資している。それによって，東森ブロードバンド通信は，台湾鉄路の259の駅が共用する台湾一周の光通信ネットワークを主軸に構築され，160万世帯以上の有線テレビシステムの環状ネットワーク（HFCネットワーク）による台湾一周の通信ネットワークを形成している。東森ブロードバンド通信の主要業務はインターネット，国際電話，長距離電話，市内電話およびデータ通信のサービスを提供している。

　東森ブロードバンド通信の主な強みは，他の2つの新興固定ネットワーク企業に比べ，有線テレビの環状ネットワークを擁し，「最後の1マイル」（Last Mile）のネットの構築に有利な条件を備えていることである。次に，東森ブロードバンド通信には台湾最大の100万世帯を超える有料の有線テレビの消費者を擁しており，それは潜在的な消費者である。そして，東森ブロードバンド通信は東森グループの大きなメディア事業を擁し，ブロードバンドのデジタルコンテンツの有線テレビ番組（東森テレビチャンネル）の提供という強みを持っている。

　しかし，東森ブロードバンド通信は，通信企業4社のうちモバイル通信の業務が唯一欠けている企業である。通信の統合の上で不完全な現状に対し，東森ブロードバンド通信は4C（Computer＝コンピュータ，Communication＝コミュニケーション，CATV＝ケーブルテレビ，Contents＝コンテンツ）の分野に向けてビジネスを推進している。それによって，個人，世帯および企業の消費者にブロードバンドのインターネット，デジタル通信および視覚通信メディアなどの多様なニーズを満たせることになる。

④台湾固網（TFN）

　台湾固網公司（Taiwan Fixed Network Co., Ltd.：TFN）は主に太平洋電信グループによって設立されたものであり，太平洋電信グループが20％の株券を

掌握していた。アメリカの GTE が技術協力企業であり，そのほかの主な株主は台湾電力，富邦グループ，大陸工程，宏碁（エイサー），長榮（エバーグリーン），仁寶（コンパル），日月光，国巨，新光，東訊，智邦，鴻海（ホンハイ），震旦行などである。新世紀資通と同じように，台湾固網は台湾電力の主軸ネットワークに，台湾大哥大が構築したネットワークを基礎にしている。それによって，消費者に有線通信とモバイル通信の組み合わせのサービスを提供している。主な業務は「006」ダイヤルの国際ダイヤル電話，台湾ブロードバンド通信（ADSL，ブロードバンド・オンライン，市内電話），スマートネット（「0809」ダイヤルの相手側電話代金支払いサービス，「0209」ダイヤルの有料音声情報サービス，国際電話プリペイド・カード），専門オンラインおよび IDC ネット資料センターなどである。台湾固網は新世紀資通と同じように，「最後の１マイル」が弱く，有線通信の消費者が少ないという課題が存在している。

　固定通信ネットワークのそれぞれ企業の競争力は次のようである。企業数から言えば，もともと中華電信の１社の独占から４社の寡占市場になり，競争が激しくなってきた。通信企業の規模から言えば，「１大３小」の現状を呈している。その中で中華電信が相対的な強みを持っている。
　企業の同質性から見ると，東森ブロードバンド通信を除いて，残りの３社は固定通信ネットワーク，データ通信およびモバイル通信の３つの業務を担当し，同質性が高い。固定通信ネットワークのビジネスに進出する場合，参入コストという障壁が高く，同時にこのビジネスから撤退時のコストも大きい。固定通信ネットワーク市場の音声通信のニーズからモバイル通信のニーズに移行し，そのニーズが低減するようになったが，逆にインターネットの普及で消費者のニーズは増加している。
　これまでの論議をまとめると，台湾の固定通信ネットワーク市場での競争は激しいのである。しかし，台湾政府は通信の自由化を確実なものにするために，他の業者がこの業界に参入するように育成し，市場の競争効果が達成できるようにしている。そのほかに，中華電信は先行者としての強みを保っているために，中華電信のほかの競争ライバルが通信産業から"退場"させないために，台湾政府は中華電信の経営に多くの制限を加えている。

以上の中華電信のファイブ・フォース分析から中華電信の「同業他社の競争」,「買い手の価格交渉力」,「代替品の脅威」の3つの分野は劣勢であり,「供給業者の価格交渉力」および「新規参入業者の脅威」の2つの分野では優勢であることがわかる。

(2) SWOT分析

表1-4は中華電信のSWOT分析を示したものである。公営事業の民営化の目標を達成するために,中華電信はどのような強み(S),弱み(W),機会

表1-4　中華電信のSWOT分析

強み(S)	弱み(W)
(1) 公営事業からのスタート,市場の独占による強み。 (2) 通信市場における有名ブランドであり,イメージが良い (3) 基幹ネットシステムと基礎インフラが完備。 (4) 参入障壁が高く,資本が多い。 (5) 第1種類の通信ライセンスを保有。 (6) R&D,研修が完備,専門技術者を持ち,新技術と新しい市場の開発に有利。 (7) サービスの拠点が多く,通信範囲が広い。 (8) ユーザーの「最後の1マイル」の強みを持つ。 (9) 市内電話からモバイル電話の接続価格の決定権を持つ。	(1) 半公営事業体質を持つ。経営決定と営業の柔軟性は民間企業に劣る。 (2) 従業員が過剰,平均勤務年数が長い。人件費が高い。 (3) マーケティング能力が不足。 (4) 組織構造と企業文化は商業化競争に適応しない。 (5) 組織階層が複雑,政策決定過程が遅い。 (6) 料金の設定に柔軟でない。 (7) 視覚などのデジタル通信(デジタルテレビMOD)の経験と人材が不足。
機会(O)	脅威(T)
(1) インターネットが持続的に成長,ブロードバンドの需要が増加。 (2) 多様化の発展。新技術が絶えず出現。 (3) 電話番号を変更しないで,他の通信企業に加入することができる。 (4) 政府のデジタル台湾計画の推進。ブロードバンドの通信ネットの発展を促す。 (5) 情報技術の進歩,通信多様化の情報社会が趨勢になった。 (6) スマートフォンの使用者が増加。 (7) クラウド技術の発展。	(1) 通信業務の全面開放,他社の挑戦に直面する。 (2) 製品のライフルサークルが短い。サービスに特徴が必要。 (3) VoIPネット電話が伝統の音声電話に代替。 (4) 他社のマーケティング経験が豊富,料金設定の変更が柔軟。 (5) WTO加盟後,海外業者が市場に参入。 (6) 業者の統合後,社数が減少。競争形態に変化。 (7) 台湾の通信市場が飽和に。 (8) NCCが積極的に通信料金の合理化を促進。

(出所)　筆者の作成。

（O）および脅威（T）を持っているのかを検証する。

1) 強み（Strength）

　まず，中華電信の強み（S）を考察する。中華電信の強みは公営事業からスタートし，長年にわたり市場を独占してきたことである。通信業界の中でのトップブランドであり，イメージが良く，市場シェアが高い。基幹ネットワークとインフラ通信回路の建設が完備されている。通信インフラの参入障壁が高く，この分野に参入する場合，莫大な資金の投入が必要である。また，中華電信は第1類通信事業（固定電話やモバイル電話などネットインフラ設備を持つ通信企業）を経営している通信企業である（ちなみに，第2類通信事業とは第1類通信事業から通信設備をレンタルする通信企業を指す）。中華電信はR＆Dおよび従業員の研修などが完備され，多くの専門人員を擁し，イノベーションの進展や新しい市場の開拓に有利である。サービスの拠点が多く設置され，通信エリアが広範囲にわたっている。通信ネットワークの「最後の1マイル」を掌握している強みを持っている。市内電話からモバイル電話にかける場合，価格の決定権を掌握し，インターネットオンラインなどのデータ通信の進展なども有利な条件を持っていた。そのために，他の民間通信業者は中華電信の市内ネットワークとの接続があってから運営することができる。つまり，「最後の1マイル」の優勢を享受することができた。そのほかに，中華電信の場合，市内電話，長距離電話や国際電話の通信ネットワークの敷設などの点から見ても同業他社よりも優れている。

2) 弱み（Weakness）

　中華電信の弱み（W）はどのようなものなのかを見よう。近年，中華電信の組織構造が次第にフラット化に移行し，権力を下方部署に分散していた。しかし，組織の変更と従業員の意識変化を持続的に進展する必要がある。それに過去において古参の従業員は公営事業時代に身分や終身雇用が保障され，政策決定の過程には時間がかかり，柔軟性に欠け，運営やサービスの提供に硬直的な姿勢が残っている。この旧体質は短い期間で変更できるものではない。

　中華電信は公営事業の民営化を行ったが，政策の決定や運営の柔軟性の点で

は他の民間ライバルと比べるとやや劣っている。従業員の数が多く，勤務年数が長く，相対的に人件費が多く，企業の負担になっている。民営化までは中華電信が独占的な経営だったために，従業員の販売能力は他社と比べると不足していた。また，中華電信の組織の構造と企業文化は，ビジネスの競争に適応していない欠点を持っているといわれている。そのほかに，中華電信の組織の階層が複雑で，政策決定が遅く，価格の設定などの柔軟性に欠けている。さらに，デジタルテレビ（Multimedia On Demand：MOD）関連の経験が欠けていて，この分野の人材が不足している(24)。

　台湾の通信事業は長期にわたり独占状態であり，それによって，中華電信は民間企業との競争経験が不足である。そのために，通信の自由化以降，中華電信は他の民間企業との競争に直面したときに，守りの姿勢を採用し，攻撃性がやや不足であると考えられる。要するに，現在，中華電信の市場シェアは最大であるが，他の民間企業のシェアの増加によって，中華電信の市場シェアが侵蝕されるようになった。

3）　機会（Opportunity）

　中華電信の機会（O）とは何か，それを探ってみたい。

　現在，中華電信に使われている通信ネットはADSL（Asymmetric Digital Subscriber Line: 非対称デジタル加入者線）である。xDSLはDSLから発展してきたバージョンである。ADSLはアナログ電話回線で使用する上り（アップリング）と下り（ダウンリング）の速度が非対称な高速デジタル有線通信技術である。これらのブロードバンドが持続的に成長し，社会のニーズが高まっている。しかし，消費者のニーズの変化によって，消費者によるネット伝送の速度および品質の要求がますます厳しくなった。そのために，中華電信はDSL市場において発展の機会が増え，HDSL（High-bit-rate Digital Subscriber Line）は2対ツイストペアケーブルを用いる送受信とも同じ速度の対称型DSLである。HDSLや光通信のネットの構築，FTTx方式によるサービスの提供などが考えられる。新技術が絶えず発展してきて，消費者のニーズが多様化している。

　デジタルネットワークのインフラ建設のほかに，中華電信もネットの付加価値サービスを行い，消費者はオンラインによる音声・画像サービスを享受する

ことができる．MODのマルチメディア・サービスによって，生活の利便性，娯楽性を提供している[25]。そのほかに，テレビ番組は生活の中で不可欠の情報・娯楽の提供者である。そのために，ネットの利便性とテレビの情報・娯楽の効果を統合すると，消費者により多くの楽しみをもたらすことになる。中華電信は通信事業のインフラを頼りに，発展のチャンスを生み出すと考えられる。消費者は携帯電話の番号を変更せずに，他社のモバイル通信企業に変更することができる。特に，スマートフォンの消費者は，モバイル通信企業に多くのニーズを要求するようになった。通信多元化の情報社会への発展が時代の趨勢になった。

　伝統の音声電話通信はケーブル線を経由し，インターネットとの結合によって，音声と画面の通信システムを構築するようになった。通話の品質の向上だけでなく，画面の機能を備えるために，テレビ電話の発展によって，消費者の関心が寄せられるであろう。将来にわたり，固定通信ネットワークを擁する中華電信は，さらなる発展のチャンスを持つようになる。モバイル通信も3G（第3世代）以降，競争力の強化が不可欠になる[26]。

4）　脅威（Threat）

　台湾政府は他の競争企業に，中華電信のネットワークとの接続を認めるよう規定している。しかし，他の民間業者を育成するために，固定通信ネットワークとの接続費用と固定通信ネットワークの維持費用の設定は，政府の干渉を受けている。通信業務が全面的に開放され，中華電信は大きな利潤の獲得に制約を受けている。

　モバイル通信の発展によって，消費者のニーズは携帯電話に大きくシフトし，市内電話，長距離電話および国際電話などの固定通信ネットワーク市場の停滞を招くようになった。製品のライフサイクルが短くなり，消費者は携帯電話を多く使用し，特にスマートフォンに多くの機能が内蔵されているために，固定電話や伝統的な携帯電話に代替するようになった。そのゆえに，中華電信は通信市場の新しいニーズに対応してR&Dが進まないと，固定通信ネットワークの市場は縮小すると考えられる。固定通信ネットワークから稼ぐ中華電信の利益は，モバイル通信にシフトしたことによって収益減をもたらし，近年には

LINE（ライン）などの無償アプリが使用でき，その分は利益の低減をもたらしている。

　台湾政府はブロードバンドのオンライン通信の最低価格を月額899台湾元に制限している。その理由は公平な競争を保つためである。このような制限がない場合，中華電信はさらに低い価格を設定し，より多くの消費者の加入を促すことができる。そのほかに，台湾政府は音声通信の下限を定めているため，音声通信の価格競争が展開される。また，民間通信企業の統合によって，企業社数が減少し，さらなる競争形態の変化が生じてきた。そのほかに，通信市場は次第に飽和状態になり，利潤の増加に制限が発生するようになった。

　IP-basedを主とするインターネットや双方向有線テレビネットワークは，ネットワークの結合技術によるネット電話やケーブル電話を利用するようになる。その場合，伝統的な固定通信ネットワークに代替する可能性を秘めている。その結果，価格競争が展開されるようになる。

　「最後の1マイル」（Last Mile）は中華電信が擁する有形資産であり，強みでもある。他の業者は中華電信から「最後の1マイル」をレンタルするしかない。しかし，他の業者は「最後の1マイル」を中華電信からレンタルしないで，「最後の1マイルのバイパス」（bypass last mile）を使ってユーザーと接続した場合，中華電信の「最後の1マイル」の強みがなくなり，逆にライバル企業としての脅威になる。そのほかに，有線テレビの業者はケーブルを擁し，ケーブル電話を使う可能性を持っている[27]。そのことは固定通信ネットワークにとっては新たな脅威になる。

　SWOT分析を通じて，中華電信の弱みおよび脅威から企業の発展に影響する主な戦略的課題は，競争経験の不足，政府の法令による制限および消費者のニーズに対応する政策決定が遅いなどである。以下ではそれについて述べることにする。

　まず，競争経験の不足である。中華電信はもともと公営事業であるため，政府から提供された膨大な資金および独占的優位を享受している。長期間にわたりライバルによる参入競争が発生していない。しかし，公営事業の民営化および市場開放によって，新たに競争者が参入してきて通信産業の市場シェアを奪

い取るようになった。中華電信は攻める姿勢ではなく，守りの体制を維持したため，独占から寡占体制に変化したあと，市場の価格設定に経験がなく，ライバルの企業戦略への対応を学習する必要がある。他方，過去において競争ライバルは市場の参入経験がなく，新たに参入した通信市場への適切な企業戦略の選択にも不慣れである。

次に，政府の法令による制限である。中華電信は固定通信ネットワークのハード面において，ある程度の強みを保っている。具体的に言えば，「最後の1マイル」のネットワークなどを掌握している。それによって，新規参入業者は参入時から劣勢の状態である。台湾政府は中華電信の最大の株主であるが，通信の自由化を促進するために，ネットワーク回路のレンタル価格の制限を定めるなど，中華電信の多くの業務に制限を加えている。

そのために，中華電信は柔軟に戦略を採用することができず，政府の制限によって一部の業務は赤字の状態に陥ることもある。しかし，政府による制限はすぐに解除できるものでなく，政府が中華電信の最大の株主である限り，通信産業の自由化，公平化などの課題を完全に解決することが難しい。

第3に，消費者のニーズに対する政策決定の素早い対応が難しい。従業員の高齢化によって組織内の改革能力が不足になり，組織の保守化に陥ることになる。それによって，組織が絶えず進化することができず，リストラに対する抵抗が高まる。組織の構造がフラット化に向かっても，組織の若返り，従業員の意識の変化は絶えず持続的に推進する必要がある。通信市場がまだ開放していない時期に，中華電信は唯一の独占事業だったが，経済の自由化以降，特にWTO加盟後，中華電信の1社だけではなく，ライバル競争企業が進出するようになる。その場合，中華電信はいかにしたら消費者のニーズを満足させることができるのか，従業員は競争ライバルの圧力にいかに対応するか。消費者の目線や市場メカニズムの原理で対応することが必要である。要するに，いかにして中華電信の組織構造を改造するのか，いかにして中華電信の古い体制を若返りさせることができるか，いかにして従業員の心構えを変化させるのか，これらは優先的に解決すべき課題である。

SWOT分析によって次の4つのSWOT戦略の形態に編成することができる（表1-5）。

表 1-5　中華電信の SWOT 戦略

	強み（S）	弱み（W）
機会（O）	SO：Max-Max (1) 法令の緩和，多角化経営の展開。 (2) 管理の解除，海外市場の開拓。 (3) 通信の統合，効率性の向上。 (4) モバイルオンラインの発展，デジタルバリューなど発展性の業務に参入。 (5) デジタル通信の発展。 (6) ネットを統合，クラウドビジネスを開拓。	WO：Min-Max (1) 政府の持株比率を低減，官僚体制から離脱。 (2) 早期退職を奨励。新人の導入によって人件費の低減を図り，競争力の向上。 (3) マーケティング政策を強化，マーケティングの能力を向上。 (4) 組織のフラット化に励む。効率性の向上。 (5) 従業員の削減，人件費の低減，柔軟的に料金を調整。 (6) 視覚デジタル通信人材の育成。
脅威（T）	ST：Max-Min (1) ブランドのイメージを強化。通信市場の開放への挑戦対応。 (2) インターネット IP 化の加速，固定通信ネットの統合，デジタル，モバイル通信の付加価値の新サービスに対応。 (3) VoIP ネット電話による衝撃に対応。 (4) 新技術の開発，付加価値サービス，料金価格競争を回避。 (5) 海外支社を設置，海外でのビジネスチャンスを開拓。	WT：Min-Min (1) 競争力の強化，挑戦に対応。 (2) 製品の開発期間の短縮，新サービスを提供，消費者のニーズを満足させる。 (3) 固定通信ネットの付加価値サービスを開拓，ネット電話による衝撃を最小限に。 (4) マーケティングの人材の育成，柔軟的に料金の設定。 (5) 海外著名な通信企業と戦略的同盟関係の締結，競争力の向上。 (6) 関連産業と戦略的同盟関係を締結。垂直統合による競争力の向上。 (7) 海外市場の開拓，新しいビジネスチャンスの開発。 (8) 効率性の向上，原価の低減。

（出所）　筆者の作成。

5）　強さの最大化―機会の最大化（SO：Max-Max）戦略

　SO 戦略とは，企業内部の資源を投入し強さを最大化（Max）して，外在の機会を利用して最大化（Max）を図る戦略である。それによって，強さと機会の最大化（Max-Max）を追求する戦略である。

　民営化の前に中華電信は莫大な資産を持ち，多くの人材と技術を擁していた。民営化の後で法令が緩和され，規制が緩和されるようになり，多角化の経営および海外市場への展開が可能になった。中華電信は通信チャネルの統合を通じて，効率性が向上した。高い成長が求めやすいモバイル通信，モバイルオンラ

イン，データ通信などの業務の比重を拡大し，逆に，伝統的な音声業務の比重を減少させる必要がある。そして，消費者が求める新しいニーズに対応する必要がある。デジタル通信の強みを発揮し，クラウドストレージ（オンラインストレージ）からビジネスチャンスを生み出し，消費者のニーズを満たす必要がある。

中華電信は自らがインターネット回線を擁する強みを使い，情報産業に従事する業者と広範囲に協力し，ブロードバンド利用のビジネスを積極的に開発する必要がある。インターネットのインフラ設備を持って，国内外の企業と共同してクラウドビジネスを開拓することができる。

6) 強さの最大化—脅威の最小化（ST：Max-Min）戦略

ST戦略とは，企業が投資により強さを最大化し，脅威を最小化する（S：Max-T：Min）戦略である。企業が脅威に直面するときに，自身の強さによって脅威を克服する戦略である。

ブランドのイメージを強化し，通信市場の開放を迎え挑戦する方策である。1998年に通信市場が全面的に開放され，中華電信は自社のブランドのイメージを強化して通信市場の開放後の熾烈な競争に迎え撃つ必要がある。ネットのIP化を加速し，固定通信ネットワーク，データ通信およびモバイル通信の付加価値サービス（Triple Play）を統合し，VoIPネット電話による衝撃を低減させることが必要である[28]。

新しい技術，付加価値サービスを開発し，価格競争を回避する。台湾域内の通信市場は次第に飽和状態に入り，中華電信は多くの資金を擁する強さで海外の支店を設置し，海外のビジネスチャンスを開拓して，次の持続的成長の目標を構築する必要がある。

7) 弱さの最小化—機会の最大化（WO：Min-Max）戦略

WO戦略とは，機会を追求して最大化を求め，それによって，自身の弱さを最小（W：Min-O：Max）に抑え込む戦略である。

政府の持株比率を減少させ，官僚的なシステムから離脱して経営の自主性を向上させる必要がある。また，早期退職を奨励し，若い新人を導入することに

よって，人件費を低下させ，競争力の向上を図る。マーケティング政策を強化し，販売能力を向上させる必要がある。組織をフラット化させ，効率性を向上させる。公営事業の民営化以前，中華電信の組織は効率性が悪く，事業の経営理念に欠けていて，その組織の改革を実施する必要がある。そのために，中華電信の民営化以降に，組織の簡素化を図り，組織の改革を断行する必要がある。人員の削減によって人件費を減少し，柔軟に価格を調整し，モバイル通信やデータ通信などの人材を育成する必要がある。

8）弱さの最小化―脅威の最小化（WT：Min-Min）戦略

WT戦略とは，弱さを防備する戦略であり，企業は資源を投入し，能力の弱さを改善させ，弱さと脅威を最小化（W：Min-T：Min）する戦略である。この戦略を選択する場合，企業は弱さを改善し，脅威を減少することである。この種類の戦略は企業が困境に直面するときに使われ，企業の合併や規模の縮小時に採用する戦略である。

競争力を強化し，外部からの挑戦を迎える。製品のR&Dの期間を短縮化し，新たなサービスを創造して，消費者のニーズに応える。また，固定通信ネットワークのバリューサービスを開拓し，ネット電話による衝撃を低減させる。そのほかに，マーケティングの人材を育成し，柔軟に価格を設定する。グローバル競争に備え，海外の有名な通信企業と戦略的に協力し，関係企業と戦略的同盟を締結し，垂直統合によって競争力アップを図る。さらに，海外市場を開拓し，新しいビジネスチャンスを開発し，効率性を向上させ，コストの低減を図ることが必要であると思われる。

公営事業の民営化以前の中華電信は通信チャネルを独占し，従業員が過剰であるが，経営管理の人材の不足や事業の経営理念の不足などの欠点を持っていた。民営化以降の中華電信は，潜在的な競争ライバルが出現し，脅威に直面するようになった。通信チャネルの統合，効率性の向上，早期退職の奨励，従業員の削減によるコストの減少，人材の育成，従業員に経営理念の教育および従業員の積極性の向上などは，中華電信が直面する課題であろう。

(3) PPM 分析

　図1-2はボストン・コンサルティング・グループ（BCG）が考案したプロダクト・ポートフォリオ・マネジメント（PPM）モデルを援用し，中華電信を分析したものである[29]。事業ポートフォリオ構築の事業の魅力度，競争上の優位性と事業間のシナジーの3要素のうち，前者の2つの要素の評価を単純化したモデルである。PPMは2つの考え方がある。1つは，市場の成長は時とともに低下し，成長性の高い事業は多くの資金を必要とする「事業ライフサイクル」の考えが基礎にある。1つは，製品の生産量が多くなると，単位当たりのコストが低下し，生産性が向上する。そのために，市場シェアの高い企業は，シェアの低い企業よりも相対的に低コストで生産ができ，高い収益性を享受することができる。それは「経験曲線」を基礎とする考えである。

　この考えを前提として「市場の成長率」および「相対的な市場シェア」の2つの軸でマトリックスを作り，事業を4つの象限に分ける。市場の成長率が高く，市場シェアが高い「花形事業」（Star）は，現在のシェアを維持しつつ，成長するための投資を行い，"将来の金のなる木"に育てる。市場シェアは高

図1-2　プロダクト・ポートフォリオ・マネジメント（PPM）モデル

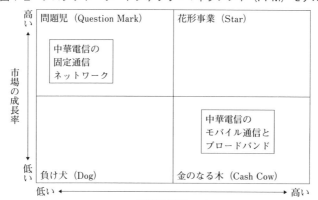

（注）　市場の成長率とは，今後3～5年の成長率を指す。
　　　相対的市場シェアとは，トップ企業の市場シェアを基準とした比率。
（出所）　グロービス・マネジメント・インスティテュート編『新版MBAマネジメント・ブック』ダイヤモンド社，2002年，15ページを基礎に筆者が中華電信のデータを記入と変更。

いが，成長性が低い「金のなる木」(Cash Cow)では，市場シェアを維持するための必要最小限の投資を行い，収益を上げてキャッシュを回収する戦略を採用し，他の事業への資金源とする。

他方，「問題児」(Question Mark)は，早いうちに投資を集中し，市場シェアを拡大する戦略を採用する。または，思い切って撤退する判断が必要である。要するに，問題児の数を減少させ，成長可能や市場シェアの増加が可能な一部に投資を集中し，花形事業を育成する「選択と集中」策を採用する。最後に，市場シェアが低く，成長性も低い「負け犬」(Dog)は見込みがないため，買い手がいるうちに売却するか，事業から撤退する。

現在，中華電信の固定通信ネットワークの市場シェアは相対的に高いが，市場の成長率は低い。そのために，「問題児」の位置に所在している。固定通信ネットワーク産業は成熟から次第に衰退し，特に音声サービスの領域では市内電話および長距離電話の市場では飽和状態になり，ネット電話やケーブル電話などの代替品の出現による脅威に直面するようになった。これらの新しい技術は伝統的な音声ビジネスよりも優勢になった。通信市場の開放によって独占市場から寡占市場に変化するようになった。新しいライバルの参入によって，中華電信がもともと持っていた市場シェアを侵食するようになり，中華電信の市場シェアの低減をもたらした。そのことによって，中華電信のモバイル通信やブロードバンド通信は「金のなる木」に位置しているが，固定通信ネットワークの音声サービスは「金のなる木」から「問題児」に転換するようになった。それによって，将来において伝統的な音声サービスは発展の重要なポイントではなくなったことを意味する。

同じく，固定通信ネットワークに属するブロートバンドおよびモバイル通信は大きな発展の余地が残されている。その理由としては，スマートフォンの進展によってモバイル通信の消費者数の増加や，インターネットなどのブロードバンド市場は，飽和状態になっておらず，インターネットやメールにアクセスする人口数は持続的に増えている。現在，ブロートバンド市場は依然として伸びる余地が残されている。そのために，市場の高い成長率を引き続いて維持することができる。中華電信はモバイル通信およびブロートバンドの高い市場シェアを占め，そういう意味では「金のなる木」を維持している。もしかしたら，

第1章　中華電信（CHT）

「花形事業」までに育てられる可能性を秘めている。固定通信ネットワークのニーズはモバイル通信とブロードバンドに向かって発展し，付加価値の増加や新しい技術の発展によって，中華電信の優位を発展させることが求められる。

おわりに

　2011年に中華電信はイノベーション，ブロードバンド，付加価値，統合など4大経営戦略を発表した。それらの課題にどのように対応するか，それをもって本論をまとめたい。
　民営化以降，中華電信は企業で掌握する資源，能力，要素賦存条件などの優勢を充分に発揮し，短期，中期，長期の発展目標を制定して展開している。企業化，多角化の推進条件および環境を備え，経営業績の拡大および民営化以降の優れた展望を望んでいる。中華電信の短期，中期，長期の発展目標を次のように整理した（**表1-6**）[30]。
　(1) 短期の目標：コア業務を中心に展開し，高い市場シェアを守ることである。中華電信は市場の動向を掌握し，本業は成熟したため，成長に限りがある。そのために，サービス業務の範囲を拡大する必要がある。中華電信は情報通信の統合を展望の位置付けにしている。ビジネスの展開時に，コアビジネスを重

表1-6　中華電信の短期，中期，長期の発展目標

期間	目　標	具体策
短期	コア業務に投入，本業を固く守り，市場シェアを固く保つ。	(1) 優秀で健全なネットワークを構築。 (2) 最も価値があり，信頼性の高い通信統合企業に。
中期	デジタル，クラウド演算技術サービスの開発。	(1) 台湾政府の「デジタル通信発展方策」に合わせ，2015年に高速ブロードバンドの指標「80%の世帯が100 Mbpsの有線ブロードバンドの接続ができる」と「光通信ユーザーが600万世帯」の政策目標に達成。 (2) クラウド演算技術サービスの開発。
長期	多角化，国際化，多国籍大企業に変貌。	(1) 多角化経営範囲に拡大。 (2) 海外市場を積極的に開拓。海外支社を設置，中華電信の永続経営ができ，国際化企業に変貌。

（出所）　筆者による整理。

表1-7　中華電信の転換戦略

戦略	過去	現在	変化点
事業戦略			
製品ラインと特色	固定通信，モバイル通信，デジタル通信の3つのサービス。	3大基本サービスから新技術付加価値サービスを創出。	新技術応用サービスを導入。音楽，ゲーム，デジタルテレビなど。
目標の市場支配と選択	台湾の通信市場を独占。	80％と20％の法則を採用。単一の人，家庭，中小企業，大企業など異なる製品に異なる市場の目標設定。	多元化製品，多元市場による企業の収益を拡大。
垂直統合の度合い	伝統の通信業務を独占。製品の多くはアウトソーシング。製品の多くはアウトソーシングによる製造やアウトソーシングによる販売。	企業の買収によってIDCの機械工場のレンタル業務を拡大。国際通信業務を開発し，神脳に出資することによって通信とチャネルの垂直統合を完成。愛爾達に投資して映像と音声事業の垂直統合が達成。	コストの低減，利潤獲得が増加。
相対規模と規模の経済	市場の独占，それぞれの業務にある程度の経済規模。	組織の転換と戦略の成功，新参入業者に比べると，良い経営規模を維持。	熾烈な競争に対し，売上高が安定，利潤獲得に増加。
電波の覆蓋範囲	民営化以前の業務範囲は台湾を主な対象。	海外市場の開拓，ベトナム，日本，シンガポールと中国で海外支社を設け，国際通信業務を推進。	電波の覆蓋範囲を台湾から世界に。
競争の優勢	官僚的な硬直性，企業競争理念が不足，効率性が悪い。	積極的に企業管理を導入，組織の改造と昇進業績制度の修正，従業員の専門実習，競争優勢の向上。	効率性と競争力の増加，安定的に高い利潤が確保。
機能戦略			
マーケティング政策	市場を独占，マーケティングを重視しない。	マーケティング管理を強化，製品，価格，チャネル，販売促進など。	製品の販売チャネルが順調。
製品政策	固定通信ネットが主要な業務。付加価値が比較的に低い。	モバイル通信サービスを開発。ラストワンマイルを利用し，ADSLブロードバンド・オンラインを推進。クラウドの新業務を開拓。	ICT情報通信など多元化サービスを行う。
R&D政策	民営化以前のR&D費が低い。売上高の1％を占め，ハイテク企業と比べると低い。	売上高のR&D比を2％に維持。内訳の95％は技術とサービスに優先的にR&Dに投入。残りの5％は先端的研究に投入。	消費者のニーズを満たす新製品を絶えず開発。
人的資源政策	官僚的な管理システム，管理の効率性が不足，年功重視の昇進制度，賞罰制度。	官僚的なシステムを打破，業績優先主義に，従業員権益の保障，組織変革，早期退職奨励，新人の採用。宏華人的資源公司を設立，人員の派遣，人件費の低減を図る。	企業の体質を徹底的に改造。従業員のやる気を引き起こす。競争力を向上。
ネットサービス品質業績評価	市場を独占，インターネットサービスの品質と顧客満足度を軽視。	インターネットサービスの品質業績評価を推進，優れたサービス品質と顧客満足度を重視。	顧客満足度と忠誠度を向上，売上高を向上。
企業の社会責務重視政策	政府部署に属する全国の通信事業，政府の政策に沿って経営方針を作成・執行。民間企業のように自由に発揮ができない。企業の社会責務の動機がない。	企業の社会責務制度を実施。2006年に「中華電信企業社会責任委員会」を設立。企業のガバナンス，環境永続発展，消費者優先，デジタルチャンスの創造，従業員重視，企業奉仕など6つのチームを設け，活動を推進。	企業の社会責務政策を積極的に推進，企業のイメージアップ，無形の競争力を向上。

（出所）　筆者の整理。

視することである。

　(2) 中期の目標：中華電信はデジタル通信の展開を重視し，ブロードバンド，光通信のネットワークによってデジタルコンテンツ企業とソフト企業に発展の環境を提供している。台湾政府のデジタルコンテンツ産業の発展方策に合わせ，2015年に高速ブロードバンドの推進指標は「80％の家庭に100 Mbpsのブロードバンドの接続」および「光通信ユーザーが600万世帯に」達成することができる。そのほかに，大容量クラウド・プラットフォームを使い，消費者に中華電信の先進性とイノベーションを提供することを目指している。中華電信に毎年新たに40社以上のソフト開発企業，100件以上のクラウドサービスが加入し，毎年，500社以上の中小企業が中華電信のクラウドサービスを使用することを期待している。

　(3) 長期の目標：多角化，国際化を図り，多国籍企業に成長することを期待している。将来，中華電信は持続的に海外市場を開拓し，海外に支社を設け，持続的に経営ができる国際化企業に成長することを図っている。

　民営化のあと，中華電信の理念，目標とする市場の選択，垂直統合の度合い，規模の経済効果，通信エリア，競争の優勢，マーケティングと製品開発，R&D，人的資源，ネットサービスの品質評価，企業の社会責務などを重視するようになった（表1-7）。

　グローバル化と経済の自由化の新しい潮流を受けて，公営事業の民営化はすでに世界の潮流になり，世界共通のコンセンサスになった。民営化および企業の移行過程において多くの議論があったが，中華電信の民営化は成功例として注目されるようになった。

［注］
（1）　黄富三『電信巨擘』中華電信股份有限公司，2010年。黄富三『中華電信股份有限公司民營化演進口述歷史』中華電信股份有限公司，2007年。
（2）　このITUの前身は「国際電報連合」であり，1865年5月17日にパリで第1次代表大会を開催した。この第1次大会の創設国メンバーとしてオーストリア，ベルギー，デンマーク，フランス，ギリシャ，イタリア，オランダ，スウェーデン，トルコなどの20の国々の代表が参加した。1883年，中国（清朝）駐イギリス大臣（大使）の曾紀澤はイギリス外務省の要請によって，中国も国際電報連合に加入するように提言した。し

かし，電報局総弁（局長）の盛宣懷は中国国内の電報が設立したばかりで，設備規模も完備しておらず，加入を断った。1920年8月，中華民国交通部（交通省）は国内電報の線路が普及するようになったため，国際電報連合に加入するようになった。1949年7月29日に電信総局は交通部に申請し，行政院（内閣）から加入会費に必要とする外貨を請求した。国共内戦の混乱と国民政府の台湾への敗退によって，1948年と1949年の2年間の年会費の支払が遅れた。しかし，1972年にITU第27回行政理事会では「台湾排除・中国加入」案が決議され，台湾はこの機構から退会するようになった。

（3） 黃富三，前揭書，2010年。黃富三，前揭書，2007年。
（4） 鍾佩勳「中華電信民營化政策之分析：AHP觀点」中國文化大學政治學研究所碩士論文，2001年。
（5） 黃旭男「我國電信自由化：政策之形成規劃實施探討」，『經社法制論叢』第5期，1990年6月。
（6） 『中華電信年報』中華電信股份有限公司，1996年。
（7） 電信總局『電信自由化政策白皮書』1997年。電信總局『電信白皮書』1994年。
（8） 鄧陽儧「談公營事業民營化前之企業經營」，『管理會計』第27期，1994年。陳世凱「中華電信公司組織變革之研究」中山大學企業管理研究所碩士論文，2003年。
（9） 王清全「組織變革過程中不確定因素之探討：以中華電信民營化為例」成功大學企業管理研究所碩士論文，2004年。
（10） 陳嘉慧「電信自由化：中華電信民營化」南華大學亞洲太平洋研究所碩士論文，2000年。
（11） 林大景「公營事業因應民營化政策進行多角化經營之規劃參考模式的初期先導研究」台灣大學工業工程學研究所碩士論文，1999年。
（12） 陳添枝（朝元照雄訳）「民主化と貿易改革」（渡辺利夫・朝元照雄編『台湾経済入門』勁草書房，2007年，第7章）に収録。
（13） 秦順隆「公營事業推展民營化自由化後中華電信公司經營策略之研究」淡江大學管理科學研究所碩士論文，2003年。
（14） 李育蓉「從羅爾斯正義論檢視公營事業民營化：以中華電信公司為例」華梵大學哲學系碩士論文，2008年。張紹明「公營事業民營化監督機制之研究：以中華電信民營化為例」東華大學公共行政研究所碩士論文，2004年。謝志明「領導風格與民營化變革阻礙克服關係之探討：中華電信民營化之個案研究」交通大學管理學院碩士論文，2009年。
（15） 黃莞茹「民營化前後經營績效之研究：中華電信為例」朝陽科技大學財務金融系碩士論文，2011年。黃意婷「電信事業策略聯盟夥伴評選準則之研究：以民營化後之中華電信為例」成功大學電信管理研究所碩士論文，2006年。
（16） 『經濟日報』1997年1月14日付。賴松鐘「國內電信服務業之經營策略研究：以中華電信為例」世新大學企業管理學系碩士論文，2010年。
（17） 洪鈴琪「電信事業民營化之經營績效研究：以中華電信，台灣大哥大，遠傳電信為

例」朝陽科技大學財務金融系碩士論文，2008 年。
(18) 劉哲宇「IPTV 營運模式與經營績效關係之研究：以中華電信 MOD 數位平台為例」銘傳大學管理學院碩士論文，2008 年。
(19) 鄭榮槿「中華電信固網事業發展策略研究」雲林科技大學商管專業學院碩士論文，2011 年。蔣淑鈴「中華電信的價值創新與經營模式」清華大學科技管理學院碩士論文，2012 年。
(20) Porter, Michael E., *Competitive Strategy*, The Free Press, Macmillan, 1980（土岐坤・中辻萬治・服部照夫訳『新訂 競争の戦略』ダイヤモンド社，1995 年）。
(21) 朝元照雄『台湾の企業戦略：経済発展と多国籍企業化への道』勁草書房，2014 年。第 4 章と第 5 章はファイブ・フォース分析を使い，群創光電（イノラックス）と華碩（エイスース）を考察したものである。
(22) 張晏蓉「IPTV 編排策略之探討：以中華電信 MOD 為例」中正大學電訊傳播研究所碩士論文，2012 年。張祿坤「中華電信跨足 IPTV 產業的進入模式：資源基礎觀點」逢甲大學經營管理碩士論文，2013 年。
(23) 洪鈴琪，前揭論文，2008 年。
(24) 周素素「改善中華電信 MOD 之網路效能」中興大學資訊科學研究所碩士論文，2005 年。
(25) 薛英超「藍海策略在商務經營決策運用之研究：以中華電信公司之 MOD 為例」高雄應用科技大學商務經營研究所碩士論文，2007 年。
(26) 謝文菁「我國 3G 行動電話服務之競爭策略分析：以中華電信為例」輔仁大學管理學研究所碩士論文，2010 年。王恒957「中華電信 3G 行動電話服務之顧客價值」高雄第一科技大學行銷與流通管理系碩士論文，2007 年。廖進福「中華電信之行動通信事業策略分析」雲林科技大學商管專業學院碩士論文，2011 年。
(27) 林秉洋「電信業經營之競爭策略分析：以中華電信為例」逢甲大學經營碩士論文，2009 年。黃惠美「伴隨行銷營運模式之研究：以中華電信公司為例」東華大學國際企業學系碩士論文，2008 年。
(28) 姜世榮「從資源基礎理論觀點探討固網之競爭策略：以中華電信為例」高雄大學高階經營管理碩士論文，2008 年。
(29) 水越豊『BCG 戦略コンセプト：戦略優位の原理』ダイヤモンド社，2003 年。グロービス・マネジメント・インスティテュート編『新版 MBA マネジメント・ブック』ダイヤモンド社，2002 年，15 ページ。
(30) 黃錫泉「國營事業民營化及轉型策略探討：以中華電信為例」世新大學企業管理學系碩士論文，2013 年。吳文勝「核心策略與企業社會責任整合之研究：以中華電信為例」東海大學會計學系碩士論文，2014 年。

コラム① 台湾で尊敬されている日本人・八田與一

　台湾中南部の烏山頭ダムと嘉南大圳を十年余かけて建設したのが，台湾総督府の技師・八田與一である。

　嘉義県と台南県に跨る嘉南平野は，全台湾の耕地面積の6分の1を占めていた。亜熱帯気候で年間2〜3回も米穀の収穫が可能であったが，灌漑と排水が大きなボトルネックであった。年間2,000ミリ以上の降水量を擁したが，中央山脈から台湾海峡に流れ落ちるため台風が襲来すると暴れ川となり，乾期には川底が露出する。農業生産は「看天田」（御天道様次第に収穫が決まる）と言われ，収穫が不安定であった。

　台湾総督府の土木技師・八田與一はこの平野にダムと用水路を建設すると，台湾の穀倉地帯になると考え，「嘉南平野開発計画書」を作成した。建設予算費は4,200万円であり，当時の台湾総督府の年間予算の3分の1以上の膨大な費用であった。最終的に，1,200万円は国庫からの補助，残りの3,000万円は地元の農民など直接に利益が得られる関係者からの出資であった。

　烏山頭ダムの満水時の貯水量は1億5,000万トンのアーチ式ダムである。ダムの断面は台形，頂部幅9メートル，底部幅33.3メートル，高さ51メートルである。当時，日本初の世界最新のセミ・ハイドロリック・フィル工法を使用している。また，嘉南大圳とは，嘉南平野の大型給排水路のことで，総延長1万6,000キロで，地球を半周する長さであり，給水門，水路橋，鉄道橋など200以上の構造物を含んでいた。

　大正9年（1920）9月から昭和5年（1930）4月の約10年間の歳月を建設にかけた。烏山頭ダムと嘉南大圳の完成後，水稲の収穫量は10万7,000石から65万7,000石と6倍に，サツマイモの収穫量は138万石から288万石と2倍に増産した。地元の農民の増収額は年間2,000万円以上で，農民負担額の2,739万円の返済もそのほど難しい金額ではなかった。

　昭和17年（1943）5月，八田は南方開発派遣要員として，フィリピンで綿作灌漑のためのダム建設の適地調査に派遣され，「大洋丸」に搭乗した。5月8日午後7時45分に，五島列島沖で，アメリカの潜水艇の魚雷を受けて，大洋丸は沈没した。1ヶ月後の6月13日に山口県萩市沖合の見島で八田の遺体が発見された。7月16日に手厚い総督府葬が行われた。享年56歳であった。昭和20年，八田の妻・外代樹は台北から烏山頭の職員宿舎に疎開した。敗戦後，9月1日の未明に外代樹は黒の喪服に白足袋で，烏山頭ダムの放水口に自殺した。享年45歳であった。

　嘉南の農民は御影石で八田夫婦の墓を建て，毎年5月8日の八田の命日に嘉南農田水利会主催の慰霊追悼式を開催した。昭和6年に工事関係者が贈った八田の銅像も，戦争末期の金属類供出時に姿を消された。蒋介石政権時に日本人の銅像を隠し持っているのが危険であるが，そのままに隠され，昭和56年に墓前に戻された。

第2章　キャッセイ・フィナンシャル・ホールディングス（国泰金融控股）
―― 世華聯合商業銀行と第七商業銀行のM&Aによる勢力の拡大 ――

はじめに

　1984年の兪國華内閣の時期に，台湾政府は「自由化，国際化」施政方針を提示した。その背後には，台湾の輸出志向工業化による大幅な外貨保有高（当時，世界第2位～第3位の貿易黒字）を擁し，GATT（いまのWTO）の加盟による自由化と国際化への要請が高まっていたことがある。新しい時代の要請に応えるために，台湾政府は「経済革新会議」を開催し，経済発展の方向性を求めるようになった。この経済革新会議において，「経済の自由化，国際化」が主張されるようになった。

　1986年に台湾初の野党の民主進歩党（民進党）が結成され，後には立法院（国会に相当）で議席を確実に獲得するようになった。1991年に「法統」（1949年以降，中華民国政府が中国大陸も統治しているという虚構の構造）の代表で，中国大陸の統治時に選出された立法委員（万年国会議員）が一斉に退任するようになった。立法委員が全面的に改選され，民進党の党員が多くの議席を獲得するようになった。民主化の動向を反映し，企業界の立法院での発言力が大幅に高まるようになった[1]。

　1986年以降，アメリカ政府からの「市場開放」の外圧および立法院からの「特権打破」の内圧が高まった。その圧力を受けて，台湾政府はランセンスを必要とする業界を次第に開放するようになった。それは航空，銀行，保険，証券，通信などの分野である。要するに，いままで公営企業や少数の民間企業に独占され，ランセンスを必要とする独占や寡占の業界に"風洞"を開けるよう

になった。

　この「市場開放」と「特権打破」の新しい時代の潮流によって，1991年以降に銀行の設置緩和策が行われた。それによって，多くの新興銀行が"雨後の筍"のように設立されるようになり，金融業界での"競争の嵐"に直面するようになった。この弱肉強食の競争の中で，規模が大きい強大銀行は弱小銀行をM&A（合併・買収）の手段を通じて，さらに規模を大きく拡大するようになった（第Ⅰ節）。同時に，海外の銀行も台湾で支社を設けるようになった。

　2001年11月1日に台湾のフィナンシャル・ホールディングス法が公布された。それによって，多くの金融機構がフィナンシャル・ホールディングス（FH）を組織するようになった。第Ⅱ節は台湾のFHを紹介する。

　国泰金融控股（キャセイ・フィナンシャル・ホールディングス，以下，国泰FH）の傘下には国泰人寿（生命保険），国泰産険（物産保険），国泰世華商業銀行，国泰創業投資，国泰綜合証券および国泰証券信託の6つの子会社を擁している。第Ⅲ節は国泰FHのこれら企業を考察する。そして，世華聯合商業銀行と第七商業銀行の合併の動機を検討する（第Ⅳ節）。それに加えて，第Ⅴ節は国泰FHの海外進出を紹介する。そして，最後の節は本章のまとめとする。

Ⅰ．銀行の設立緩和後の発展と合併

　1991年12月に台湾政府が民営銀行の設置申請を開放した後，多くの民営銀行が次々と設立されるようになった。1991年の台湾の銀行はわずか26社であるが，2000年には最高値の53社に達した。2000年以降，台湾政府は銀行法および金融機構合併法を持続的に修正した。それによって，金融機構のM&Aが展開されるようになった。2010年1月までに台湾の銀行総数は37社で，外国系銀行が台湾での支社設置数は32社になった。

　台湾初の金融機構の合併は台新銀行と大安銀行の合併である（表2-1）。その後，富邦銀行と台北銀行との合併によって，台北での支店数のシェアがトップになった。そして，国泰銀行は世華聯合商業銀行と第七商業銀行を合併し，国泰世華銀行に企業名称を変更するようになり，国泰FHの設立時に比べて，資本額の勢力が大きく拡大するようになった。この合併によって，国泰FHと

表 2-1 台湾主要金融機構の合併概要

合併側の銀行	合併先銀行	合併基準日	備　考
台新銀行	大安銀行	2002 年 2 月 18 日	
国泰銀行	世華聯合商業銀行	2003 年 10 月 27 日	2002 年 7 月，匯通商業銀行が国泰銀行に名称を変更。合併後，国泰世華銀行に名称を変更。
中国信託銀行	萬通銀行	2003 年 12 月 1 日	
玉山銀行	高雄企銀	2004 年 9 月 4 日	譲与
新光 FG	聯信銀行	2004 年 9 月 30 日	2004 年 11 月，聯信商業銀行は新光銀行に名称を変更。
富邦銀行	台北銀行	2005 年 1 月 1 日	合併後に台北富邦銀行に名称を変更。
聯邦銀行	中興銀行	2005 年 3 月 19 日	
日盛銀行	台開信託（信託部）	2005 年 8 月 6 日	2001 年 12 月，寶島銀行を日盛銀行に名称を変更。
台湾新光商業銀行	誠泰商業銀行	2005 年 12 月 31 日	
合作金庫	農民銀行	2006 年 5 月 1 日	
交通銀行	中国商業銀行	2006 年 8 月 21 日	合併後に兆豊国際商業銀行に名称を変更。
渣打国際商業銀行	新竹商業銀行	2006 年 11 月 3 日	2007 年 7 月 2 日，新竹商業銀行の名称を渣打国際商業銀行に変更。
建華銀行	台北国際商業銀行	2006 年 12 月 26 日	2002 年 7 月，華信商業銀行を建華銀行に名称を変更。合併後に永豊銀行に名称を変更。
国泰世華銀行	第七商業銀行	2007 年 1 月 1 日	
台湾銀行	中央信託局	2007 年 1 月 1 日	
中国信託銀行	花蓮企業銀行	2007 年 9 月 8 日	譲与
花旗（台灣）銀行	華僑銀行	2007 年 12 月 1 日	
匯豊銀行	中華銀行	2008 年 3 月 29 日	
渣打国際商業銀行	アメリカ運通銀行台湾支店	2008 年 8 月 1 日	

（出所）　李郁亭「銀行合併對中基層員工之影響」政治大學管理學程碩士論文，2006 年および筆者の整理。

富邦 FH は台湾証券取引所で上場した 2 大民営 FH に数えられるようになった。

　銀行の M&A は短い時期に勢力を拡大するメリットがあるが，しかし，いくつかの問題点も発生する。具体的に言えば，支店拠点の統廃合の選択，企業文化，制度，作業方式の相異，コンピュータシステムの相異など，合併後の統合に大きな課題が発生する。

　2009 年 12 月まで，台湾における銀行の総資産は 30 兆 7,200 万台湾元であり，規模が最も大きいのが台湾銀行の 3 兆 7,500 万台湾元である。資産額が 2 億台湾元以上の銀行は兆豊国際商業銀行，合作金庫銀行，台湾土地銀行である。資産額が 1 億台湾元以上の銀行は中信銀行，国泰世華銀行，第一銀行，彰化銀行，華南銀行，台北富邦銀行，永豊銀行および台湾中小銀行である。そのうち，2005 年に台新 FH は彰化銀行の過半数の理監事の席数を獲得した。彰化銀行の理事会を改組することによって，台新 FH が彰化銀行を子会社として吸収するようになった。それによって，台新 FH の規模も拡大するようになった。銀行の資産額で見ると，台湾銀行の 3 兆 7,500 億台湾元が最も多く，日盛銀行の 1,893 億台湾元が最も少ない。

　台湾の金融機構の社数は多く，この数年間にいくつかの銀行の合併が行われたが，依然として多すぎると思われる。銀行の貯蓄額の市場シェアから見ると，台湾銀行が最も多く，12.86% を占めている。その次が合作金庫銀行の 8.48%，台湾土地銀行の 7.32%，第一銀行の 6.16%，華南銀行の 6.1% の順位である。融資額の市場シェアから見ると，台湾銀行の 11.09% が最も大きく，合作金庫銀行の 9.72%，台湾土地銀行の 8.6%，兆豊国際商業銀行の 6.88% および第一銀行の 5.94% である。台湾のトップ 5 銀行の融資市場シェアは約 40% であり，シンガポールの 80%，日本の 78%，カナダの 60% およびイギリスの 50% よりも低い。それは台湾の銀行行数が多く，その結果として貯蓄および融資が分散され，市場シェアを低下させたからである。

　金融機構が多く，規模が小さいために，銀行の利潤率が低下し，資産報酬率および純価値報酬率が低くなる。2001 年から今日に至るまで，銀行の資産報酬率は 1% 以下で，2006 年にはマイナスの資産報酬率が発生した。株主報酬率は 2004 年に 10.3% の最高値に達した後に，減少の傾向が観察される。2006 年に株主報酬率がマイナス値を記録した後，2010 年 1 月になっても依然とし

て0.68％の低い数値を保っている。

　金融市場の発展によって，企業は台湾証券取引所で株券を発行し，必要とする資金を獲得することができる。そうすると，企業は銀行からの融資の手段を通じて，必要とする資金を入手することが不必要になる。その影響を受けて，台湾の主要金融機構の融資および投資の年増加率は2004年の8.64％から2009年の0.74％に大幅に減少するようになった。要するに，企業が必要とする資金の入手源は株券の発行による手段を選択するようになり，逆に銀行からの融資という間接金融の比重が減少するようになった。2010年2月末，台湾の銀行の融資額は18兆6,341億台湾元になり，株券の発行などの直接金融額は15兆台湾元に達するようになった。明らかに，銀行からの融資を証券取引所の株券販売からの資金の入手によって補完代替するようになった。

　銀行から提供する業務は，企業金融と消費者金融（消費者の不動産購入ローンなど）の2つの部分に分けられる。近年，消費者金融は銀行の利益獲得の主要な来源である。消費者金融は消費者ローンおよびクレジットカード・キャッシュカードの業務に分けられる。『中央銀行統計月刊』によると，消費者金融は1992年の1兆5,300億台湾元から2010年1月の6兆8,000億台湾元に達した[2]。そのうち，住宅・不動産購入の融資額が全体の融資額の7割以上であり，住宅修繕の融資および消費者金融が約1割を占めている。

　クレジットカードの業務について，台湾のクレジットカードの発行枚数は，1991年の92万枚から2009年の3,000万枚に大幅に増加した。同時期のクレジットカードの購買使用額も373億台湾元から1兆3,700億台湾元に達した。

　最初に銀行のキャッシュカードを発行したのが萬泰商業銀行である。2009年まで台湾で発行されたキャッシュカードは86万5,000枚であり，融資額は653億台湾元に達した。2008年のリーマンショック以降，銀行はクレジットカードおよびキャッシュカードの発行条件の制限は前に比べてより厳しくなった。それ以降，A銀行のカードを使って，B銀行のカードの申請ができなくなり，それは銀行の不良債権を防止する対策の一環として取り入れられた。

Ⅱ. 台湾の FH の現状

(1) FH の設立とパフォーマンス

　2001 年 11 月 1 日に台湾のフィナンシャル・ホールディングス法（金融控股公司法）が施行された。当時の台湾の FH の設立に資本額は 200 億台湾元，資産の総額は 3,000 億台湾元が最低条件であった(3)。同時に，銀行，保険企業や証券企業のうち，2 つの業種以上の持株や資本額を擁する企業が，FH の設立条件であった。2007 年に金融管理委員会は，FH の設立の最低資本金を 200 億台湾元から 600 億台湾元に，資産総額を 3,000 億台湾元から 7,500 億台湾元に大幅に増加するように修正した。

　FH は傘下のいくつか異なった業界の企業を統合することによって，全体の金融産業のバリューチェーンおよび利潤獲得方式に相乗効果が発揮できるメリットがあると考えられた。長期的に言えば，FH は金融商品にイノベーションの相乗効果を促すことである。それによって，さらに市場に活路を生み，金融市場の商品が多元化し，多くの潜在的利益を生み出すと考えていた(4)。

　2009 年 12 月 31 日までに，財政部（財政省）から発行した FH は 15 グループである（表 2-2）。FH は以下の 3 種類に分けることができる。

　(1) 銀行を主体とする FH。華南，中信，永豊，台新，玉山，兆豊，中華開発，第一および台湾などの 9 つの FH。

　(2) 証券企業を主体とする FH。日盛，元大および国票などの 3 つの FH。

　(3) 保険企業を主体とする FH。国泰，富邦および新光などの 3 つの FH。

　2013 年と 2014 年の台湾証券取引所に上場した 14 の FH 銘柄の売上高ランキングによると，国泰 FH と富邦 FH の 2 社が最も大きく，それぞれ 3,921 億台湾元と 4,073 億台湾元および 3,802 億台湾元と 3,818 億台湾元である（表 2-3）。それに続く順位（2013 年）は新光 FH の 1,480 億台湾元，中国信託 FH の 1,272 億台湾元，台新 FH の 558 億台湾元，兆豊 FH の 550 億台湾元，第一 FH の 365 億台湾元，華南 FH の 355 億台湾元，合庫 FH の 349 億台湾元，永豊 FH の 330 億台湾元，元大 FH の 287 億台湾元，玉山 FH の 267 億台湾元，中華開発 FH の 247 億台湾元および国票 FH の 42 億台湾元である(5)。なお，

第2章 キャッセイ・フィナンシャル・ホールディングス（国泰金融控股） 55

表2-2 台湾のFH

FHの名称	認可日	設立日	子会社	FHの主体
富邦FH	2001年11月28日	2001年12月19日	台北富邦銀行 富邦産物保険 富邦人寿 富邦証券 富邦投資信託 富邦創業投資管理コンサルタント 富邦販売 富邦FH創業投資 運彩科技 富邦銀行（香港）	富邦産物保険
華南FH	2001年11月28日	2001年12月19日	華南商業銀行 華南永昌総合証券 華南金融資産管理 華南金融創業投資 華南物産保険 華南永昌投資信託 華南金融管理コンサルタント	華南商業銀行
中華開発FH	2001年11月28日	2001年12月28日	中華開発工業銀行 大華証券	中華開発工業銀行
国泰FH	2001年11月28日	2001年12月31日	国泰人寿 国泰産物保険 国泰世華商業銀行 国泰創業投資 国泰綜合証券	国泰人寿
玉山FH	2001年12月31日	2002年1月28日	玉山銀行 玉山証券 玉山保険仲買人 玉山創業投資	玉山銀行
兆豊FH	2001年12月31日	2002年2月4日	兆豊国際商業銀行 兆豊証券 兆豊票券金融（株） 兆豊産物保険（株） 兆豊国際証券投資信託 兆豊資産管理 兆豊人身保険仲買人 兆豊創業投資	兆豊国際商業銀行
元大FH （元・復華FH）	2001年12月31日	2002年2月4日	元大銀行 元大証券 元大証券金融 元大証券投資コンサルタント 元大国際資産管理 元大国際財務コンサルタント 元大先物 元大創業投資	元大証券
日盛FH	2001年12月1日	2001年12月5日	日盛証券 日盛銀行 日盛国際産物保険 日盛証券エージェント	日盛証券

表 2-2 つづき

FH の名称	認可日	設立日	子会社	FH の主体
台新 FH	2001 年 12 月 31 日	2002 年 2 月 18 日	台新銀行 台新有価証券（票券）金融 台新創業投資 台新販売コンサルタント 台新資産管理 彰化銀行	台新銀行
新光 FH	2001 年 12 月 31 日	2002 年 2 月 19 日	新光人寿 新光銀行 新光投資信託 新光保険仲買人 新光人寿証券 元富証券	新光人寿
国票 FH	2002 年 2 月 8 日	2002 年 3 月 26 日	国票綜合証券 国票創業投資 国票有価証券（票券）金融 国票先物 国票投資コンサルタント	国票有価証券（票券）金融
永豊 FH（元・建華 FH）	2001 年 11 月 28 日	2002 年 5 月 9 日	永豊銀行 永豊金融証券 永豊金融リース 永豊顧客サービス科技 永豊管理コンサルタント 永豊創業投資 永豊証券投資信託	永豊銀行
中国信託 FH	2001 年 11 月 28 日	2002 年 5 月 17 日	中国信託商業銀行 中国信託保険保険仲買人 中国信託綜合証券 中国信託創業投資 中国信託資産管理 中信保全 台湾彩券	中国信託商業銀行
第一 FH	2001 年 12 月 31 日	2003 年 1 月 2 日	第一銀行 第一金融証券 第一金融証券投資信託 第一金融資産管理 第一金融創業投資 第一金融管理コンサルタント 第一財産保険仲買人 第一金融人寿保険	第一銀行
台湾 FH	2007 年 8 月 15 日	2008 年 1 月 1 日	台湾銀行 台湾綜合証券 台湾人寿	台湾銀行

（出所）　行政院金融管理委員会銀行局。

　台湾最大で通貨発行の台湾銀行を主体とする台湾 FH は，公営銀行の色彩が強く，台湾証券取引所には上場していない。

　この売上高が 2014 年になると，中国信託 FH の 2,014 億台湾元，新光 FH

第 2 章　キャッセイ・フィナンシャル・ホールディングス（国泰金融控股）　　57

表 2-3　台湾証券取引所上場 FH の売上高ランキング（2013 年，2014 年）

（単位：1,000 台湾元）

順位	グループ名称	企業コード	売上高（2013 年）	順位	グループ名称	売上高（2014 年）
1	国泰 FH	2882	392,129,712	1	国泰 FH	407,375,503
2	富邦 FH	2881	380,182,294	2	富邦 FH	381,835,325
3	新光 FH	2888	147,996,743	3	中国信託 FH	201,426,687
4	中国信託 FH	2891	127,166,619	4	新光 FH	184,868,349
5	台新 FH	2887	55,827,233	5	兆豊 FH	60,504,967
6	兆豊 FH	2886	55,008,468	6	元大 FH	55,083,738
7	第一 FH	2892	36,466,232	7	台新 FH	44,639,686
8	華南 FH	2880	35,522,079	8	華南 FH	38,817,038
9	合庫 FH	5880	34,854,684	9	永豊 FH	38,495,813
10	永豊 FH	2890	32,977,107	10	合庫 FH	35,486,473
11	元大 FH	2885	28,687,569	11	第一 FH	34,186,455
12	玉山 FH	2884	26,747,426	12	玉山 FH	32,754,519
13	中華開発 FH	2883	24,709,746	13	中華開発 FH	28,741,833
14	国票 FH	2889	4,213,647	14	国票 FH	4,856,038

（出所）　台灣證券交易所『上市股票公司財務資料簡報』2013 年と 2014 年を筆者が整理したもの。

の 1,849 億台湾元，兆豊 FH の 605 億台湾元，元大 FH の 551 億台湾元，台新 FH の 446 億台湾元，華南 FH の 388 億台湾元，永豊 FH の 385 億台湾元，合庫 FH の 355 億台湾元，第一 FH の 342 億台湾元，玉山 FH の 328 億台湾元，中華開発 FH の 287 億台湾元および国票 FH の 49 億台湾元である。そのうち，台新 FH と第一 FH の売上高が減少し，その他の FH の売上高は増加している。

表 2-4 は 2013 年と 2014 年の台湾証券取引所に上場した 14 の FH 銘柄の税引き後の純利益ランキングである。この順位は富邦 FH の 385 億台湾元と 602 億台湾元，国泰 FH の 378 億台湾元と 495 億台湾元，兆豊 FH の 225 億台湾元と 303 億台湾元，中国信託 FH の 215 億台湾元と 394 億台湾元，台新 FH の 138 億台湾元と 16 億台湾元，第一 FH の 109 億台湾元と 141 億台湾元，永豊 FH の 108 億台湾元と 130 億台湾元，華南 FH の 101 億台湾元と 131 億台湾元，新光 FH の 100 億台湾元と 69 億台湾元，合庫 FH の 85 億台湾元と 102 億台湾元，玉山 FH の 84 億台湾元と 105 億台湾元，中華開発 FH の 83 億台湾元と 108 億台湾元，元大 FH の 77 億台湾元と 165 億台湾元および国票 FH の 14 億台湾元と 17 億台湾元である。この 14 グループのトップ 2 はいずれも富邦 FH および国泰 FH である。そのほかに，元大 FH の税引き後の純利益は大幅に増

表 2-4 台湾証券取引所上場 FH の税引き後の純利益ランキング（2013 年，2014 年）

(単位：1,000 台湾元)

順位	グループ名称	企業コード	純利益（2013 年）	順位	グループ名称	純利益（2014 年）
1	富邦 FH	2881	38,513,720	1	富邦 FH	60,248,412
2	国泰 FH	2882	37,816,036	2	国泰 FH	49,522,447
3	兆豊 FH	2886	22,489,232	3	中国信託 FH	39,437,007
4	中国信託 FH	2891	21,502,785	4	兆豊 FH	30,258,664
5	台新 FH	2887	13,836,248	5	元大 FH	16,472,023
6	第一 FH	2892	10,888,641	6	第一 FH	14,084,936
7	永豊 FH	2890	10,790,969	7	華南 FH	13,130,945
8	華南 FH	2880	10,051,213	8	永豊 FH	12,989,606
9	新光 FH	2888	9,986,345	9	中華開発 FH	10,836,229
10	合庫 FH	5880	8,496,667	10	玉山 FH	10,528,552
11	玉山 FH	2884	8,416,145	11	合庫 FH	10,236,352
12	中華開発 FH	2883	8,304,001	12	新光 FH	6,890,355
13	元大 FH	2885	7,709,994	13	国票 FH	1,732,798
14	国票 FH	2889	1,350,210	14	台新 FH	1,624,376

(出所) 表 2-3 に同じ。

加し，順位は第 13 位から第 5 位に上昇している。台新 FH と新光 FH のそれは減少している。

表 2-5 は 2013 年と 2014 年の FH 銘柄の EPS（1 株当たりの純価値）ランキングである。その 2013 年と 2014 年 EPS を見ると，富邦 FH の 30.92 台湾元と 39.87 台湾元，国泰 FH の 23.49 台湾元と 34.44 台湾元，兆豊 FH の 19.39 台湾元と 20.97 台湾元，合庫 FH の 17.33 台湾元と 17.18 台湾元，第一 FH の 16.26 台湾元と 16.63 台湾元，元大 FH の 16.01 台湾元と 16.74 台湾元，華南 FH の 14.98 台湾元と 15.43 台湾元，玉山 FH の 14.96 台湾元と 15.15 台湾元，台新 FH の 13.47 台湾元と 11.91 台湾元，永豊 FH の 13.21 台湾元と 13.26 台湾元，中国信託 FH の 13.10 台湾元と 15.03 台湾元，中華開発 FH の 11.04 台湾元と 11.41 台湾元，国票 FH の 10.99 台湾元と 11.22 台湾元および新光 FH の 10.82 台湾元と 11.27 台湾元である。2013 年から 2014 年において，台新 FH と合庫 FH の EPS は減少，その他は上昇している。

アメリカの FH を見ると，資本額が大きい FH の評価が高い。アメリカにおいて 100 億ドルを超えた FH の 90% の EPS は，第一級ランクであると評価される。他方，資本額が 100 億ドル以下の FH の EPS のうちわずか 35% の FH は，第一級ランクのパフォーマンスをあげていると評価された。明らかに，資

表 2-5　台湾証券取引所上場 FH の EPS ランキング（2013 年，2014 年）

(単位：台湾元)

順位	グループ名称	企業コード	EPS（2013 年）	順位	グループ名称	EPS（2014 年）
1	富邦 FH	2881	30.92	1	富邦 FH	39.87
2	国泰 FH	2882	23.49	2	国泰 FH	34.44
3	兆豊 FH	2886	19.39	3	兆豊 FH	20.97
4	合庫 FH	5880	17.33	4	合庫 FH	17.18
5	第一 FH	2892	16.26	5	元大 FH	16.74
6	元大 FH	2885	16.01	6	第一 FH	16.63
7	華南 FH	2880	14.98	7	華南 FH	15.43
8	玉山 FH	2884	14.96	8	玉山 FH	15.15
9	台新 FH	2887	13.47	9	中国信託 FH	15.03
10	永豊 FH	2890	13.21	10	永豊 FH	13.26
11	中国信託 FH	2891	13.10	11	台新 FH	11.91
12	中華開発 FH	2883	11.04	12	中華開発 FH	11.41
13	国票 FH	2889	10.99	13	新光 FH	11.27
14	新光 FH	2888	10.82	14	国票 FH	11.22

(注)　EPS とは，1 株当たりの純利益。
(出所)　表 2-3 に同じ。

本額が大きいほど，EPS が高いことがわかる。

　以上の分析から上位の富邦 FH，国泰 FH，兆豊 FH，合庫 FH，第一 FH，元大 FH，華南 FH，玉山 FH が EPS の利益獲得能力によって優れた企業グループであることがわかる。逆に，下位グループの中華開発 FH，国票 FH および新光 FH の EPS の利益獲得能力は上位グループに劣っている。特に最上位グループの富邦 FH と国泰 FH の EPS は最下位の新光 FH と国票 FH の EPS の 2～3 倍の利益をあげていたことがわかる。

(2)　FH における中国市場の進出

　2009 年 11 月 16 日に，金融管理委員会は両岸金融管理覚書（MOU）を締結した。それによって，台湾政府と中国政府との間で両岸経済協力仕組協議（Economy Corporation Framework Association：ECFA）を決めることになった。ECFA が締結されると，台湾の FH の中国進出は加速すると想像ができる。表 2-6 は台湾の FH の中国進出を示している[6]。

　富邦 FH 傘下の富邦銀行は中国の銀行の持株を購入し，事務所の設立を申請している。富邦証券は中国で事務所を設置し，富邦物産保険は中国で子会社の

表 2-6 台湾の FH の中国進出

FH グループ	銀　行	証　券	保　険
富邦 FH	中国の銀行の持株 事務所設置の申請	事務所	物産保険の設置許可
国泰 FH	事務所（支店に昇格を計画）	事務所	—
兆豊 FH	事務所（支店に昇格を計画）	事務所	—
合作金庫 FH	—	—	—
第一 FH	事務所（支店に昇格を計画）	—	—
元大 FH	—	事務所	—
華南 FH	事務所（支店に昇格を計画）	事務所	—
玉山 FH	事務所設置の申請	—	—
台新 FH	—	事務所	—
永豊 FH	—	事務所	—
中国信託 FH	事務所（支店に昇格を計画）	—	—
中華開発 FH	—	—	—
国票 FH	—	—	—
新光 FH	—	—	生命保険の子会社
日盛 FH	—	事務所	—
台湾 FH	事務所設置の申請	—	—

（出所）　邱金蘭，聯合理財網（http://www.extension.org.tw/book/02_1.9.doc）。

設立が許可され，進出に着手している。華南 FH 傘下の華南銀行は中国で事務所を設置し，支店に昇格する準備を行っている。華南証券は中国で事務所を設置した。

　そのほかに，玉山 FH 傘下の玉山銀行は中国で事務所の設置を申請している。兆豊 FH 傘下の兆豊銀行と兆豊証券は中国で事務所を設置している。元大証券，日盛証券，台新証券，永豊証券などは中国で事務所を設置している。また，中国信託銀行，第一銀行は中国で事務所を設置し，支店に昇格する準備を行っている。台湾銀行は中国で事務所の設置を準備している。そして，新光 FH 傘下の新光人寿は中国で子会社を設立している。

Ⅲ. 国泰FHの展開

表2-7は国泰FHの沿革を示している。以下はそれに沿って説明する。

2001年12月31日に國泰金融控股股份有限公司（Cathay Financial Holdings＝キャッセイFH，以下，国泰FH）が設立された。資本額の登記は1,200億台湾元である。国泰FHは保険，証券，銀行，創業投資，投資信託などのビジネスを統合した金融機構である。台湾各地に設けられた営業拠点と販売要員を使って，共同販売の戦略を構築している。図2-1と図2-2は国泰FHの組織図を示している。国泰FHは国泰世華商業銀行，国泰人寿（生命保険），国泰世紀産物保険（物産保険），国泰創業投資，国泰綜合証券および国泰証券投資信託の6つの子会社を擁している。

国泰FH所属の子会社にはグループの「大きな樹」のロゴマークを採用している。これは「霖園関係企業」の大樹のロゴを修整したものである。「大きな樹」の意味は，下にしっかりと根をはり，上に向かって発展する企業理念を表している。青々とした大きな樹は，活力が勢いよく，生命力が溢れ，より繁栄するように，その土地の人々に恵みを与えることである。これは企業経営の基本であり，すべての物事の基本である。表2-8は国泰FHとその子会社の信用評価を示している。証券の格付け企業の中華信用評価社，ムーディーズ・インヴェスターズサービス（Moody's）社およびスタンダード・アンド・プア（Standard & Poor's）社の企業評価はおおむね良好であることがわかる。

国泰FHは『今周刊』誌から4回以上も「フィナンシャル・ホールディングス全体の経営業績評価」の第1位を獲得している。国際投資関係誌の『IR Magazine』から「台湾最優秀年度報告と正式開示」と評価された。近年，台湾で唯一受賞した金融企業である。そのほかに，国泰FHは理想ブランドの第1位の評価を獲得している。

2013年度の国泰FHの収益は292億8,996万台湾元である[7]。そのうち，国泰人寿（生命保険）は53%，国泰世華商業銀行は49%，国泰世紀産物保険（物産保険）は3%，国泰綜合証券と国泰投資信託の比率は少ない（表2-9）。国泰FHから金融サービスを提供するのは主に台湾のほかに，近年，中国，ベト

表 2-7　国泰 FH の沿革

年別	事　項
2001	12 月 31 日，国泰人寿の株主が持株転換方式で，国泰 FH を設立。
2002	4 月，東泰産物保険（後に国泰世紀産物保険に名称を変更）の株主が 4.5 株を国泰 FH の 1 株と交換。匯通商商業銀行（後に国泰商業銀行に名称を変更）の 6 株を国泰 FH の 1 株と交換。この 2 社は国泰 FH の 100％ の子会社に。資本額は 609.59 億台湾元。 5 月，海外で 7 億ドルの企業可転換債を発行。 12 月，世華聯合商業銀行の 1.6848 株と国泰 FH の 1 株と交換。世華聯合商業銀行は国泰 FH の 100％ の子会社に。資本額は 845.32 億台湾元。
2003	1 月，持株 14,567.4 万株を抹消。資本額は 830.75 億台湾元。 4 月，6 億台湾元を投資し，国泰創業投資を設立。 9 月，国泰 FH は 0.75 億台湾元を投資し，怡泰創業投資の 3.33％ の株券を獲得。 10 月，世華聯合商業銀行と国泰商業銀行が合併。世華聯合商業銀行を存続銀行に。国泰世華商業銀行に名称を変更。
2004	4 月，6 億台湾元を投資し，怡泰貳創業投資を設立。 5 月，国泰 FH は 35 億台湾元で国泰綜合証券を設立。 7 月，1,656 万台湾元で怡泰管理コンサルタントの全部の株券を獲得。
2005	5 月，怡泰創業投資の増資 1.5 億台湾元に参加。持株比率は 8.33％ から 15％ に。 6 月，国泰綜合証券の増資 5 億台湾元を単独に出資。資本額を 35 億台湾元から 37 億台湾元に増加。 内部持株者の譲与と公開購入方式で第七商業銀行の株券 81.35％ を獲得。2006 年 3 月，国泰 FH の理事会で第七商業銀行の持株転換を決議。
2006	6 月，第七商業銀行の 3.8392 株で国泰 FH の 1 株と交換。第七商業銀行が 100％ の子会社に。
2007	5 月 20 日，海外可転換企業債の期限。在外残額 1392.6 万ドルを支払い。
2008	6 月，国泰人寿が 150 億台湾元を増資。1 株 75 台湾元で 2 億株を購入。資本額は 506.9 億台湾元から 526.9 億台湾元に増加。 8 月，増資後，資本額は 973.8 億台湾元に。 12 月，無担保企業債 200 億台湾元を発行。150 億台湾元を国泰人寿の 2008 年 12 月 25 日発行の特別株に投資。残りの 50 億台湾元を国泰 FH の自己資本の運営資金用。
2009	国泰創業投資，怡泰貳創業投資，怡泰管理コンサルタントと怡泰創業投資を合併。国泰創業投資が存続企業に。 10 月，9.25 億台湾元で国泰創業投資の 49.97％ の株券を購入。100％ の子会社に。 10 月，無担保企業債 200 億台湾元を発行。100 億台湾元を国泰人寿の 2009 年 12 月 16 日発行の特別株に投資。残りの 100 億台湾元を国泰 FH の買収資金と子会社の資本適足率の向上に使う。 10 月，国泰 FH と第七商業銀行の転換に取得する株券 6,666 万株に使う。資本額は 967.09 億台湾元に減少。
2010	9 月，黒字を増資に回す。資本額が資本額は 1,015.4 億台湾元に。
2011	6 月，グループ資産管理プラットフォームの構築。27.74 億台湾元で国泰投資信託 100％ の株券を購入。100％ の子会社に。 8 月，黒字を増資に回す。資本額が 1,035.8 億台湾元に。 9 月，1 株 10 台湾元で国泰投資信託に 7.15 億台湾元を増資。 9 月，5.07 億台湾元で Conning Holdings Corp. に投資，9.9％ の持株率に。 9 月，国泰 FH と Conning Holdings Corp. の合弁企業・国泰康利資産管理を設立。2012 年 2 月に投資を完成。0.89 億台湾元を投資，50％ の持株率に。 10 月，2 億株を購入。1 株 35.9 台湾元，ECB を発行。
2012	7 月，国泰 FH は 1 株 12 台湾元で国泰証券 19,999.2 万台湾元を増資。資本額が 386,666 万台湾元に。 8 月，海外可転換企業債 2.544 億ドルを発行。 8 月，黒字を増資に回す。資本額が 1,086.5 億台湾元に。
2013	1 月に 100 万ドル（0.29 億台湾元）と 5 月に 200 万ドル（0.6 億台湾元）で国泰康利資産管理を増資，持株比率は 50％ を維持。 9 月，1 株 36 台湾元で増資，3.53 億株を発行，127.08 億台湾元を集めた。資本額が 1121.8 億台湾元に。

表 2-7　つづき

年別	事　項
2013	9月，国泰FHと国泰世華商業銀行が120.02億台湾元を増資。1株37台湾元で32,437.8万株を購入。 11月，黒字を増資に。資本額1,196.5億台湾元に。 11月，国泰FHは海外可転換企業債を買い戻し，2013年11月28日に全数転換済み。

（出所）　國泰金融控股份有限公司『2013年度年報』2014年4月。

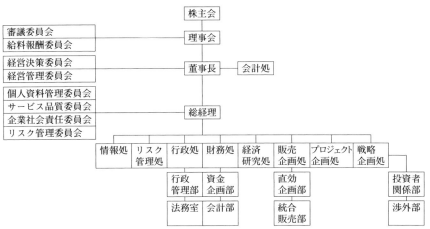

図 2-1　国泰FHの組織図

（出所）　表2-6に同じ。

ナム，香港，マレーシア，シンガポールおよびカンボジアなどのアジア地域，アメリカにも進出している（表2-10）。

　国泰FHの競争の強みは次のようである。まず，国泰人寿は台湾の生命保険の最大のブランドであり，各地の拠点は台湾の金融機構の中で最も多い。生命保険の有効契約の市場シェアは最も多く，最も多くの顧客および豊富な業務チームの管理経験を擁している。それに，衛星遠距離教育チャネル（CSN）を構築し，台湾，中国および東南アジアからも番組を受信することができた。

　国泰世華商業銀行における消費金融の業務の増加は速い。2004年末までに発行したクレジットカード数は351万枚を超え，台湾のトップ3の発行量を誇っている。自動車の購入ローン，住宅ローンなどの業務も大幅に増加し，サービスの品質も大幅に向上した。

　国泰世紀産物保険の経営業務の実績はトップクラスであり，サービスの拠点

図 2-2　国泰 FH と傘下の組織関係図

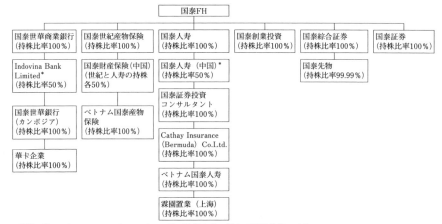

（注）＊フィナンシャル・ホールディングス法第 4 条の規定では子会社ではない。
（出所）　表 2-6 に同じ。

表 2-8　国泰 FH と子会社の信用評価

信用評価企業		国泰 FH	国泰人寿	国泰世紀産物保険	国泰世華銀行	国泰綜合証券
中華信用評価	評価日	2013 年 9 月 25 日	2013 年 9 月 25 日	2013 年 9 月 25 日	2013 年 9 月 25 日	2013 年 9 月 25 日
	評価結果	twAA	twAA＋	twAA＋	twAA＋	twA＋
	展望	安定	安定	安定	安定	安定
Moody's	評価日	2014 年 2 月 20 日	2014 年 2 月 13 日	2014 年 2 月 13 日	2014 年 2 月 14 日	無
	評価結果	Baa3	Baa2	A3	A2	
	展望	安定	安定	安定	安定	
Standard & Poor's	評価日	2013 年 9 月 25 日	2013 年 9 月 25 日	2013 年 9 月 25 日	2013 年 9 月 25 日	無
	評価結果	BBB＋	A－	A－	A－	
	展望	安定	安定	安定	安定	

（出所）　國泰金融控股股份有限公司『2013 年度年報』2014 年 4 月。

は全台湾に及んでいる。自動車保険および物産保険サービスにも優れた成果をあげ，ISO9001 の認証を獲得している。国泰綜合証券は全方位の綜合証券企業であり，証券の仲買の業務を担当している。証券金融サービスも行っている。

表 2-9　国泰 FH の運営概要（2013 年度）

利益	金額（1,000 台湾元）	比重（%）
国泰人寿	15,454,693	53
国泰世華商業銀行	14,387,907	49
国泰世紀産物保険	775,441	3
国泰綜合証券	223,487	1
国泰創業投資	193,595	—
国泰投資信託	269,516	1
国泰健康利資産管理	−31,822	—
計	31,272,817	107
その他の収益	1,081,922	3
他の費用と損失	−3,064,775	−10
純利益合計	29,289,964	100

（出所）　表 2-6 に同じ。

表 2-10　国泰 FH の進出地域（2013 年度）

主な業務	販売地域
生命保険	台湾，中国，ベトナム
年金保険	
銀行業	台湾，中国，アメリカ，香港，マレーシア，ベトナム，シンガポール，カンボジア
物産保険	台湾，中国，ベトナム
証券業	台湾
資産管理	台湾，香港，中国
創業投資業	台湾，中国，アジア

（出所）　表 2-6 に同じ。

　現在，国泰 FH の顧客数は 900 万人を超え，500 以上の支部機構および 2 万名以上の業務員を擁し，最も緻密的な顧客サービスネットを構築している。国泰 FH は金融の流通経路およびビジネス拡大のチャンスを提供し，規模の経済効果および競争優勢を維持している。未来にかけて国泰 FH の発展戦略はグループの統合，販売拡大と拡大を重視している。グループの競争力強化によって最も優良金融機構になるように期待している。

表2-11 国泰人寿の売上高の比率（2013年度）

項目	比率（%）
生命保険	61
傷害保険	3
健康保険	13
年金型保険	2
投資型保険	21
合計	100

（出所）表2-6に同じ。

表2-12 国泰世華銀行の売上高の比率（2013年度）

項目	比率（%）
消費者金融	38
企業金融	32
投資・他	13
資産管理	17
合計	100

（出所）表2-6に同じ。

(1) 国泰人寿保険股份有限公司

1962年8月15日に蔡萬霖と蔡萬春が資金を集めて設立し，台湾初の民間上場の保険会社である。国泰人寿は生命保険の業務を専門に行い，台湾でのトップクラスの保険会社である。営業の拠点は台湾の金融機構で最も多く，有効契約件数の市場シェアは業界最大で，中国に上陸した台湾初の保険会社である。多くの顧客群および経験豊富な経営管理チームを擁している。業務の拡大は既存の台湾の市場のほかに，中国とベトナムなどの海外市場にも進出した。

国泰人寿は「生命保険理想ブランドの第1位」を10年以上も連続して獲得している。その人気もあって，2013年の国泰人寿の保険費収入が154億台湾元を計上し（前掲表2-9），業界の首位を保っていた。2013年の国泰人寿の主な収入は生命保険であり，企業の売上高の61%を占めていた。投資型保険が21%，健康保険が13%，残りは傷害保険が3%台および年金型保険が2%を占めていた（表2-11）[8]。

(2) 国泰世華商業銀行

1975年1月4日に世華聯合商業銀行が設立された。他方，国泰商業銀行の前身は1971年6月に設立された第一信託投資股份有限公司であり，1993年理事会の全面改選で蔡鎮宇が董事長（会長）に選出された。蔡鎮宇会長は「制度改正5ヵ年計画」を推進し，1998年11月16日に「匯通商業銀行」に改組して，2002年7月3日に国泰商業銀行に再度改組した。

2002年4月22日および12月18日に国泰商業銀行と世華聯合商業銀行は国

泰 FH に加入した。この 2 つの銀行の資源を統合し，コストの節約により経営の効率を増進させ，サービスの向上によって，営業の拠点および市場シェアの拡大を図っている。フィナンシャル・ホールディングス・グループの集結によって成果を向上させるために，2003 年 10 月 27 日に世華聯合商業銀行と国泰商業銀行が合併し，企業名を国泰世華商業銀行股份有限公司（以下，国泰世華銀行）に変更した[9]。

2007 年 1 月 1 日に，国泰世華銀行は第七商業銀行と再び合併した。第七商業銀行は 1946 年に設立され，その前身は台中市中区合作社信用部（信用組合に相当）であり，1997 年 9 月 1 日に第七商業銀行に改組された。持続的な成長を図るために，2007 年 12 月 29 日に国泰世華銀行は中聯信託の特定負債および営業を受け入れた。

国泰世華銀行は中国に進出した中国初の台湾系銀行である。主な業務は貯金，信用供与，自動化販路，電子金融，クレジットカード，外国為替，信託・財産管理，金融交易，金融サービスなどである。現在，国泰世華銀行は台湾，中国，アメリカ，香港，マレーシア，ベトナム，シンガポール，カンボジアなどに 162 の支店を設け，支店の数は民営銀行でトップである。

国泰世華銀行の 2013 年の売上高は 143 億台湾元であり，100 億台湾元を突破している。近年の最も優れた利益獲得の業績をあげている銀行の 1 つである。2013 年の国泰世華銀行は消費者金融および企業金融の業務が主要の収入源である。消費者金融のクレジットカード，不動産ローンなどが売上高の 38% を占めている（表 2-12）。企業金融は売上高の 32% を占めている。投資・他 (13%) および財産管理 (17%) などの業務の比重は小さい。

(3) 国泰世紀産物保険股份有限公司

1993 年 7 月に東泰産物保険股份有限公司が設立され，2002 年に国泰 FH に加盟し，同年に企業名を国泰世紀産物保険股份有限公司（以下，国泰世紀産物保険）に変更した。企業設立時の資本金は 20 億台湾元であり，2013 年度の売上高は 143 億 8,791 万台湾元に達した。

国泰世紀産物保険は物産保険業を従事し，資産保険の販売などの業務を行っていた。国泰世紀産物保険は『アジア保険レビュー（*Asia Insurance Review*）』

表2-13 国泰世紀産物保険の売上高の比率（2013年度）

項目	比率（%）
自動車保険	61
火災保険	16
水害保険	4
建設工程保険	4
その他	15
合計	100

（出所）表2-6に同じ。

表2-14 国泰綜合証券の売上高の比率（2013年度）

項目	比率（%）
自営	54
仲買い	38
受託販売	8
合計	100

（出所）表2-6に同じ。

から「2009年度アジア最優良物産保険企業」の評価を獲得し，同時に消費者理想のブランドの第1位の評価を獲得した。

2013年度の国泰世紀産物保険の保険費の売上高は業界の第2大物産企業の地位を獲得した。2013年度の国泰世紀産物保険の収入源は自動車保険を主とし，売上高の61%を占めていた（表2-13）。その次が火災保険であり，16%を占めていた。そのほかの建設工程保険（4%），水害保険（4%）などの比重は小さい。

(4) 国泰綜合証券股份有限公司

2004年2月6日に，国泰FHの理事会は国泰綜合証券股份有限公司（以下，国泰綜合証券）の設立を認め，続く8月13日に営業を開始した。国泰綜合証券の設立によって，グループの商品ラインおよび業界を越えた販売の実力強化が可能になった。

国泰綜合証券は伝統の証券企業の経営方式から転換して，派生的な金融商品の企画，投資交易およびリスク管理を発展の主軸にするようになっていた。国泰綜合証券の主な業務は有価証券の販売，市場で受託された有価証券の交易に集中していた。それに，有価証券の売買，有価証券の売買の融資，有価証券の証券業務の代理，先物取引の経営および主管機関で認められた証券関連の業務を行っている。

近年，国泰綜合証券の業務が安定的に成長し，販売および金融商品の業務も大幅に進展を見せるようになった。国泰綜合証券の売上高は自営の業務および

表2-15 国泰証券投資信託の売上高の比率(2013年度)

項目	比率(%)
管理費収入(公共募金)	79
管理費収入(私募基金)	0
管理費収入(先物基金)	1
管理費収入(全権委託)	20
販売費収入	0
合計	100

(出所) 表2-6に同じ。

表2-16 国泰創業投資の売上高の比率(2013年度)

項目	比率(%)
証券販売・投資収入	92
管理コンサルタント	7
利子・他の収入	1
合計	100

(出所) 表2-6に同じ。

仲買業務を主として,それぞれ54%と38%を占めている(表2-14)。

(5) 国泰証券投資信託股份有限公司

2013年度の国泰証券投資信託の売上高は,公共募金の管理費収入が79%,全権委託の管理費収入が20%を占めている。先物基金の管理費収入はわずか1%を占めているにすぎない(表2-15)。

(6) 国泰創業投資股份有限公司

2003年4月16日に国泰創業投資股份有限公司(以下,国泰創業投資)が設立され,資本額は6億台湾元である。国泰FH傘下の子会社の国泰創業投資,怡泰創業投資,怡泰貳創業投資および怡泰管理顧問などの4つの企業は,2009年8月10日に持株交換によって合併するようになった。合併後の存続企業は,国泰創業投資である。合併の理由は業務,財務および管理などの機能の統合であり,資金の運用機能の向上を図ることである。同年10月15日を持株の交換日とし,国泰創業投資のその他の株主の株券を獲得した。それによって,国泰創業投資が国泰FHの100%の子会社になり,持株の簡素化を図ることができた。

国泰創業投資は起業投資の業務を行い,証券取引所にまだ上場していない発展の潜在力のある企業に投資し,その企業の発展に協力して,投資の収益を創造することである。2013年度の主な収入源は証券の販売および投資の収入であり,売上高の9割以上を占めていた。管理コンサルタントの収入は7%,利

子とその他が1%を占めていた（表2-16）。国泰創業投資は，これからの成長の潜在力を持つ企業に積極的に投資することである。

Ⅳ．世華聯合商業銀行と第七商業銀行の合併の動機

(1) 世華聯合商業銀行の合併過程

2002年5月17日に，国泰銀行の大株主の霖園グループは多額相場の譲与方式で，国泰人寿の世華聯合商業銀行の持株を買収した。それによって，霖園グループ名義の世華聯合商業銀行の持株比率が15%を超え，財政部（財政省）に持株比率を25%に増加すると申請した。同年6月29日に，霖園グループは市場価格よりも2割高の条件を提出し，世華聯合商業銀行の株券の公開買い付けを行った[10]。

同年8月12日に，共同で合併協議の声明を発表し，それによって，当時最大のM&A（合併・買収）の1つになった。そして，モルガン（JP Morgan）の合併推進下に経験のある財務コンサルタントを招聘した。その目的は国泰FHが市場に流通している世華聯合商業銀行の持株を増やし，25%以上の持株比率を掌握するためである。それによって，同年の10月4日に株主臨時会議を開催し，合併案が承認されるようになった。

続く11月27日に，世華聯合商業銀行が株券転換方式によって，国泰FHの100%の子会社になったと財政部から承認を得られた。株券転換の基準日は同年の12月18日とし，同時に，台湾証券取引所で世華聯合商業銀行の株券の交易が中止された。国泰FH側は傘下の2つの銀行の営業状態を維持し，世華聯合商業銀行が2年間の現状維持を承諾した。しかし，当時の世華聯合商業銀行の董事長（会長）汪國華は，この2つの銀行が互いに競争するよりも早く合併し，規模の拡大による競争力向上を図るほうがいいと考えた。そのために，わずか半年で合併の準備が推進されるようになった。

2003年4月21日に，理事会は双方の合併案を通過し，合併の契約を締結するようになった。合併後，世華聯合商業銀行は存続銀行とし，国泰銀行は消滅することになった。同年6月26日に，財政部はこの合併の申請を許可した。続く10月27日に双方は正式に合併し，銀行名を「国泰世華商業銀行」に変更

した。同年11月21日に，双方の帳簿情報を合併した。それによって，世華聯合商業銀行の銀行システムを使用し，国泰銀行のクレジットカード・システムを使用するようになった[11]。

(2) 第七商業銀行の合併過程

　世華聯合商業銀行を合併した後，2005年7月4日に国泰FHは第七商業銀行の持株を買収し，国泰FHの子会社になった。2006年6月9日に第七商業銀行は株主総会を開催し，持株転換方式で第七商業銀行は国泰FHの子会社になると決議がなされた。続いて，同年7月26日の第七商業銀行の理事会で，第七商業銀行の3.8392株を国泰FHの1株と交換することが決議され，了承された。

　転換基準日は同年8月25日に定められた。同基準日の第七商業銀行の理事会は株主総会の職権を代行し，国泰世華商業銀行との合併案を了承した。国泰世華商業銀行は存続銀行とし，第七商業銀行は消滅する。合併後の銀行名は国泰世華商業銀行である。持株交換比率は，第七商業銀行の1株を国泰世華商業銀行の0.7212株との交換方式が了承された。

　2006年10月26日に行政院金融監督管理委員会で合併案の承認が得られた。同年11月20日に第七商業銀行理事会の決議を経て，合併基準日を2007年1月1日に決めた。この日に第七商業銀行の合併が完成され，合併後の銀行の人事制度が統合され，国泰世華商業銀行の基準が適用された。

(3) 合併の動機

　なぜ国泰FHはこの2つの銀行を合併したのか，その動機を探りたい。まず，国泰銀行による世華聯合商業銀行の合併について考察する。

　国泰FH傘下の銀行の規模が小さく，もともと国泰銀行の支店数が少ないことが最大の短所である。短期間に支店の拠点を増やすために，国泰FHは支店が多い銀行の買収を探し求めていた。世華聯合商業銀行は適切な規模で，規模に見合う銀行員数を擁するという長所がある。しかも，世華聯合商業銀行の営業収益が健全で，証券取引業務の市場シェアは業界トップクラスであり，事務所の設置が認められた中国に進出した初の台湾系銀行である。

過去において，国泰銀行は設立時からクレジットカードの発行および消費者金融のビジネス業務に強い。他方，世華聯合商業銀行は大型企業および建築業界に対する信用供与が強く，証券貯蓄，不動産融資，住宅ローンなどの業務に精通している。したがって，同じ銀行業界であるが，業務上での重複箇所が少なく，補完性も高い。この2つの銀行が合併した場合，経営規模が大きくなり，国泰FHの総合力の発揮による利益が大きいと考えられた。

国泰銀行と世華聯合商業銀行の合併後，業界第3位の民営銀行になり，市場シェアは4%に達した。しかも国泰FHは資産規模，市場価格，売上高などにおいて国内の他のFHを超えて，台湾最大級のフィナンシャル・ホールディングスになることができた[12]。

続いて，国泰世華商業銀行が第七商業銀行を買収する動機を考察する。

国泰世華商業銀行は消費者金融，企業融資および資産管理などの業務に優れた基礎を構築し，営業拠点は台湾北部に集中していた。他方，第七商業銀行は主に貯蓄，融資の業務に従事し，営業拠点は主に台湾中部に集中していた。この2つの銀行は業務や営業拠点において補完性を持ち，合併後のビジネスの拡大効果が大きい。要するに，合併後の貯蓄，融資の市場シェアが拡大し，第七商業銀行は外貨両替のビジネス（旅行小切手を含む）を行うが，クレジットカードの業務がない。そのために，合併後に国泰世華商業銀行は台湾中部の顧客に，クレジットカードの発行などのサービスを顧客に提供することができるようになった。

2006年の国泰世華商業銀行の顧客数は400万人で，第七商業銀行の顧客数は35万人である。合併後には435万人になり，国泰FH傘下の子会社の顧客数を足すと900万人を超えることになる。2006年6月末の国泰世華商業銀行の国内の支店数は108店舗，第七商業銀行のそれは32店舗で，合併後には140店舗（営業部などを含む）になる。そのほかに，海外の支店4店舗，代表事務所7店舗で合計151の拠点を持つようになる。合併後，国泰世華商業銀行の支店・拠点数は台北富邦銀行および中国信託商業銀行を超え，民営銀行のトップを占めるようになった。

2つの銀行の合併後，支店の拠点が大幅に増えることによって，顧客の便利性が増加するようになった。国泰FH傘下の子会社の保険，基金，証券，信託，

貯蓄，融資などのワンストップショッピングができる長所を持てるようになった。

　そのほかに，2つの銀行の合併後の資産規模が増え，国際金融の業務展開のコストの低減に有益である。合併後，営業部署のリスク管理の統合ができ，営業設備，情報システムおよび人的資源の集中化と最適化の配置と運用ができると考えられる。そうすると，合併後の銀行の資本支出の節約ができ，重複配置の浪費を減少することができる。そのほかに，経営成果の向上ができる。業務の規模拡大，設備，情報システムおよび販売拠点の統廃合と運用によって，銀行も規模の経済効果を達成することができると考えられる[13]。

　事実上，国泰世華商業銀行の合併初期，2つの銀行の作業システム，情報システムが異なっているために，多くの統合作業（情報システム，銀行の店名看板，記入用紙フォーマット，制服，従業員の実習など）があり，多くの費用が必要になる。合併後，国泰FHの商品の販売促進のために，組織の改造を行い，企業金融事業群，消費者金融事業処，投資信託事業処およびリスク管理処などの部門を設置した。そして，各支店にゲスト資産管理センターも設置した。

　投入したコストが大きいために，営業費用が増え，短期内にコストの低減や利潤率の向上，合併による運営成果の向上を短期間で達成することは困難であった。そのために，2007年に第七商業銀行を買収したあと，従業員の平均利益の獲得額，売上利益率の増加および営業費用率の低下が見られた[14]。2008年のリーマンショックの世界規模の不況を受けたが，2009年以降から回復を見せた。2013年度の利益率は着実に増加し，国泰FHの運営も景気の回復によって，優れたパフォーマンスをあげることができた。

V．国泰FHの海外進出

(1)　中国市場の進出

　2004年に国泰FHの子会社の国泰人寿と中国第2位の航空企業の東方航空グループは8億人民元を共同出資し，上海で合弁の生命保険の国泰人寿（中国）を設立した（前掲図2-2と表2-10）。2005年に国泰人寿が正式に営業を開始した。国泰人寿は中国に進出した台湾初の金融機構である。進出した初年度

に，中国国泰人寿は生命保険費1億7,000万人民元の収入が得られた。2010年4月までに中国の8の省・直轄市，27の都市で33の営業拠点を設けた。拠点の数によると，外資生命保険企業の第4位である。2009年の国泰人寿（中国）の保険費の収入の年増加率は26％に達し，保険加入者は持続的に179万人に増加した。天津支店の設置が認められ，持続的に拠点の増加を図っている。

銀行の業務について，国泰世華商業銀行は中国で事務所を設立した中国初の台湾系銀行である。2011年に香港支店を設立し，2012年に上海で事務所を設置した。長期的に言えば，国泰世華商業銀行は台湾企業，中国資本および外資企業をサービスの対象に，すでに構築したネットワークを基礎に，銀行のチャネルを拡大している。法律規制が認められる条件の下で，支店の設立の計画を推進する予定である。

中国工商銀行は東方航空から上海の国泰人寿（中国）の半分の持株を購入し，国泰FHのパートナーになった。中国工商銀行は9兆7,600億人民元の資産を擁し，国内外には1万6,386の拠点を持ち，総資産は国泰FHの10倍以上である。中国工商銀行の支店の拠点は国泰世華商業銀行の100倍になる。国泰FHが中国工商銀行のブランド力をうまく利用して，中国における生命保険の市場シェアの拡大を試みている。

以前から中国工商銀行は，生命保険のビジネスに参入しようと考えていた。台湾と中国が両岸金融管理覚書（MOU）を契約する前に，中国工商銀行は国泰FHの協力の相手になるように計画し，積極的に接触してきた。中国工商銀行は東方航空との価格交渉を経て，双方の持株価格の交渉が進められ決定された。将来，法令が許可されると，中国工商銀行は国泰世華商業銀行の株主の一員に加入することを考えている。国泰世華商業銀行の株券の約1〜2割を掌握し，理事の1席の座を獲得しようと計画している。中国の銀行に株券の売却によって，中国の全国規模の銀行の参入を戦略のターゲットにしたいと，蔡鎮宇は考えている。

そのほかに，2008年9月に国泰財産保険（中国）は，同業よりも早く開業し，本社は上海に設置した。2009年の国泰財産保険（中国）の保険費の年増加率は214％で，2010年末までに中国では江蘇と福建の2ヵ所に営業拠点を設けた。2010年3月末に，福建支店は認可され開業するようになった[15]。

(2) ベトナム市場への進出

　国泰 FH は中国に進出したほかに，ベトナムにも進出するようになった。2009 年 7 月に，ベトナム国泰人寿が開業し，本社はホーチミン市に設けられた。この年の年末に 4 大都市（ハノイ，ダナン，カントー，ドンナイ）に支店を設けた。2010 年 3 月に税引き後の純利益は 1,200 万ドルである。

　国泰世華商業銀行はベトナムには 1 つの支店（チューレイ），2 つの事務所（ホーチミン市，ハノイ）があり，チューレイ支店の税引き前の利益は約 91 万ドルである。国泰世華ベトナム銀行（Indovina Bank Limited）は国泰世華商業銀行とベトナム工商銀行の合弁銀行であり，ベトナムに 30 の営業拠点を持ち，総資産は 6 億 7,090 万ドルである。2010 年 3 月の税引き前の利益は 280 万ドルである。ベトナムの 6 つの合弁銀行のうち，国泰世華ベトナム銀行はトップの実績をあげている。そして，国泰世華ベトナム銀行は 2008 年度と 2009 年度のベトナム最優良外資系銀行として選出された。国泰世華商業銀行はベトナム市場に持続的に進出し，運営規模を拡大して「保険」＋「銀行」の 2 つのエンジン戦略をアジア諸国に進出させようとしている。物産保険について，国泰産物保険はホーチミン市にも 1 つの事務所を設けている。

おわりに

　1991 年 12 月に政府が新銀行の設立を開放した後，金融機構の社数が急速に増え，2010 年初めまでに台湾国内の銀行社数はすでに 37 社に達し，支店数は 3,279 店舗に達した。海外の銀行の在台支店，信用組合，農会信用部（農協の金融部門），漁業信用部（漁業協同組合の金融部門），中華郵政金融部門（郵貯銀行）および生命保険機構などを計上したら支店数は 5,876 店舗に達する。

　金融の自由化と国際化の潮流を受けて，多くの先進国は積極的に金融改革を行い，金融機構の大型化に向けて発展することが必然的な趨勢になった。1997 年 12 月，日本で「フィナンシャル・ホールディングス企業整備法」および「銀行ホールディングス企業創設特例法」が通過し，1998 年 3 月から実施されるようになった。1999 年 11 月，アメリカでは「金融サービス近代法」（Gramm-Leach-Billy Act：GLBA）が通過した。その目的は国際間の競争に対応

し，金融機構を統合して時代の潮流に沿うことである。この時期に，台湾は 1997 年のアジア通貨危機による景気の落ち込みの衝撃を受けた。当時，台湾の銀行社数が過剰であり，規模が小さく，商品の同質性が高いという問題に直面していた。そのため他社との差別化を図り，銀行は競争の優勢の構築が不可欠である。しかし，それがまだ構築されていないために，同業間の悪性価格競争に陥り，国内銀行の経営パフォーマンスの成果が芳しくない。

2002 年 1 月 1 日に台湾は WTO（世界貿易機構）加盟の後，多くの海外の金融業者との熾烈な競争に直面するようになった。この新しい潮流に直面し，銀行間は統合と M&A などの調整が必要になる。2001 年 6 月，立法院（国会）は「フィナンシャル・ホールディングス法」を承認し，2001 年 7 月 9 日に公布，11 月 1 日に実施されるようになった。この法規により金融機構が銀行，保険などの業界を超えてグループとして統合し，金融機構の規模を拡大することができる。そうすると海外の金融機構との対抗ができるからであると考えられた。「フィナンシャル・ホールディングス法」の実施によって，合併買収が推進され，銀行の社数が減少した。新規銀行の設置開放による銀行の過剰という競争激化を解決することができると考えられた。このような合併によって，体質が弱い銀行は淘汰されると考えられた。要するに，体質が健全で，発展の潜在力があり，規模が大きい銀行は，互いに補完し合う銀行との合併によって，規模の拡大を図ることができる。

[注]
（1） 陳添枝（朝元照雄訳）「民主化と貿易改革」（渡辺利夫・朝元照雄編『台湾経済入門』勁草書房，2007 年，第 5 章）に収録。
（2） 中央銀行『中央銀行統計月刊』各月号。
（3） 林子超「我國金融控股公司特性與經營績效關係之研究」政治大學企業管理研究所碩士論文，2003 年。張妍婷「台灣金融控股公司策略與績效關係之研究」政治大學企業管理研究所碩士論文，2003 年。
（4） 陳太齡「金融控股公司關鍵成功因素之研究」政治大學企業管理研究所碩士論文，2002 年。王富民「金融機構購併動機之個案研究」實踐大學企業管理研究所碩士論文，1999 年。
（5） 台灣證券交易所『證券統計資料年報』，『上市股票公司財務資料簡報』各年版。
（6） 邱金蘭，聯合理財網（http://money.extension.org.tw/book/02_92-1.9.doc）。

（7） 國泰金融控股股份有限公司『2013年度年報』2014年4月。
（8） 國泰金融控股股份有限公司，前掲年報。
（9） 李郁亭「銀行合併對中基層員工之影響」政治大學管理學程碩士論文，2006年。方燕玲「我國金融業購併與整合之個案研究」政治大學經營管理學程碩士論文，2002年。
（10） 沈祐綾「國泰金控併購與整合之研究」交通大學科技管理研究所碩士論文，2010年。王馨苓「銀行合併前後服務品質，顧客滿意度與員工認知暨改善服務品質之研究：以國泰世華銀行為例」成功大學企業管理學系專班碩士論文，2005年。
（11） 李並光「金融控股公司合併綜效之研究：以台灣的個案為例」台灣大學財務金融學研究所碩士論文，2002年。李郁亭，前掲論文，2006年。
（12） 蔡嘉文「金融控股公司購併行為之價值分析：以國泰金融控股公司購併世華銀行為例」中正大學企業管理研究所碩士論文，2003年。國泰金融控股股份有限公司，前掲年報。
（13） 國泰金融控股股份有限公司「合併七銀增資公開說明書」2006年。
（14） 沈志賢「實質選擇權用於金融機構合併之平價：以國泰金控，世華銀行為例」台灣大學國際企業研究所碩士論文，2003年。廖壽聰「金融控股公司經營綜效研究：以國泰金控為例」朝陽科技大學企業管理系碩士論文，2007年。
（15） 國泰金融控股股份有限公司「法人説明會」，2010年。

コラム②　蔡英文総統の誕生と台湾の民意

　ハンチントン（Samuel P. Huntington）はその著書『第三の波：20世紀後半の民主化』（三嶺書房，1995年）で，2回以上の政権交代を経験すると真なる成熟な民主国家になると指摘した。戦後，台湾では長期間にわたり国民党の一党独裁が続いていたが，2000～2008年に民主進歩党（民進党）・陳水扁政権に替わった。2008～2016年の国民党・馬英九政権の誕生，そして，2016年に民進党・蔡英文政権が奪還を果たし，3回目の政権交代を迎えるようになった。2016年1月16日，台湾の総統選挙および立法委員（国会議員）選挙が行われ，開票は次の結果が得られた。
　(1) 総統選挙得票数（総統・副総統ペア）：蔡英文・陳建仁ペア（民進党）：689万4,744票（56.12%）；朱立倫・王如玄ペア（国民党）：381万3,365票（31.04%）；宋楚瑜・徐欣瑩ペア（親民党）：157万6,861票（12.84%）。
　(2) 立法委員選挙得票数：民進党：当選者数68議席（60.18%）；国民党：35議席（30.97%）；時代力量：5議席（4.42%）；親民党：3議席（2.65%）；無党団結聯盟：1議席（0.88%）；その他：1議席（0.88%）。
　蔡英文および民進党の勝因を見ると，(1) 2014年3月の「ひまわり運動」を代表するように，馬英九政権と中国との「サービス貿易協定」の締結に，台湾住民の

不安を煽るようになり，そのままでは台湾は中国に呑みこまれるという危機感が生まれてくるようになった。近年，台湾企業の対中投資で，中国に進出した企業は中国の安価な労働力を利用することができるが，逆に台湾の若年層の就職先が減少し，それが失業率の悪化を招いた。また，仮に中国のサービス業が台湾に進出した場合，台湾のサービス産業は中国にコントロールされるのではないかと不信感を抱いている。2014年11月の地方統一選挙および2016年の立法委員選挙では民進党の躍進によって，史上初めて民進党の議員数は国民党の議員数を超えるようになった。そのほかに，ひまわり運動のリーダーによって結成された「時代力量党」も5議席を獲得し，一躍，第3の政党になった。逆に，宋楚瑜の親民党などは議席の減少によって後退している。

　(2)「周子瑜事件」が発生した。16歳の周子瑜は韓国の「TWICE」グループの一員であり，韓国のテレビ番組の司会者はこのグループのメンバーに，自国の国旗を持ってくるように要求した。周は番組で台湾の国旗の晴天白日旗を振った。この様子を見た台湾出身で北京在住の男性歌手・黄安が彼女は「台湾独立派だ」と名指して批判した。そのために，中国政府筋は周氏に対し批判するだけでなく，同事務所所属のタレントの中国での芸能活動が拒否された。事務所は中国からの圧力に対し，周にYouTubeで謝罪会見を強要した。周は涙をこぼして「大変申し訳ないことをしました」，「中国は1つであり，私は中国人として誇りを持っています」と謝罪の辞を述べた。YouTubeを通じて世界に知れ渡ったのである。

　この結果，「なぜ台湾人は自国の国旗を振っていけないのか」，台湾の民衆の怒りは黄安と中国当局に向けた。この出来事によって，「台湾意識」（台湾人のアイデンティティー）に火を付けるようになった。周子瑜事件が台湾のテレビや新聞で報道され，蔡英文と民進党の支持率が1～2%押し上げるようになったとも言われている。

第3章　ジャイアント（巨大機械工業）
——ツール・ド・フランスの賛助によるユーザー・イノベーション戦略とコア・ケイパビリティの追求——

はじめに

　世界3大スポーツイベントはオリンピック，サッカーワールドカップおよびツール・ド・フランスであると言われている[1]。2014年にジャイアントのメーンスポンサーの「チームジャイアント・シマノ」（Team Giant Shimano）は，この年のツール・ド・フランス，ジロ・デ・イタリア，ブエルタ・ア・エスパーニャなどフランス，イタリアおよびスペインの「3大ツール」で41勝を勝ち取った。そのうち，2014年のツール・ド・フランスの第1，第2，第4と第21ステージでマルセル・キッテル（Marcel Kittel）が優勝を掌中に入れた。そして，2015年のツール・ド・フランスの第17ステージで優勝をあげたのは「チームジャイアント・アルペシン」（Team Giant Alpecin）のシモン・ゲシュケ（Simon Geschke）である。このチームはジャイアントの賛助で，機材（エアロロードバイクなど）を提供している。

　「ツール・ド・フランス」とは，1903年に始まった世界最古で由緒ある自転車レースであり，毎年7月に開催される。名のとおり「フランス1周」のフランスの全長約4,000キロメートルを1周（全21ステージ）し，約3週間（競技期間は23日間，その間に2日間の休息日を設ける）で走破する過酷なロードレースのことである[2]。ジャイアントはこのレースチームの主要なスポンサーであり，このチームに最高のレース用バイクを提供している。ジャイアントのホームページや雑誌に掲載された広告，年報の表紙に，選手がジャイアントのバイクに乗ったロードレースのステージ優勝ゴール時のポーズ写真が掲載されて

いる[3]。ジャイアントが賛助したチームは毎年上位入賞していることで知られている。また，このレースに使われたジャイアントのエアロロードバイクの1台の単価は50万円から100万円を超えているものもある。

そのほかに，ジャイアント傘下の女性専門ブランド「Liv」（リブ）の賛助した女子プロ・ロードレースチーム「ラボバンク・リブ」（Rabobank Liv）には，2012年のロンドンオリンピックの女子ロードレース金メダル，シクロクス世界選手権史上初の5連覇（2012年），USI女子ロードワールドカップ総合優勝とGP・エルシ・ヤコブス総合優勝，ジロ・ドンネ総合優勝のタイトルを獲得したマリアンヌ・フォス（Marianne Vos）が加入している。同チームのフランス籍ポーリーヌ・フェラン＝プレヴォ（Pauline Ferrand-Prévot）はUCI世界選手権ロード優勝（2014年），世界選手権シクロクロス優勝，マウンテンバイク世界選手権・XC優勝などのタイトルを獲得している。2014年にリブ賛助の女子チーム「チームリブ・プランチュール」（Team Liv-Plantur）は19勝を勝ち取っている。

ツール・ド・フランスなどチーム賛助とトッププロ選手の入賞によって，ファンはジャイアントを知り，世界で知られたブランドになった。現在，ジャイアントのバイクはヨーロッパでは3大ブランドの1つであり，アメリカの3大ブランドの1つといわれている。なぜ，OEM生産（自社ブランドを持たないで，他社からの委託製造）からスタートしたジャイアントが，世界最大のブランド企業の座を占めるまでに成長することができたのか，それを解明するのが本章の執筆動機である。

本章は次のように展開する。まず，第Ⅰ節は台湾における自転車産業の発展概況を紹介する。続く第Ⅱ節はジャイアントの過去から現在に至る道のりを考察する。第Ⅲ節はジャイアントの企業戦略と企業運営の分析を行う。第Ⅳ節はジャイアントの製品開発の概況を説明する。第Ⅴ節はジャイアントが主導的にリーダーシップを発揮し，推進するA-Team戦略的同盟を説明する。最後の節は本章のまとめとする。

Ⅰ. 自転車産業の発展

　日本の植民地時代にすでに台湾では自転車を歩行の替わりの道具として使われていた。長い歴史を持ち，戦後にわたり数回の存続の危機に直面し，業者の努力と政府の支援のもとで，困難を克服して持続的に発展することができた。その歴史は以下の4つの時期に分けることができる。

(1) 組立生産の時期（1950～1968年）

　植民地時代台湾の自転車産業は発展が遅れ，自転車およびその部品は日本本土からの輸入に頼っていた。第2次世界大戦の後半，海上封鎖によって自転車および部品の海上輸送ができず，少数の小型工場が部品を製造し，補修用部品として使用された。製造の経験不足や技術の不足による制限を受けたが，次第に新興産業の1つとして形成されるようになった。第2次世界大戦中に日本本土が爆撃を受けたため，戦後の自転車と部品は香港や上海からの輸入に変更するようになった。植民地時代に累積された経験によって，台湾の一部分の自転車の組立製造企業と部品製造企業が形成されるようになった。その後，日本からの輸入が開放され，大量の自転車と部品が台湾に流入するようになり，わずかに形成された自転車産業は大きな打撃を受けるようになった。

　1950年代に台湾政府は輸入代替工業化を実施するようになり，意図的に国内産業を育成するようになった。自転車完成車の輸入を制限し，難易度が高く，台湾国内で製造することが難しい12項目の部品（フレーム，ベアリングの鋼球，ホーク，後輪の歯車，チェーンなど）の輸入のみが認められるようになった。輸入された部品を使って，組立加工を行い，積極的に国内の自転車産業を育成するようになった。

　第1次および第2次経済建設4ヵ年計画の推進および政府の保護措置の成果が現れて，それによって国民所得の水準が増加し，自転車の普及率が大幅に上昇した。しかし，当時の4大自転車企業（大東，我国自行車，我国機械，伍順）は時代の要請を反映し，適時に生産能力を拡張することができなかった[4]。そのために，多くの自転車製造の中小企業が次々に設立され，低価格の悪性競

争を展開するようになった。1950年代末にはこの4大自転車企業は休業するか，他の製品の製造に変更するようになった。そして，台湾の自転車産業は低迷状態に陥るようになった。1960年代以降，台湾の国民所得の増加により，自動二輪車（オートバイ，スクーターなど）のニーズが増加し，逆に自転車から自動二輪車の需要にシフトするようになった。それによって，自転車の内需市場が次第に縮小するようになり，悪性競争によって自転車製造企業の倒産が頻繁に起きるようになった。また，輸入代替工業化による保護主義的な措置は，市場規模の制限による飽和状態になると，自転車産業発展の停滞に直面するようになる。

(2) 輸出拡大の時期（1969～1976年）

台湾国内の市場規模が小さく，ビジネスを拡大する場合，海外市場に向かって拡大することが不可欠である。また，第1次石油危機による石油価格の高騰によって派生した省エネ志向，それに欧米の健康志向によるサイクリング・ブームを迎えるようになり，欧米向け自転車の輸出量が急速に増加するようになった。1971年に台湾の自転車の生産量は20万台未満であったが，1973年の自転車輸出量は100万台を突破するようになった。しかしこの時期において，台湾の自転車製造企業の設備整備が遅れ，R&D（研究・開発）の不足による低価格競争によって，海外市場において台湾製自転車は低水準製品に分類され，日本のスーパーマーケットなどで売られる「ママチャリ」などの低価格のOEM生産の自転車はこの時期の主な製品であった。

石油危機が解消されたあと，自転車のニーズが次第に減少するようになった。この時期にアメリカの自転車業界は，台湾の自転車のダンピング販売を訴えるようになったが，業者の交渉と政府の協力によって，このトラブルは解消されるようになった。また，カナダ政府は台湾製自転車がダンピング販売と断定し，アンチダンピング課税を徴収するようになった。そのために，多くの自転車製造企業は製造をやめるようになり，100社以上もあった台湾の企業は淘汰を経て，四十数社まで減少するようになった。

(3) 製品の高度化の時期（1977～1991年）

アンチダンピング課税の騒ぎが収まったあと，自転車製造企業は品質を改善し，イメージアップに力を入れて，輸出を積極的に推進した。1980年に台湾の自転車の輸出量は日本のそれを凌駕し，世界最大クラスの自転車輸出大国に躍進するようになった。また，自転車の多くの部品は中小企業によって製造されたため，製品の品質にはばらつきがあり，それを海外市場に輸出する場合，海外市場における台湾の自転車の信頼性に悪い影響を与えることになった。そのために，1982年から台湾政府は自転車の部品の品質向上を主な指導ターゲットにした。

台湾政府は専門家を自転車製造企業に派遣して診断指導を行い，製造技術の改善，品質管理の強化，技術講習会の開催および低金利融資などの措置を実施し，自転車製造企業の体質改善に協力した。1984年に経済部（経済省）は「中心・衛星（センター・サテライト）工場推進小委員会」を設立して，企業の高付加価値製品の開発を指導した。その後，輸出単価の大幅な増加からも自転車産業の高付加価値化への転換の成果を観察することができた。他方では，輸出先国家からのアンチダンピング提訴の対象にならないように，台湾の自転車製造企業は留意しながらビジネスの拡大に励んだ。

1988年以降の台湾元高・ドル安の影響を受け，台湾の自転車の製造コストの相対的上昇によって，輸出競争力が低下するようになり，自転車の生産量および輸出量が大幅に減少するようになった。また，日本の自転車部品企業が重要技術を掌握している状態を打破するために，1990年に経済部工業局と自転車製造企業は共同出資によって「自転車産業研究発展センター」を設立し，自転車部品のR&Dを行い，自転車製造企業の品質の向上を促すようになった。同時に，工業技術研究院（ITRI）も材料と部品の開発を行い，炭素繊維のフレーム，変速機のR&Dに成功し，自転車部品企業に技術を移転した。それによって，日本の部品企業に対する依存体質から次第に離脱することができ，台湾製変速機の生産量は日本に次ぐ，世界第2位に躍進するようになった。

(4) 国際化時期（1992年～現在）

この時期になると，台湾の自転車産業は成熟段階に入り，国内生産額および

輸出額も減少するようになった。中国の経済改革・開放後，多くの台湾の自転車製造企業は安価な労働力を求めて，中国に進出するようになった。台湾政府から企業の対中投資が認可されたあと，多くの自転車製造企業は中国に工場を設立するようになった。台湾の自転車製造企業は現地の安価な労働者を雇用し，「台湾で受注，中国で製造」という分業方式を採用した。それによって，台湾の自転車の輸出量は中国に次ぐ，世界第2位の「自転車輸出大国」になった。この時期に中国で製造する自転車は中低価格車種のものであった[5]。

　台湾の自転車製造企業は製造コストを低減させ，競争力を維持するために，中国や東南アジアに工場を設立するようになった。しかし，この勢いは長く維持することができず，中国，ベトナムおよびインドネシアなどの後発国の企業のキャッチアップによって，低価格の自転車を大量に生産するようになった。そのほかに，欧米国家からのアンチダンピング提訴・課税の危機に直面し，台湾企業の海外直接投資によるコスト低減の優勢が次第に失われ，自転車製造企業の経営はますます困難になった。

　この時期に自転車の部品は標準化された。それによって，サプライチェーンは垂直統合が進められ，同時に水平分業も進められていった。そして，自転車が大量に生産され，供給量が需要量を凌駕し，生産能力の過剰現象を呈するようになった。自転車市場の需要量は飽和状態に入り，季節変動（春季と秋季のサイクリングに適する時期の需要が多い）による需要の変化が大きい。熾烈な価格競争に直面し，多くの企業は自転車製造市場から離脱するようになった。また，自転車製造企業間のM&A（合併・買収）が進められ，大企業はますます大きくなっていた。

　自転車製品の主な設計形態はすでに確定され，長い歴史の中で大きな変化がなく，自転車製造企業のできることは自転車の一部に設計の改良や新素材の導入を行うことであった。また，自転車製造企業の技術能力の差異が大きくなく，品質もある程度のレベルを保っているため，製品の同質性が高いという特徴を持っている。

　台湾の自転車産業はプロダクトサイクルの成長期，成熟期を経て，衰退期に入った。このような厳しい現状に直面し，いかにして産業構造を調整するのか。自転車産業のバリューチェーンの中で重要な戦略的位置付けの策定，新素材製

品の開発戦略，特許獲得による差別化戦略を展開する必要がある。そして，高付加価値の製品開発を通じて，世界の自転車産業をリードする必要があり，これは自転車製造企業の発展のための努力目標であった。

自転車市場はすでに成熟産業に入り，近年における中国や東南アジアから安価な自転車やブランド模倣の自転車が大量に売り出され，供給過剰状態である。そのために，自転車製造企業は新製品を開発し，消費者のニーズに応える必要があり，短い期間に新型自転車を開発している。それによって，一車種の自転車のライフサイクルが大幅に短くなり，多様化の追求によって，短い期間に車種が更新するようになった。自転車の「イノベーション＋ファッション性」を追求するようになり，少量多車種などで消費者のニーズに応えている。

中国，インドおよびベトナムなどの途上国では自転車が主要な交通ツールである。他方，欧米先進国の自転車はすでに通勤・通学，スポーツ，レジャー用などの多元的な用途で使われている。自転車の機能はスポーツ，レジャー，健康志向などの追求を展開し，さらに，電動アシスト車椅子，歩行補助器，電動スクーターなどの医療補助器具にも発展するようになった。近年，自転車の変速機（ディレイラー）の大幅な進化が見られ，スマート（知能型）変速機によって，自転車産業の電子化が進められ，防振器の油圧化・電子化も進められている。

電動自転車（電動アシスト自転車を含む，以下，電動自転車に用語を統一）は環境保全と省力化を図る長所がある。中距離・短距離の移動に重宝され，市場の潜在力が大きい。しかし，電動自転車は最大のボトルネックはバッテリーであり，バッテリーの続行電力，寿命，重さなどの課題が存在している。現在，台湾では数十社の企業が電動自転車のR&Dに投資している。自転車企業はバッテリー製造の協力パートナーを探し求め，バッテリーの関連技術を共同で開発している。ジャイアントとメリダ（Merida）はそれぞれに国外の企業と戦略的同盟関係を締結している。ジャイアントとアメリカ・フォードの協力関係を使って，海外市場に進出することを希望している。工業技術研究院（ITRI）材料研究所はバッテリー企業と自転車製造企業を統合し，共同でR&Dが行われている。

次節は巨大機械工業（ジャイアント）の沿革を考察することにする。

II. ジャイアントの沿革

1969年，ジャイアントの創業者・劉金標（King Liu = キング・リュー）は台中県龍井郷の海辺で鰻養殖事業を行っていたが，この秋の台風の襲来で海岸の堤防が決壊し，海水が養殖池に氾濫し，鰻が流失した。友人の紹介で台中の清水で新しい鰻養殖場を開設した。1960年代から台湾政府は輸出志向工業化を推進するようになった。1972年に友人との食事会で，自転車の投資と輸出の話題になり，10人から400万台湾元を集めて巨大機械工業（GIANT，以下，ジャイアント）を設立するようになった。

表3-1はジャイアントの沿革である。表3-2では下記の5つの時期に分けて，世界と台湾のバリューチェーン，経営戦略およびコア・ケイパビリティ（核心能力）を考察する[6]。

(1) 草創期（1972～1975年）

1972年にジャイアントが設立された。ジャイアントの創業初期は資金不足のために，海外から精密設備を購入する余裕がなく，模索しながら技術を習得した状態である。当時，台湾政府は自転車関連の国家規格（CNS）を制定しておらず，部品製造企業の製造した部品の品質にばらつきがあり，自転車車輪のリムとタイヤ，ネジとナットがかみ合わないこともしばしばあった。当然，組み立てた自転車の品質が悪いことは避けられなかった。ジャイアントが初めて組み立てた自転車150台は品質が悪く，出荷できない状態であった。この経験を経て，劉金標董事長（会長）は「品質の堅持」を企業の理念にしたのである。

品質の向上を図るために，劉董事長は日本の自転車工場に行き，生産プロセスを見学した。そして，日本のJIS規格を持ち帰り，品質をいかに改善することができるかを研究した。その後，部品製造企業を訪ね，規格の重要性を説明した。しかし当時，ジャイアントの部品の購入量は少なく，劉董事長の意見は部品製造企業からそれほど重視されなかった。部品製造企業は，部品を大手の自転車製造企業に優先的に出荷していた。そして，余裕があった場合，中小の自転車組立企業に出荷していた。そのほかに，部品が規格に合わず，品質が悪

表3-1　ジャイアントの沿革

年別	事項
1972	ジャイアントが台中県大甲鎮で設立。資本金400万台湾元，従業員三十数名。
1976	ジャイアントの営業業績，赤字から黒字に転換。 劉金標（キング・リュー）が董事長（会長）兼総経理（社長）を担任。
1977	シュウィンがジャイアントにOEM生産を発注。
1980	ジャイアントの日南工場を設置。台湾最大の自転車企業に，アジア第2の自転車製造国に。 輸出優秀企業経済部長（経済相）賞を獲得。
1981	ジャイアント（捷安特）公司を設立。自社ブランドの販売業務を展開。
1982	羅祥安（トニー・ロー）副総経理（副社長）が第20回十大優秀青年に選出。 劉金標が第8回十大優秀企業家に選出。
1984	事務所ビルの建設，コンピュータ化自動倉庫の建設完成。
1985	劉金標が中華民国自転車協会の理事長に就任（1993年まで）。 工業技術研究院（ITRI）材料研究所と炭素繊維製自転車を共同で開発。 自転車年間販売量100万台を突破。
1986	オランダでジャイアント・ヨーロッパを設立（1988年以降，ドイツ，フランス，イギリスおよびポーランド支社を設立）。
1987	ジャイアント・アメリカを設立。 工業技術研究院（ITRI）材料研究所と炭素繊維製自転車の共同開発に成功し，新素材を導入。 GPS（Giant Production System）推進本部を設立。
1988	羅祥安が総経理（社長）に就任。
1989	ジャイアント製造の自転車が累積で1,000万台に達した。 ジャイアント・ジャパンを設立。 ジャイアントスポーツ基金会を設立。
1990	グループ第1回グローバル戦略会議を開催。 新企業識別システムを導入。
1991	シュウィンとのOEM生産関係を終了する。 ジャイアント・オーストラリアおよびジャイアント・カナダを設置。
1992	一体成型の炭素繊維自転車とアルミ合金自転車を開発。 台湾区自転車輸出業同業組合が設立。劉金標が初代理事長に就任。
1994	ジャイアントが台湾証券取引所に証券を上場。 3,000万オランダドル（5億台湾元）を投資，オランダ工場を設置。
1996	ISO9001品質認証を通過。 台湾本部工場および中国・昆山工場は日本SG（Safety Goods）の認証に合格。
1997	泉新金属製品（昆山）有限公司を設立。

表 3-1　つづき

年別	事項
1998	日本・Hodaka 社に投資。 巨瀚科技公司を設立。
2000	ジャイアント・アメリカの業績が赤字から黒字経営に転換。 ジャイアントの商標が中国「国家重点商標保護名簿」に正式登録。 ジャイアントスポーツ基金会が財団法人自転車新文化基金会に編成。
2001	昆山ジャイアント軽合金科技有限公司を設立。 「2000 年グローバル運営卓越模範金質賞」を獲得。 『Forbes』誌から「グローバル 200 社最優秀小型企業」の Top20 を獲得。
2002	ジャイアントがスペイン・Once（オンセ）チームに炭素繊維バイク TCR Gold を賛助。 ツール・ド・フランスでチームチャンピオン，個人 2 位，5 位と 7 位。 台湾でグローバル運営本部を設置。 『Forbes』誌から「グローバル 200 社最優秀小型企業」の Top20 を再度獲得。
2003	ジャイアントは「2003 年台湾 10 大国際ブランド」の第 6 位を獲得（ブランド価値 2.11 億ドル）。 劉金標が香港「2003 蔣震傑出企業指導者賞」を獲得。
2004	ジャイアントはドイツ・T-Mobile チームに賛助，ツール・ド・フランスに参戦。 ジャイアント（成都）有限公司を設立。 ジャイアントは中国国家工商総局商標局「著名商標」の認定を受けた。 ドイツ・T-Mobile チームにジャイアントが炭素繊維自転車を賛助，ツール・ド・フランスでステージ総チャンピオン，個人第 2 位，第 4 位。 アメリカ籍とポルトガル籍選手はジャイアントの炭素繊維自転車でオリンピックの 2 つの準優勝を獲得。 ジャイアントが「2004 台湾 10 大国際ブランド」の第 7 位を獲得（ブランド価値 2.39 億ドル）。 劉金標が「台湾国際ブランド推進特別貢献賞」を獲得。
2005	ドイツ・T-Mobile チームにジャイアントが炭素繊維自転車を賛助，ツール・ド・フランスでステージ総チャンピオンを獲得。 ジャイアントが「2005 台湾 10 大国際ブランド」の第 7 位を獲得。 『Forbes』誌から「グローバル 200 社最優秀小型企業」の Top20 を 3 度目に獲得。
2006	ジャイアント電動車（昆山）有限公司を設立。電動アシスト自転車を製造。 Discovery チャンネルが「台湾人物誌：劉金標」を作成。 ドイツ・T-Mobile チームがツール・ド・フランスで 3 度目のステージ総チャンピオンを獲得。 ジャイアントが「2006 台湾 10 大国際ブランド」の第 8 位を獲得。 劉金標は『遠見』誌と上海の『東方企業家』誌から「2006 年華人企業指導者終身功績賞」を獲得。

表 3-1　つづき

年別	事　項
2007	73歳の劉金標は15日間で，台湾一周自転車の旅（927キロ）を走破。 ジャイアント（天津）有限公司を設置。 ジャイアントが「2007台湾20大国際ブランド」の第12位を獲得。 劉金標が「安永年度創業者大賞：台湾2007年度創業家大賞」を獲得。 グループの売上高が10億ドルを突破。 香港・黄金寶（ワン・カンポ）選手をジャイアントの大中華地域イメージ広告塔に。
2008	副総裁杜綉珍が「Rolling Rose 女性バイク台湾島一周」を引率。12日間で968キロを走破。 羅祥安CEOが「A-Team 自転車台湾一周」を引率。11日間で1,021キロを走破。 「Team Columbia」に賛助，2008年のツール・ド・フランスでステージ5勝を獲得。 「Team Columbia」の女子チームも UCI 2008 チーム優勝。 経済部「産業ハイテクイノベーション発展卓越業績賞」と「工業精鋭卓越業績賞」を獲得。 『天下雑誌』から「優秀企業車両業第1位」を獲得。 Expedition RSO はオランダで「Bike of the Year」（年度バイク賞）を獲得。 ジャイアントが「2008台湾20大国際ブランド」の第11位を獲得（ブランド価値2.82億ドル）。
2009	捷安特旅行社を設立。自転車旅行事業に参入。 劉金標（75歳）が北京-上海間の「京騎滬動」活動（1,668キロ）に参加。 台北市の公共自転車（YouBike）にジャイアントのバイクを導入（2018年までに5,350台を導入）。 シャイアントの「Accend 1」は『IF Eurobike』からシティーバイク部門設計金賞を獲得。 ジャイアントは『今週刊』の『ビジネスマン理想ブランド大賞自転車ブランド第1位』を獲得。
2010	ジャイアント（昆山）有限公司を設立。 羅祥安CEOが台湾区自転車輸出業同業組合第7回理事長に当選。
2011	「台湾転回前に向かって前進」建国100年活動を開催。11万人の民衆が同時自転車に乗車，ギネス世界記録を達成。 東日本大震災の後，ジャイアントは1,000台のマウンテンバイクを被災地復興支援活動に寄付。
2012	経済部（省）の「第1回10大卓越中堅企業」に選出。
2013	第11回「台湾20大国際ブランド企業」の第7位を獲得。ブランド価値は3億8,600万ドル。
2014	グループ売上高600億台湾元，最高記録。 ジャイアントが「チームジャイアント・シマノ」に賛助，ツール・ド・フランスに参加，ステージ4勝。 リブが女子チームの「チームリブ・プランチュール」のメインスポンサーに。 劉金標（80歳）が2回目の自転車の台湾一周を走破。 第12回「台湾20大国際ブランド企業」の第6位を獲得。ブランド価値は4億2,200万ドル。

（出所）　林静宜『捷安特傳奇』天下遠見出版，2008年および『巨大機械工業年報』(2014年版）からの整理。

表 3-2 ジャイアントの経営戦略の転換

時期別	世界のバリューチェーン	台湾のバリューチェーン	グローバル経営戦略	コア・ケイパビリティ
(1) 草創期 (1972～1975年)	—	完成車の小型組立工場	製品の輸出	—
(2) OEM生産期 (1976～1985年)	OEM生産	センター・サテライトシステムの構築 最大の完成車工場	サプライチェーンの管理 台湾工場の生産能力の拡大，原価低減戦略	外部の技術を吸収，核心能力の構築，サプライチェーンの管理 生産管理
(3) 自社ブランド構築期 (1986～1993年)	OEM生産，販売チャネル，自社ブランド，R&D	ブランド経営，新素材技術の導入	世界の販売子会社とチャネルを配置，新素材のR&D，バリューチェーンの水平統合	品質管理の重視
(4) 多国間資源統合期 (1994～1999年)	OEM生産，販売チャネル，自社ブランド，R&D	自社ブランド，新素材のR&D，製造技術の開発，多国籍間の資源を台湾，中国とオランダ工場に，材料をアルミ合金と炭素繊維に統合	多国籍間の資源統合，生産コストの優勢維持	資源統合，販売チャネル，新素材の製造技術
(5) グローバル・ブランド構築期 (2000年～現在)	ODM生産，専門販売チャネル，自社ブランドイメージ，R&D	産業の高度化の推進，イノベーション，柔軟な応変向上	グローバル資源の統合，世界運営，イノベーション，世界の潮流のリーダー，バリューチェーンの国際分業	外部の技術を吸収，核心能力の強化，世界運営チャネル，ブランドなど世界の資源を統合，サプライチェーンの統合

(出所) 筆者の整理。

いなどの重大な課題が存在した。しかし当時，多くの自転車の部品・組立企業は受注競争のために，品質をそれほど重要視しておらず，それによって，台湾製の自転車製品のイメージが悪かった。このような状態は，ジャイアントにとって創業初期の業務拡大時に直面した難題であり，不良製品の返品によって倒産の危機に直面した。要するに，台湾の自転車業界のバリューチェーンにおいて，この時期のジャイアントは低い市場シェアを占めていたことによると考えられる。

(2) OEM 生産期（1976～1985 年）

1977 年にジャイアントは，アメリカ最大ブランドのシュウィン（Schwinn Bicycle）社からバイクの OEM 受託生産を獲得した。シュウィンの OEM 生産を獲得したことによって，ジャイアントは大きな躍進を迎えるようになった。シュウィンは技術者を頻繁にジャイアントの工場に派遣し，品質の向上および製造技術の指導を行い，ジャイアントの従業員も熱心に学び，直ちに製品の改善に励んだ。ジャイアントの売上高は急速に増加し，台湾の自転車産業のイメージも大きく向上するようになった。1979 年にジャイアントの年間生産量が 35 万台に達した。同年，シュウィンのシカゴ工場では大型ストライキが発生した。シュウィンからの緊急要請を受けて，ジャイアントは受注量を 60 万台に増加するようになり，ジャイアントはこの機会に生産ラインを拡張するようになった[7]。

大型ストライキの後，シュウィンはアメリカの工場を次第に閉鎖し，ジャイアントに OEM 生産を発注する台数が次第に増えるようになった。そのことによって，ジャイアントとシュウィンの協力関係がより密接になった[8]。1980 年になると，ジャイアントは台湾最大の自転車製造企業になり，日本のブリヂストンに次ぐ，アジア第 2 位の自転車製造企業に成長するようになった。そして，1980 年に台湾全体の自転車の輸出量は 300 万台を突破し，日本のその輸出量を凌駕して世界最大クラスの「自転車輸出大国」に成長するようになった。

(3) 自社ブランド構築期（1986～1993 年）

過去において台湾の自転車製造企業の多くは OEM 生産によってビジネスをスタートさせ，自社ブランドおよび流通・販売チャネルを持っていなかった。そのために，OEM 生産の受託入札時にわずかの価格差によって，受注のチャンスを失うことが頻繁に発生した。

自転車産業の参入障壁が低く，それぞれの部品には規格があり，それによって，競争の参入者が多く，製品の同質性が多いという特徴を持っていた。企業間では海外著名ブランドの受注を勝ち取るために，熾烈な価格削減競争が行われ，OEM 生産企業の利潤を低下させた。そのほかに，OEM 生産の場合，1 つの企業から大量の受注を受けることがある。しかし，いったん顧客から注文

が来なくなった場合，人件費，機械設備の減価償却などの固定費用がかかるために，自転車のOEM生産企業は莫大な損失を蒙ることになる。

　ジャイアントはシュウィンから多額の受注を獲得することによって，業績が急速に上昇した。1983年にジャイアントの受注量のうちシュウィンが75%を占めるようになり，他方，シュウィンのジャイアントからの自転車の輸入量は7割のシェアを占めるようになり，互いの依存度が非常に大きくなった。1980年代初期に，ジャイアントはシュウィンの1社に過大依存するOEM生産のため，潜在的な危機を意識しはじめるようになった。要するに，シュウィンの受注が多く，しかも過度に集中し，ある日突然シュウィンの注文が停止した場合，ジャイアントは大きな損害を蒙ることに，劉金標董事長は危機感を抱き，不安視するようになった。

　そのために，劉董事長に自社ブランド構築の考えが芽生えるようになった。シュウィンと新しい協力関係を積極的に打診し，双方の共同出資で新しい企業を設けて，ジャイアントの「GIANT」ブランドの自転車販売を希望した。2年間も交渉を重ね，シュウィンが8割の出資，ジャイアントが2割の出資という最終的な合意を得る段階になって，シュウィンは突如，香港の自転車製造企業に発注するようになった。シュウィンと香港の自転車製造企業は中国の深圳で共同出資の中華自転車（CBC）を設けるようになった。それ以降，ジャイアントとシュウィンとの協力関係は急降下するようになった。この教訓を捉えて，「OEM生産は企業の長期経営と生存を満たすことができず，OEM生産で稼ぐことができる時期には将来に向けて"戦争"の準備を行うことが必要だ」と劉金標董事長は主張した[9]。

　1992年，シュウィンは中国投資の失敗によって，企業再生の申請を行い，経営者が替わり，現在，カナダのDorel社がシュウィンを買収し，バイク量産品販売企業に変貌した。

　シュウィンの受注が失われた後，1986年に劉董事長は決死の覚悟でオランダにジャイアント・ヨーロッパ本部を設立し，自社ブランド「GIANT」の第一歩を歩み出した。また，ブランドの中国語名は企業名の「巨大」でなく，ジャイアントの中国語のあて音を使い，「捷安特」の自社ブランドを立ち上げた。1987年に，ジャイアント・アメリカ，1988年にジャイアント・ヨーロッパ本

部の傘下にジャイアント・ドイツ，ジャイアント・イギリス，ジャイアント・フランスおよびジャイアント・ポーランドの支社を設けた。続く1989年にジャイアント・ジャパン，1991年にジャイアント・オーストラリアおよびジャイアント・カナダを設け，世界の販売網を構築するようになった。

(4) 多国間資源統合期（1994～1999年）

　この時期に国際競争の環境変化および世界の経済構造に，大きな変化が出現するようになった。特に中国経済が急速に発展し，ジャイアントはコストの上昇圧力に直面して，市場の要請に素早く対応する必要性が日増しに増えるようになった。ジャイアントは市場の要請に対応するために，多国間の資源を統合する必要が高まった。ジャイアントは中国とオランダに工場を建設し，川上段階の材料（アルミ合金，炭素繊維など）の垂直統合を行い，中国と台湾で泉新金属製品公司と巨瀚科技公司の材料企業に投資するようになった。

　1999年までにジャイアントは世界の資源を統合し，世界での直営専門販売店は1万店舗を超え，5つの製造工場（現在は6つの製造工場），3つのR&Dセンターを擁し，自社ブランドのほかに，ODM生産も行っていた。ジャイアントは世界の運営能力の向上のほかに，この時期に台湾の自転車産業は衰退期に入ったために，ジャイアントは戦略的同盟のA-Teamの活動を積極的に推進するようになった。ジャイアントは産業のサプライチェーンを統合し，台湾を高級バイクのサプライセンターの構築を戦略的目標にしている。

(5) グローバル・ブランド構築期（2000年～現在）

　2005年のジャイアントグループのバイクの販売量は504万台に達し，そのうち，自社ブランド製品は303万台で，60%のシェアを占めていた。2005年のジャイアントの販売量は2004年の582万台よりも13.3%も少ないが，2005年の売上高は2004年よりも22.6%も増え，粗利潤率は13.3%であり，1株当たりの利益は4.1台湾元である。この企業運営のデータから次のことが考えられる。平均1台当たりの自転車の単価が上昇していることで，高付加価値の高級自転車のニーズが高まったことを意味している。

　また，台湾自転車輸出同業組合のデータによると，2004年の台湾の輸出量

は459万台で，輸出高は9億1,800万ドルである。ジャイアントの輸出量（台湾工場からの輸出）は約77万台で，16.7%を占め，輸出高は100億4,700万台湾元であり，34%のシェアを占めている。

ジャイアントの自社ブランド「GIANT」製品の販売量を見ると，ヨーロッパ3大ブランドの1つになった。アメリカの専門販売店市場では3大ブランド製品である。日本のマウンテンバイクの輸入ブランド製品のうち第1位の座を占めていた。オーストラリアでは最大の輸入ブランドになった。台湾第1位のブランド製品であり，中国でも最大のブランドの地位を占めていた。

世界の自転車産業を考察すると，ジャイアントはR&D，製造，販売，ブランドおよびアフターサービスに至るまで，完全なサプライチェーンを構築した。ジャイアントは世界で緻密な販売チャネルを構築し，消費者に高級バイクのブランド・イメージが定着している。

『デジタル・タイム週刊（数位時代双週刊）』およびインターブランド（Interbrand）は「台湾10大ブランド企業価値調査」を行った。アメリカの『ビジネスウィーク』誌の「グローバル100大ブランド企業調査」と同じようなブランド評価システムの手法を採用し，海外に進出した台湾のブランド企業に調査を行った。財務状態の量的指標およびブランド活動の質的指標を分析し，台湾のブランドの具体的な国際市場の位置付けを示している。この調査は台湾で最も権威のある年度ブランド価値の選抜活動である。2014年の「台湾グローバル・ブランド企業価値調査」によると，ジャイアントは第6位に入り，ブランド価値は4億2,200ドルに達した。

そのほかに，2011年3月の東日本大震災のあと，ジャイアントは1,000台のマウンテンバイクを寄付し，被災地復興支援を行ったことも知られている。そして，2009年3月に台北市政府は公共自転車「YouBike」（U-Bike）活動を展開した。これは現地で「捷運」と呼ばれ，日本の地下鉄などに相当する新交通システム（Mass Rapid Transit：MRT）の駅の近くに，公共自転車の無人レンタル・スタンドを設け，乗客は地下鉄のプリペイドカードの「悠遊カード」を使って，低価格でこの電子自動化管理システムから自転車をレンタルすることができる。エコ活動の一環であり，黄色く塗装したジャイアントの自転車が使われている。この計画は2009年3月から2018年12月までに台北市の162

ヵ所に公共自転車のレンタル・スタンドを設け、合計5,350台の自転車が導入される。なお，高雄市政府は2009年3月に同じく「City Bike」(C-Bike) を実施し，台湾のバイクブランド企業第2位の美利達（メリダ）の自転車を公共自転車として導入している。

ジャイアントはプロダクトサイクルで衰退期に入ったバイク産業の中で、どんな企業経営を行うのか。次節以降ではジャイアントの企業戦略および製品開発，サプライチェーンなどを考察する。

Ⅲ. ジャイアントの企業戦略

(1) ブランド戦略への道

ジャイアントはそれぞれの発展時期（前掲表3-2）に、異なる圧力を受け，異なる企業戦略を採用している。草創期（1972～1975年）にジャイアントは技術能力と品質を向上させ，販売能力を推進したが、この時期では海外進出の要請はまだ発生していない。OEM生産期（1976～1985年）には生産能力を拡張し，規模の経済効果を発揮するようになった。それによって，生産とサプライチェーンの管理のコア・ケイパビリティ（核心能力）を育成することができた。ジャイアントはこの時期にグローバル・バリューチェーンにおけるOEM生産の地位を築くことができた。

1986年以降、ジャイアントのバイクの生産量は国内のライバルを超え，自社ブランド構築の時期を歩みはじめた。海外に展開し，世界販売チャネルを構築するようになった。自社ブランド構築期（1986～1993年）にジャイアントは海外でブランド戦略を採用し，販売チャネルとブランドの知名度アップを図るようになった。ジャイアントは海外支社を積極的に設立し，販売チャネルを拡張した。1986年に経済部（省）工業局が推進したセンター・サテライト協力システム（中心・衛星協力システム）によって，コストの競争優位性を構築するようになった。

1986年以降、ジャイアントは自社ブランドの構築に向かい，他のOEM生産企業と決定的な相違点を表すようになった。多くのOEM生産企業がコストの上昇圧力を受けたときに、コストが低い地域に生産拠点を移動させる本能が

働くようになった。しかし，ジャイアントは1986年から自社ブランドの構築および海外販売チャネルを開拓した。長期にわたり海外の販売拠点を開拓したために，台湾国内の競争ライバルとの距離が開いたことになる。海外での販売チャネルの開拓は，自社ブランド路線によって歩んだいばらの道であり，ジャイアントの大きな挑戦である。販売チャネルの開拓は単なる販売拠点の構築ではなく，顧客サービスを含んでいる。販売チャネルを通じてジャイアントは消費者と企業との情報伝達システム，市場のニーズ，R&D，製造および販売などを密接に連結することができた。

　1992年以降，生産コストの低減を求めて中国に工場を設置するようになった。多国間資源統合期（1994〜1999年）に，ジャイアントは企業のバリューチェーンにおいて，中国工場およびオランダ工場の建設を通じて垂直統合を推進し，販売チャネル，アフターサービスなどの構築によって，ブランド価値の向上活動を行った。バリューチェーンの統合のほかに，R&Dの技術統合も推進し，炭素繊維およびアルミ合金のフレームを開発して，新素材の技術によって，新たなコア・ケイパビリティを備えるようになった。この時期にジャイアントはグローバル経営戦略を展開するようになり，台湾本部では製品のR&Dと製造を担当し，海外の子会社の標準化製品の製造と販売によって，海外に展開するようになった。この時期にジャイアントは自社ブランドおよび販売チャネルの構築を考慮し，高付加価値のブランド戦略に向けて，2000年以降のグローバル・ブランド構築期の準備を行った。

　2000年以降，ジャイアントはグローバル・ブランド構築期（2000年〜現在）に入り，グローバル販売チャネルの投資収益効果が次第に出現するようになり，海外子会社が次々と利益を獲得するようになった。ジャイアントは販売およびR&Dを通じてブランド・イメージを向上させた。ジャイアントは長期にわたり，新素材のR&Dと製造技術を開発し，海外工場との国際分業を通じて，サプライチェーンの管理と垂直統合を実施し，成果が顕著に表れてきた。また，この時期にジャイアントは品質の向上および市場の要請に直ちに応える必要がある。そのために，グローバル経営戦略を通じて，国際分業および海外販売拠点を設置するようになった。

　新製品の開発におけるマーケティング，設計，R&Dの3つは分割できない

企業戦略の要因である。マーケティングは貴重な市場の情報提供の役割を果たす。設計は社会・文化（消費者のニーズ），人間工学・流動工学との連結および製品価値の向上に寄与することを求めている。また，R&D は材料，製造技術のいずれも新製品の開発に欠くことができない。新製品の開発と企業の高付加価値の向上は互いに関係し合っていることがわかる。続いて，ジャイアントの新製品の開発と企業の高付加価値の向上を考察する。

　自転車産業の発展の歴史は長く，すでに成熟産業になっていた。近年，中国および東南アジア諸国における自転車の大量生産と輸出によって，過剰供給の状態になっている。1987 年にジャイアントと工業技術研究院（ITRI）は共同で炭素繊維のフレームを開発した。その後，材料の R&D，製造プロセスの改善が持続的に推進されるようになった。2000 年以降，R&D と改善の成果が現れ，ジャイアントの高級バイク企業のイメージを確立するようになった。

　ジャイアントの企業戦略は「差別化戦略」を採用していた。劉金標董事長は「ジャイアントは No.1（ナンバーワン）を強調せず，Only One（オンリーワン）を追求する。なぜならば，No. 1 はいずれ淘汰されるが，Only One は淘汰されない」と主張した。そして，「Only One は異なる景気の変化に対応することができ，高度な競争力を保つことができる。顧客や消費者は直ちにジャイアントを思い出す。……私たちは製品の開発，製造，販売からアフターサービスを実施すると，Only One を達成することができる。それに加えて，Only One を達成すると No. 1 にならない方が難しい」と指摘した[10]。

　ジャイアントはコスト・リーダーシップ戦略を採用しない。その理由は低価格の悪性競争によって泥沼に陥ることを防止しているためである。ジャイアントの企業戦略は基本的には差別化戦略に沿って，R&D 重視によって高付加価値を追求している。

　ジャイアントは台湾，中国（昆山工場，成都工場，天津工場，昆山新工場）およびオランダなどに 6 つの自転車製造工場，1 つの電動自転車工場および 2 つの材料工場を設けている。2017 年に福建省泉州に 7 つ目の自転車工場を操業する予定である。ジャイアントの生産ラインは完備しており，シティバイク，ロードバイク，クロスバイク（全地形対応の自転車），マウンテンバイク，レースバイクなどが含まれている。ジャイアントは多国間の配置を行い，新製品の

開発は国際分業を行っている。

(2) プロジェクト・マッピング法とユーザー・イノベーション戦略

　ジャイアントはR&D・設計部門と販売部門を統合し,「機能イノベーション」戦略による新製品を開発している。この戦略は技術面からイノベーション・バリュー（イノベーションによる価値の創造）を強化している。そのイノベーション・バリューはバイクの重さの低減, 柔軟性の強化, 風圧抵抗の低減, 快適さの追求などの機能的角度からアプローチしている。

　「機能イノベーション戦略」を採用したジャイアントはロードレースなどの競技に対応し, R&Dによって開発した専門車種を投入している。ジャイアントは先端技術を導入し, 記録の極限を追求するプロジェクトを立ち上げている。この車種を採用する顧客は要求が最も厳しいプロのレース選手である。このプロジェクトは専門家の知識を導入し, 業界トップのプロ選手からさまざまな意見を聞き, 選手の要請を満足させるために, 新車種を開発している。そして, 開発された新素材や新部品などを他の一般車種にも適用するようになった。言い換えれば,「機能イノベーション戦略」によるプロジェクトで開発されたイノベーションの技術を他の全製品に適用し, 企業のブランド・イメージの向上に寄与している。

　図3-1はウィールライトとクラーク（Steven C. Wheelwright and Kim B. Clark）の論文「プロジェクト・マッピング法」で提起したプロジェクト開発の手順図を示したものである[11]。横軸は「製品変化度」(product change), 縦軸は「製造プロセス変化度」(process change) を示している。横軸は右側から左側に移行すると, 製品の高度化の度合いが高まることを示している。縦軸の下側から上側に移行すると製造プロセスの変化が高まることを示している。縦軸と横軸を合わせて説明すると, 右下のカテゴリーは発展初期の開発プロジェクトを意味し, 製品の大量化および品質の向上が主たる目標である。左上に移行するほど製品は長年のR&Dによる製品の高度化の成果を表している。

　同図は右下から左上に向かって, 派生プロジェクト（Derivative Projects）, 基盤プロジェクト（Platform Projects）, 革新プロジェクト（Breakthrough Projects）および探索研究プロジェクト（Research and Advanced Development Proj-

図3-1 開発プロジェクトのマッピング

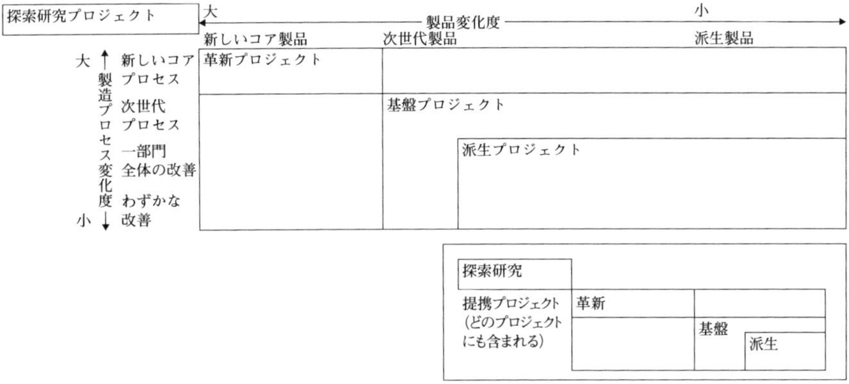

```
探索研究プロジェクト    大 ←――――――製品変化度――――――→ 小
                      新しいコア製品    次世代製品           派生製品
          大 ↑ 新しいコア  革新プロジェクト
             製造 プロセス
          次世代
          プ    プロセス
          ロ               基盤プロジェクト
          セ    一部門
          ス    全体の改善
          変                         派生プロジェクト
          化    わずかな
          度    改善
          小 ↓

                              探索研究
                              提携プロジェクト  革新
                              (どのプロジェクト       基盤
                              にも含まれる)                派生
```

(出所) S. C. Wheelwright and K. B. Clark, "Creating Project Plans to Focus Product Development", *Harvard Business Review*, March-April, 1992.

ects）の4つの類型が存在している。そのほかに，右下の図の企業を跨る戦略的同盟締結の提携プロジェクト（Alliances and Partnership Projects）を加えて5つの類型が存在する。以下，それぞれのカテゴリーを説明する。

(1)「派生プロジェクト」は既存製品のコストを削減し，機能の向上や既存生産プロセスの向上を追求するカテゴリーである。派生プロジェクトは，持続的製品の変化，持続的製造プロセスの変化，持続的製品および製造プロセスの変化の3種類に分けられる。

(2)「基盤プロジェクト」は頻繁に開発が行われる中間的なカテゴリーのため，明確な定義が難しい。このカテゴリーの製品や製造プロセスの変化は派生プロジェクトよりも大きいが，革新プロジェクトには及ばない。

(3)「革新プロジェクト」は開発技術の大きな進歩であり，既存製品や製造工程に大きな変化が発生する。成功した革新プロジェクトは前世代と完全に異なる核心的な製品および核心的な製造プロセスを構築していることがわかる。

(4)「探索研究プロジェクト」は新素材および新技術の革命的なイノベーションのノウハウ（技術的知識）とノウホワィ（know-why＝理由や動機のなぜかを知る）を創造し，最終的には商品化の開発段階に進むことができる。

「探索研究プロジェクト」が製品開発の外側に置かれたのは，「製品変化度」や「製造プロセス変化度」のいずれを問わず，先駆的役割を果たしているから

である。イノベーションの開発は製品の開発過程においては重要なカナメである。確実な技術を擁する企業は、技術の開発を技術戦略の構成要因として見ている。企業のトップは、どの技術が将来にわたって追求する目標であるかを認識すべきである。

(5)「提携プロジェクト」は上記のカテゴリーから離れており、派生、基盤、革新および探索研究などのプロジェクトを推進するための提携である。企業を跨る戦略的同盟締結を通じて、得られたノウハウを吸収し、自社の資源にすることである。

同図3-1の開発プロジェクトのマッピング図を援用し、ジャイアントのケースで説明すると次のことがわかる。

(1)「派生プロジェクト」に相当するのは、OEM生産期（1976～1985年）の時期である。この時期にジャイアントはシュウィンからバイクのOEM生産を受託していた。この時期にシュウィンは技術者をジャイアントに派遣し、品質の向上および製造プロセスの指導を行った。

(2)「基盤プロジェクト」に相当するのが自社ブランド構築期（1986～1993年）の時期である。シュウィンからのバイクの発注が次第に少なくなり、ジャイアントは決死の覚悟でオランダにジャイアント・ヨーロッパ本部を設け、自社ブランドの構築に歩み出した。その後、アメリカ、ドイツ、イギリス、フランス、日本、オーストラリア、カナダなどに支社を設け、世界の販売網を構築した。

(3)「革新プロジェクト」に相当するのが多国間資源統合期（1994～1999年）の時期である。

ハリール（T. M. Khalil）によると、技術の獲得方法は以下の5つの方法がある[12]。①企業内部のR&Dによる技術を取得する方法である。企業自社の研究・技術者および資金を投入し、企業内部で技術を開発する方式である。②技術の共同開発によって技術を取得する方法である。複数の企業が各自の技術と研究・技術者を結合し、共同によって技術を開発する方式である。③外部の研究機構にR&Dを委託することによって技術を取得する方法である。企業内にR&Dの研究・技術者と技術力がなく、外注の契約による技術を開発させる方法である。その後、それらの技術を吸収し、委託した企業が技術を獲得する方

式である。④特許などの技術の譲与によって技術を取得する方法である。企業は他社から特許の使用権限を購入する方式である。⑤技術やノウハウを金銭で技術を購入する方法である。これは④と同じ，他社から技術を素早く入手する方式である。

　ジャイアントは工業技術研究院（ITRI）材料研究所と機械工業研究所に炭素繊維，アルミ合金のフレームおよび変速機の開発を依頼し，コア・ケイパビリティを擁することになった。その後，1994 年にバルセロナ・オリンピックのロードレースでチャンピオンチームのバイクを設計したマイケル・バロース（Michael Burrows）およびマウンテンバイク世界チャンピオンのジョン・トマック（John Tomac）を招聘し，ジャイアントの開発チームに参加させた。また，この時期に台湾工場のほかに，中国とオランダの工場を設け，資源の統合を行った。

　(4)「探索研究プロジェクト」に相当するのがグローバル・ブランド構築期（2000 年〜現在）の時期である。ジャイアントの新製品が競争ライバルと有効的に戦うことができるのは，製品の使用対象を絞り，差別化を実施したことである。特に，最も重要な要因はエリック・フォン・ヒッペル（Eric von Hippel）が提唱するプロ選手の「ユーザー・イノベーション」（リード・ユーザーによるイノベーション）を促進したことである[13]。自転車産業の発展の歴史が長く，消費者は自転車の機能に熟知し，自らのニーズを改善の意見として反応することができる。伝統産業では販売部門が市場の情報を R&D チームにフィードバックする仕組みを採用する。しかし，この仕組みを採用した場合，各社の製品は同質化になりやすく，その結果，"価格競争の泥沼"に陥る可能性が極めて高い。

　自転車競技の世界トップクラスの選手はバイク製造企業に要求を提言する。なぜならば，レースバイクの機能によって競技の成果に大きな影響を及ぼす場合が大きいからである。要するに，選手からの新機能の要求は，企業の「試験室」や「ミーティング・ルーム」では生まれない，「ユーザー・イノベーション」は，「現場力」による発想から生まれるものである[14]。

　ジャイアントは「ユーザー・イノベーション」戦略を採用し，それによってジャイアントの技術は他社をリードすることができた。製品が成熟期を迎え，

ライフサイクルが短くなり，市場の変化が速くなった産業にとって，この戦略は他社よりも強みを発揮することになり，重要な意義を持っている。再び，前掲図3-1のウィールライトとクラークの論文に戻って述べることにする。この時期になると，ジャイアントは「ユーザー・イノベーション」戦略によって「探索研究プロジェクト」のカテゴリーに入ったことを意味する。

　ジャイアントはツール・ド・フランスなどのロードレースの賛助により，世界トップレース選手からの提言によって新たにバイクを開発する。開発されたバイクをレースに投入し，その改善効果が証明される。後にレースに使われた同車種のバイクは市販され，多くのファンを集めるようになる。また，ここから得られたコア・ケイパビリティを高級や中級バイクに波及することで，企業のイメージを高める効果をもたらすようになった。

　(5)「提携プロジェクト」は前に述べたように企業を跨る戦略的同盟締結などである。ジャイアントがA-Teamを積極的に推進し，台湾の部品企業やライバル他社も巻き込んで品質アップを図り，中国や東南アジアの安価な自転車に対抗するバイクの高級化路線の一環である。詳細は第V節に述べることにする。

(3) 市場マーケティング戦略

　市場のマーケティングの視点から見ると，消費者にとって自転車はよく知られたツールである。この市場の競争は熾烈であり，目標を定めて顧客層にこのターゲットを対象に設計，製造プロセスの改良を重ね，R&Dによって新たな付加価値を与える必要がある。

　ジャイアントはグローバル・ブランド構築期の運営に入ったあと，製品は世界の規格に適応し，顧客のオーダーメイドのニーズを満足させる必要がある。台湾本部のR&Dセンターはグローバル対象のバイクの開発を主導し，海外のR&Dセンターは地域向けの個別の製品の開発を担当して，異なった市場の特性に対応した。そのほかに，台湾本部は「グローバル化の趨勢」および「グローバルの共通特徴」を区別の基準にした。具体的には，性別や生活形態などに対応するためである。流行の趨勢や動向に対して鋭く反応し，消費の個性化（車種の量的限定，個性の差別化，感性の追求，ブランドの重視）を追求し，独創的なブランド・スピリツが製品に含まれるようにした。要するに，消費者が購

入するのは単なる機能性のバイクだけでなく，ブランドが代表する価値の象徴である。ジャイアントのブランド経営および製品の設計は「個性化」，「特色化」および「イメージ化」の方向に向かって展開するようになった。個人の生活スタイルに適合したバイクを求めるようになった。

ジャイアントの新製品から明らかになったのは，「生活の形態」追求のグローバル化向けの製品および「女性向け市場」の積極的な開発である。例えば，City Storm（都市の嵐）シリーズは，都会に住むヤッピー（裕福な若者）の顧客層を対象として，「都市の機能」を強調し，製品の設計上に都市生活の機能を追加し，変速モニターパネル，嵌め込み型時計，ヘッドライト，便利な取り付けができるカバン，巻きこみ防止のギアカバー，自転車のステンレス製リング，隠れ式盗難防止錠，内蔵式変速機などを備えていた。そして，外形設計は流線型造型，都会風格の色彩を採用している。そのほかに，女性を対象に製品を設計し，女性の消費動向と自転車を結合し，女性向けバイクを開発した。ちなみに，ジャイアント傘下に女性向けバイクを別ブランド「Liv」（リブ）で，ビジネスを展開している。

ジャイアントの開発戦略は機能別によって製品ライン（8つの製品ライン）を分け，それぞれの異なった「装備クラス」を備える。バイクのクラス，クラス別価格の相違などが分けられる。そのうち，装備の差別化は，部品に内蔵する機能特性のほかに，ジャイアントは独創的な「新技術をセールスポイント」にした付加価値の向上を運用し，「技術の商標化」をセールスポイントにしている。ジャイアントはブランド・イメージを強化し，同時に製品の差別化の機能で大きな戦略的効果を発揮している。

(4) ブランド戦略

ジャイアントは台湾，中国およびオランダに合計9つの工場を設置している。台湾工場は高級バイク車種の製造を担当し，オランダ工場はヨーロッパ市場向けに一部分のバイクを提供している。中国工場は中・高級バイク車種の製造を担当している。特に近年になると，中国工場の生産能力が大幅に増加し，全製品ラインのバイクを製造している。生産能力の向上は規模の経済効果によってその目的を達成するために，中国市場向け中価格帯バイク製造に集中している。

ジャイアントが単一ブランドで中国市場を開拓する場合，ブランド・イメージの制限を受けることになる。そのために，中国市場に第2ブランドや第3ブランドを立ち上げて，中・低価格帯市場にターゲットを定める必要があると考えられる。

ブランドの差別化戦略において，3つのブランドによって異なる位置付けを定める必要がある。「ジャイアント」ブランドは中・高級車種のバイクの生産ラインを中国，台湾およびオランダで国際分業を行い，「専門販売店舗」による販売チャネル戦略で，高級ブランド・イメージを強化している。そのほかに，「X-net」ブランドの中価格帯のバイク車種で中間顧客層をターゲットに中国の工場が製造を担当している。巨鳳工場で製造する自転車は「G&P」ブランドで量産から量販店の販売チャネルでビジネスを展開している（ただし現在，中国の鳳凰自転車との協力関係は解除している）。それに，女性向けブランド「Liv」などを立ち上げ，ジャイアントはこれらのブランドによる市場の差別化によって運営を試みている。

ジャイアントは中国で「電動自転車」部門の設置を独立した発展戦略として見ている。その理由として，中国の多くの都市では大気汚染を防止するために，オートバイの乗車を禁止している。それによって，電動自転車市場が大幅に伸びるようになった。また，中国の電動自転車市場の開発は，新しい市場と新しい製品の組み合わせであり，単一市場の潜在力によって，ジャイアントの「もう1つの製品」（プラス・ワン）を構築することができるからである。

ジャイアントの電動自転車戦略はR&D，製造および販売システムを新たに統合する必要がある。R&Dの技術において，自転車と電動システムがいかにして統合するか，新たなコア・ケイパビリティの開発が必要になり，知能型設計（電動アシスト，安全システムなど）を推進する必要がある。中国の昆山工場が製造を担当し，独立した子会社が販売を担当している（現在は「捷安特電動車有限公司」として独立）。販売チャネルについて，電動自転車を開発するために，ジャイアントはルノー自動車（Renault），フォード自動車と戦略的同盟関係を締結した。これらの自動車販売チャネルを通じて電動自転車を販売している。これは新しい試みである。2000年12月，ジャイアントとパナソニックは協力し合って，バッテリー，モーターなどの重要部品を導入し，ジャイアント

が組立および販売を担当して，日本の市場を開拓している。この協力関係は成功し，パナソニックはジャイアントの重要な顧客になった。電動自転車は技術，製造および販売チャネルのいずれも重要な一環であり，企業の多角化戦略の大きな一歩である。

(5) ユーザー・イノベーション戦略とコア・ケイパビリティ

1998年以降，ジャイアントはレースチームの機材提供の賛助を開始し，マーケティング戦略の一環として見ていた。ロードレース競技用バイクの開発過程において，ジャイアントのR&Dチームはイノベーションの活力を生み出すようになった。ドロシー・レオナルドの著書『知識の源泉』の中で，イノベーション活動は創造，知識の拡散ができ，独創的なコア・ケイパビリティを構築することができると指摘した[15]。

ツール・ド・フランスは最も挑戦的なロードレースである。レース選手の技能水準，競技の難易度は世界の最高レベルである。そのために，ロードレース競技用バイクの開発は，ジャイアントのR&Dチームにとっても大きな挑戦でもある。R&Dチームはレース選手と意見交流およびバイクの改善を絶えず続けていた。ジャイアントにとってレース選手は「リード・ユーザー」であり，最も厳しい注文を付ける消費者である。選手はジャイアントに注文を付けて，彼らを満足させることが，企業のイノベーションの構想を生む源になる。選手の厳しい注文からジャイアントは極限に向かって，智慧と努力の結晶からトップクラスのレース用バイクを開発するようになった。

製品の開発過程において，ジャイアントは以下の2つの能力を累積するようになった。1つは，製品のR&D能力が向上するようになった。レース選手によるバイクへの要求を掌握し，細かい部品の設計がより緻密になり，人間工学，流動力学および重さ低減の追求をより考慮するようになり，風洞テストによる構造設計の改善にメスを入れるようになった。もう1つは，製造技術のレベルアップである。炭素繊維やアルミ合金などの新素材や製造技術（エックス線による溶接面の検査）などに大きな変化が発生し，イノベーション重視の良循環を大きく牽引するようになった。

2000年にジャイアントがグローバル・ブランド構築期を歩んで，開発と新

製品のR&D応用を重視するようになった。ジャイアントはレースチームの賛助を通じてリード・ユーザーの重視および新製品の開発構想，R&Dによる新素材の開発など高付加価値を重視する戦略を採用するようになった。ジャイアントから言えば，単なる販売目的の投資だけでなく，将来のコア・ケイパビリティの構築ができるからである。ノウハウの累積を通じて，将来のイノベーションに繋がる良循環が働くよう期待している。

ジャイアントがツール・ド・フランスに参戦し，賛助チームが多くの賞を獲得した後，イタリアブランド企業のコルナゴ（Colnago）はジャイアントにODM生産を委託するようになった。ジャイアントの羅祥安（トニー・ロー）総経理（社長）は「過去においてイタリアの自転車業界は台湾の自転車企業を軽視し，中傷の報道も多かった。しかし，ジャイアント賛助のチームが多くの賞を獲得し，マスコミから大きな紙幅で報道され，ブランド・イメージも大幅に上昇するようになった。それによって，過去のイメージを大きく刷新するようになった」と主張した。さらに，「特に，ツール・ド・フランスはフランス一周の過酷なロードレースであり，この競技は自動車F1レースのように舗設された道ではなく，弯曲し，上下起伏の大きいロードで走り，難易度はオリンピックの平坦なロード競技よりも遥かに高い」と指摘した。

ジャイアントが高品質，R&D，先端的なバイクを持続的に開発することができたのは，台湾でのR&Dセンターおよび欧米のR&Dセンターが緊密に協力したことによる。そのほかに，新製品の開発初期に設計，製造および市場マーケティングの各部門が協力し合って，多くの部門の情報を統合し，新製品の開発期間の短縮化ができ，他社に先駆けて製品を市場に送り出すことができた。

ジャイアントの売上額に占めるR&D比率は約2％である。そのR&Dの重点は新素材の開発・応用，製造技術の改善，新製品のバイク開発に置いている。新素材の開発は炭素繊維およびアルミ合金を主力に，この2つの材料に他のコア技術（防振システム）を加え，異なる製品ラインを構成している。この2つの技術は成長期の段階に属しているため，ジャイアントは構造，製造技術を絶えず改善し，製品の機能を強化して，特許を申請している。

ジャイアントにとって電動自転車の電力制御システムは新しいコア・ケイパビリティであり，将来において電動自転車の発展の可能性が大きい。このプロ

ジェクトは開始して数年間がたったため，これからの R&D の成果がでてくると考えられる。

　ジャイアントは製品の差別化戦略を採用した。つまり，旧型から新型のバイクに持続的に車種を変更し，外観，周辺機能を改善して新しい機能を追加させた。成熟期や衰退期を迎えたバイクに，新たな特許による保護を加えて，他社による特許の侵害防止対策を採用している。

　ジャイアントの運営過程から見ると，過去の OEM 生産から自社ブランドおよび ODM 生産の並行の路線に移行し，その知的所有権の管理も行われている。OEM 生産期の 1976 年から 1985 年の間にジャイアントは特許を管理する考えがなかった。1986 年以降，ジャイアントは特許を積極的に申請するようになった。要するに，1986 年以降にジャイアントは海外に向けて自社ブランド戦略を選択するようになった。この時期には厳しい市場の圧力に直面し，ジャイアントは製品の品質，ブランド・イメージを向上する必要があった[16]。また，製造技術，運営などを全面的に改善するようになった。知的所有権の管理戦略では，特許申請による保護手段を選ぶようになった。そのほかに，技術能力の向上および技術を獲得するために，工業技術研究院 (ITRI) に委託し炭素繊維やアルミ合金の材料技術を獲得した。この時期に重要なコア・ケイパビリティの基礎を構築した。特に工業技術研究院から炭素繊維材料の技術を獲得し，新素材のフレームを開発した[17]。それ以降，この技術を基礎に技術開発を絶えず行い，特許を積極的に申請するようになった。

　ジャイアントがグローバル・ブランド構築期に移行したあと，新製品と技術の開発能力が絶えず向上し，特許を積極的に申請していた。そのほかに，グローバル運用能力の強化がジャイアントの重要なコア・ケイパビリティになった。グループ内の親子会社間の特許の運用を主に展開し，多元的な付加価値の増加へと邁進している。

　ジャイアントのブランド，マーケティング，流通チャネルは，核心的な資産である。ジャイアントはすでに著名なブランドになっていた。グローバル経営管理戦略に合わせて，ブランド・イメージを構築し，企業のバリュー活動を通じて製品の販売を促進している。スポーツ活動の賛助，レースチームの賛助などを通じて，国際メディアからも注目されるようになった。スポンサーや機材

提供の賛助でレースチームの受賞を通じて，市場のマーケティング活動と結合し，高級ブランド・イメージの構築によってジャイアントのバイクは他の競争者の製品との差別化を図るようになった。そのほかに，ジャイアントは「テクノロジーの商品化」によるバイクの特徴を突出させる知的所有権戦略を採用し，極めて有意義な戦略となった。

　長期にわたりジャイアントは販売・流通の経営能力を構築し，市場のマーケティング戦略に合わせて，女性専門ブランドの「Liv」を打ち出した。このブランド・イメージはいままでのジャイアントのイメージと意図的に異なり，専門販売店の内部装飾，バイクの外観設計などは女性をターゲットに，女性が好む，女性の身になって考える設計になっている。ジャイアントは女性専門ブランドLivによって製品を統合，マーケティングと販売チャネルのイノベーションを行い，オーダーメイドによる個性化の追求という消費者のブームに合わせた。これらの領域の発展の潜在力は大きい。

　「グローバル・バリューチェーン」を目標に，産業のイノベーションと知的所有権の管理で，「技術のマーケティング戦略」に限らず，「イメージのマーケティング戦略」までに推進する。"クール・ジャパン＝高級化"のように，"クール・ジャイアント＝高級化"というイメージを世界の購買者の頭の中に叩き込むことができると，競争力アップに有益である。

(6)　販売とブランド

　2014年の「台湾20大国際ブランド企業価値調査」によると，ジャイアントは第6位であり，ブランド価値は4億2,200万ドルであり，対前年の増加率は9.32％である。バイクブランド部門では第1位であると発表された[18]。ジャイアントのブランドのほかに，女性専門ブランド「Liv」を立ち上げ，女性消費者向けのバイクの世界を展開している。ジャイアントのブランドは企業にとって最も価値のある無形財産である。

　創業初期においてはOEM生産からスタートし，自社ブランドおよび販売チャネルを持っていなかった。アメリカの大手自転車企業が注文を他社に移し，ピンチに陥った。そのために，自社ブランドと販売チャネルの構築を決心し，その後，いばらの道を歩むようになった。長期にわたり自社ブランドと販売チ

第3章　ジャイアント（巨大機械工業）

ャネルに資源を投入し，今日の成果をあげることができた。

　1986～1991年に自社ブランドのバイクを販売するために，オランダでジャイアント・ヨーロッパを設立した。それ以降，アメリカ，ドイツ，イギリス，フランス，日本，オーストラリア，カナダなどの海外支社を設立した。ジャイアントが海外で支社を設立する配置は，1997年以降になってから成果が出てきた。初期においては，海外支社の営業業績は赤字が続いていた。具体的に言えば，1995年にジャイアントの海外支社の投資収益は赤字が1億7,500台湾元，1996年の投資収益は赤字が1億1,200万台湾元であったが，1997年は赤字から2,150万台湾元の黒字に転換した。1998年の投資収益は1億4,500万台湾元に，1999年の収益は3億2,800万台湾元。2000年以降も黒字額が大幅に増加している。

　ジャイアントの販売促進費用は売上高の約5％であり，そのうち，最も重要な用途はレースチームの賛助，選手の育成，スポーツ販売促進によってブランドのイメージアップを促進することである。2002年以降，ジャイアントはスペインのOnce（オンセ）チームに賛助し，レース用バイクを提供している。このレースチームは2002年のツール・ド・フランスで団体チャンピオン，個人では第2位（スペイン籍のホセバ・ベロキ），第5位，第6位の輝かしい成績を築いた。これはジャイアントがOnceチームに賛助して5年間のツール・ド・フランスで最も輝かしい時期である。ツール・ド・フランスは最も難しい，最も権威的で，最もチャレンジ性が高い過酷なレースである。このレースは国際自転車競技の最高峰で，長期にわたりヨーロッパのバイクブランド企業がこの栄光を掌中に入れていた。2002年のOnceチームのパフォーマンスから，ジャイアントの自転車は品質から性能に至るまで最高峰クラスの水準に達したことを証明した。

　Onceチームが解散した後[19]，2004年の初めからジャイアントはドイツのT-Mobileチームに賛助するようになった。その結果，この年のツール・ド・フランスでチームは団体チャンピオン，個人で第2位と第4位の好成績をあげた。それ以降，T-Mobileチームは次々と団体チャンピオンを獲得した。2014年のツール・ド・フランスにジャイアントはチームの命名権を持つ「チームジャイアント・シマノ」（Team Giant-Shimano）および2015年以降の「ジャイア

ント・アルペシン」(Giant-Alpecin)では多くの賞を獲得した。

　2004年8月のアテネ・オリンピックにジャイアントが機材を賛助した選手も優れた成果をあげた。具体的に言えば，ポルトガル籍の選手セルジオ・ポーリーンホ(Sergio Paulinho)は個人ロードレース部門で銀メダル，アメリカ籍の選手デデ・ディモート・バリー(Dede Demet Barry)は計時レース部門で銀メダル，オランダ籍の選手バート・ブレントジェス(Bart Brentjes)はマウンテンバイク部門で銅メダルを獲得した。それ以降，ジャイアントが機材を賛助した選手がオリンピックなどで多くのメダルを獲得している。ジャイアントのブランドは多くの大型国際レースで注目されるようになる。さらに，レースの成績を通じてマスコミの報道によって，ブランド・イメージの向上が周知され，製品の販売量も牽引されて大幅に増加するようになった。

　ジャイアントは外国のチームにスポンサー・賛助するほかに，ジャイアント・アジアチームにも賛助し，2006年のアジア巡回レースでジャイアント・アジアチームは団体と個人の2部門でチャンピオンを獲得した。ジャイアントは台湾でチームに賛助およびロードレースを協賛している。それは台湾が世界のバイクの設計，R&D，製造および流行のセンターになることであり，世界のバイク業界と選手が注目するスポットになることを試みている。ジャイアントの世界経営戦略において，台湾は「グローバル運営本部」および「世界の高水準車種のR&D，設計，製造センター」の位置付けである。そのために，「ツール・ド・タイワン」(Tour de Taiwan＝自転車台湾一周レース)を通じて，ジャイアントは台湾が世界高級バイクのサプライセンターのトップの地位を構築するように強化している。

　ジャイアントは自社ブランドとODM生産の業務を持続的に維持する"2刀流"戦略を採用している。ジャイアントは初期のOEM生産からODM生産にレベルアップし，さらに一歩進んで自社ブランドを保持している。ODM生産は主としては海外からの委託である。ジャイアントが海外企業からODM生産を請け負う目的は，市場の流行情報を察知することで，消費者や顧客の意向を掌握することであり，製品の改善と技術能力の累積を図ることである。現在，ジャイアントの売上高のうち，ODM生産の比率は約3割である。

　2004年以降，ジャイアントはODM生産で優れた業績をあげた。前に述べ

第 3 章　ジャイアント（巨大機械工業）　　111

たように，ジャイアントはスポーツバイク販売に多くの資源を投入し，2004年には優れた成果をあげ，海外でも注目されるようになった。"自転車業界の貴公子"や"自転車業界のフェラーリ"と呼ばれるイタリアのコルナゴ（Colnago）は，2004年にジャイアントに競技レース用炭素繊維バイクのODM生産を依頼した[20]。

　過去の数十年におけるツール・ド・フランス，ワールドカップ，オリンピック，ヨーロッパカップなどのロードレースで，コルナゴのバイクはメダル獲得選手に常に使われている。これらのバイクの単価は40万～100万円以上の最高ランクである。しかし，コルナゴのバイクはハンドメードの家族経営のために，規模の拡大ができなかった。そのために，ジャイアントのバイクの炭素繊維の量産化能力に興味を持っていた。なぜならば，ジャイアントは世界最初に炭素繊維フレームの量産化に成功した企業であり，それ以前，ヨーロッパでは2～3社はハンドメードで製造していたからである。2004年にコルナゴの関係者をジャイアントに派遣し，視察のあとに，ジャイアントにODM生産を委託するようになった。

(7)　販売チャネルの統合と組織の運営

　1993年にジャイアントは上海の鳳凰自転車との合弁企業「巨鳳自転車」を設立した。当時，ジャイアントは中国市場に進出したばかりで，販売チャネルの構築は，このビジネスの成敗を分ける重要なキーポイントであると考えていた。市場と販売チャネルを構築するために，この合弁企業を推進するようになった。

　自社ブランドを構築した後，1986～1989年はジャイアントの重要な転換期である。この時期にジャイアントは直ちに海外支社を設け，世界の販売チャネルを積極的に構築し，ブランドの知名度をあげた。その後，ジャイアントは専門販売店を統合し，戦略的同盟と特約サービス店との提携を推進した。ジャイアントのバイクを購入すると，アフターサービスも提供するという，「1つの店舗でバイクを買えば，世界各地でサービスを提供する」（一地買車，全球服務）を提供している。ジャイアントは核心製品のフレームに5年間の品質保証，他の非消耗部品に1年間の品質保証を提供している。現在，ジャイアントは世

界で1万以上の専門販売店舗を持ち，これはグループの最も重要なコア・ケイパビリティである。

1998年にジャイアントは日本のバイク販売チェーンのホダカ株式会社（Hodaka）の持株の3割を獲得した。それによって，ホダカ社はジャイアント・チャイナのバイクを優先的に注文するようになり，互いの競争力優勢を保持するようになった。1999年に日本のバイク市場におけるジャイアントのバイクの販売台数は70万台に，市場シェアが12%に達した。2001年，ホダカはジャイアントの中国昆山工場から50万台以上のバイクを購入した。2002年にジャイアントにおけるホダカの持株比率は49%に増えるようになった。2003年以降にホダカがジャイアント・チャイナから購入した自転車は9億5,000万元を超え，ホダカの販売比重は26%を占めるようになった。2015年にジャイアントはホダカの持株をホダカに売却し，双方の協力関係は解除された。

近年，ジャイアントは販売チャネルの統合および市場販売戦略に着手し，健康重視の女性消費者をターゲットとして製品の差異化戦略を行っている。そして，「Liv」（リブ）というブランド名で女性向けの設計の自転車を開発している。

そのほか，中国市場の潜在力が大きく，現地では安価で品質の悪い自転車が市場に溢れていて，ジャイアントは偽装品・模倣品に手を焼いている。ジャイアントは中国市場を着実に開発し，販売チャネルが次第に拡大した。同時に，アフターサービスのネットを構築した。それに，ジャイアントの優れた製品の開発能力，品質によって，「ジャイアント」の高級バイクのブランド・イメージを消費者に深く植え付けるようになった。中国市場において，ジャイアントはコカ・コーラと同じように，「有名なブランド」に列挙されるようになった。今後，ジャイアントは中国市場において電動自転車を開発するが，ブランドの魅力によって大きく寄与できると考えられる。

ジャイアントのグローバル運営本部は台湾に設置され，組織の構造は図3-2に示される。組織の機能からは指揮本部および製造，販売，営業，物流，後方支援・品質保証，電動自転車などの部門に分けられる。

指揮本部は企業の資源を統括し，R&D部門の先端技術センター（Advantech Center）は新素材，重要製造技術および新車種を開発している。製造本部はバ

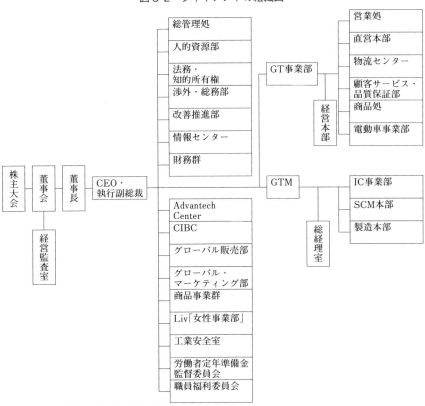

図3-2　ジャイアントの組織図

(出所)『巨大機械工業年報』(2014年版), 2015年。

イクのR&Dと量産化, 製造技術, 製造計画, 出荷などを担当している。グローバル販売部門は新興市場(中南米, 東南アジア, 中近東とアフリカ)のブランド販売戦略, 流通および各地域の子会社の販売計画を統括している。

　商品事業部門は自社ブランド関連の経営戦略, マーケティングの目標, ブランド戦略の統合, 製品の企画, 設計, R&Dとマーケティングサービス推進などを行っている。GT事業部は台湾市場の中長期運営計画, 目標の企画と実施, 顧客サービスシステムの推進, 販売店舗, 直営販売などの指導と管理を行っている。

グローバル・マーケティング部門は世界ブランド戦略とマーケティング戦略の企画，指導，執行，追跡を行い，自社ブランドのバイクの経営戦略，マーケティングの目標，ブランド戦略の推進を行っている。

SCM本部は顧客の競争環境と所属する市場によって区分けし，原料，部品のサプライチェーン（SC）の構築，業務管理，営業管理と横方面の連携と後方支援を行い，出荷期間，品質，コストとサービスなどを統合する。

ジャイアントの投資方針は，バイクのサプライチェーンの垂直統合の目標を推進している。創業初期のOEM生産から自社ブランドの販売チャネルを構築し，川上段階の新素材のR&Dと製造に着手した。ジャイアントは多国籍企業化の推進の中で，海外の生産基地および販売拠点の配置によってコストの強みを持って，市場に接近することによって，消費者市場のニーズを企業戦略に直ちに反映することができると考えている。

ジャイアントの製造基地の配置は機能的な国際分業を企業戦略に反映し，台湾，中国およびオランダに工場を設けて異なる機能の加工を行っている。異なる製造条件を互いに組み合わせることによって，コストの低減ができ，柔軟に，素早く出荷などの目標を達成することができると考えられる。

運営ビジネスの拡大に沿って，ジャイアントは行動が遅い"巨人"にならないために，e化（電子情報化）によって企業のシステムを連結するように努めている。台湾本部は運営管理指揮センターになり，世界各地に分散した資源（R&D能力，受注，購買，製造など），生産管理などの活動の統轄管理を行うようになった。本部は世界の販売チャネルの受注を統轄的に管理し，顧客の受注の価格，引渡時期，品質の要請，各地の製造工場の生産能力の拡大，コストの低減，出荷期間の短縮化などを推進するようになった。ジャイアントの運営管理センターは生産能力によって材料を配分し，製品の仕様によって，生産基地で製造と検査を経て製品を顧客に近い在庫センターに出荷する。

ODMによる新製品開発の場合，電子化技術によって構築したバーチャル工場のプラットフォームを通じて，ジャイアントは新製品の企画段階でR&Dセンターの従業員に，販売，顧客と共同作業で企画に参加し，部品の設計を参考資料として提出する。この電子化の管理システムによって，ジャイアントの部品と製品の企画とR&Dのデータを絶えず累積するようにした。それによって，

新製品が開発活動の初期においてはR&D，製造，販売人員と顧客と共同で参加し，ジャイアントと顧客がより緊密な関係を保ち，市場の変化を直ちに反映し，製造の工程期間を短縮させ，新製品の開発のリスクを有効的に低減させることができた。

IV．ジャイアントの製品開発

（1）製品開発

　ジャイアントのロードレースなどの車種の単価は1,000ドルから10,000ドルに達する。これらの中・高級バイクの開発期間，新素材の使用などは，おおまかには3つの製品クラス（FCR, OCR, TCR）に分けられる。それに製品クラスは製造技術の相異によって等級（Alliance＝同盟，Composite＝合成，Advanced＝進展）に分けられる。その他（シティバイク，ロードバイク，クロスロードバイク，マウンテンバイクなど）の機能製品ラインの区分も大体同じである（表3-3）。ただし，車種のモデルチェンジが速いため，最新カタログと異なる場合がある。

　ジャイアントの新製品の開発および技術開発の両者は密接な関連性を持っていた。フレームの新素材および防振技術などは多くの製品ラインに投入され，他の機能の特性を相互に搭載されると，さらに精緻な製品を開発することができる。製品の発展と技術の発展はプラットフォームの視点から考察することができる。

　自転車発展の歴史が長く，一般の消費者は自転車に対してもより多く理解している。それに，現在の消費者は製品の情報を関連雑誌・書籍，口コミやインターネットなどから積極的に集めているために，ジャイアントのバイク販売時には自社製品の特性を消費者にPRする必要がある。市場に発信するバイク情報のうち，R&Dによる新技術を販売のセールスポイントとして宣伝することが不可欠になっている。要するに，コア・ケイパビリティ（中核能力）の「技術の商標化」による付加価値の向上を運用し[21]，ブランド・イメージおよび製品特性の差別化された機能の強化によって，大きな成果をあげることができる。

表3-3 ジャイアントの製品組み合わせ

クラス別	普通	中級	中・高級	高級	専門家級
青少年通勤車		軽快車系(T) 全アルミ合金フレーム/オシロード 基本型 全アルミ合金/防振フォーク			
シティ（サイクロスバイク）		CS Fashion clio/Bella 流行/女性/快適	R系列 City Bike Flight 軽量化アルミ合金	Comfy ATB Sednda/MEME アルミ合金調整可能式前防振/男女	Folding アルミ合金折り畳み防振フレーム	Revive 人体工学設計の座席
ツアーバイク				TOURER アルミ合金フレーム、前防振		
マウンテンバイク			Kide Youth	XC（前防振） Sport Performance (X1c-SE) Competition (X1c Composite) NRS（双防振・後圧式後防振） AC (All Condition) (NRS+調整可能防振行程) Macstro（双防振、後圧式防振+防振行程 3.5～8"） DH 下坂競技車（双防振+Maestro）	
ロードバイク				Urban R 系列 Urban R Alliance FCR FCR Zero FCR Alliance OCR OCR Alliance TCR TCR alliance TCR Composite Xtril/Lafree/Revive	TCR Advanced
電動自転車					
室内ペダル踏み健康自転車					
時間				Tempo	

（注）輸出見積り：高価格自転車は250ドル以上（3,500ドル以上がある）。中価格自転車は100～250ドル。低価格自転車は100ドル以下。
（出所）ジャイアントの資料。ただし、車種のモデルチェンジが速いため、最新カタログと異なる場合がある。

図 3-3 ジャイアントの技術のプラットフォーム

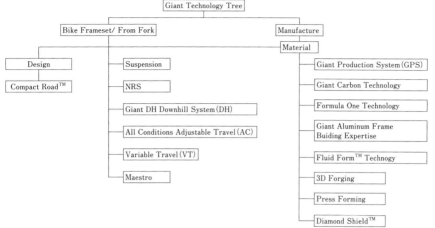

(出所) ジャイアントの資料による。

ジャイアントの最も重要な技術は自転車のフレーム,ホークなどのコア・ケイパビリティである(図3-3)。

①設計技術:ジャイアントは人間工学,流体力学(風洞テスト)による設計を重視し,伝統的なフレーム設計とは大きく異なっている。イノベーションによる機能性をセールスポイントにしている。防振設計によって,地面からの振動の伝達を減少させ,人体工学の設計に合わせて,快適に省力に,乗りやすくさせる(オフロード向けの設計)。そして,流体力学を応用し,抵抗力を極限までに減らし,スピードを追求する(ロードレース向けの設計)。そのほかに,自転車の外形設計の上,ジャイアントは国外有名な設計家を招いて,製品の設計チームに加入するか,国内外の設計企業との協力を得て,設計上のファッション性およびモダン性をセールスポイントにしている。具体的に言えば,1992年のバルセロナ・オリンピックのロードレースでチャンピオンチームのバイクを設計したイギリス籍のマイケル・バローズ(Michael Burrows)を招聘し,1994年から氏は製品の設計開発チームに加入した[22]。そのほかに,マウンテンバイクの世界チャンピオン選手のアメリカ籍のジョン・トマック(John Tomac)を招聘し,製品の設計開発チームにも参加させていた。

②防振システム:フレーム設計から延生したコア・ケイパビリティの重点は,

図3-4 ジャイアントのコア・ケイパビリティ

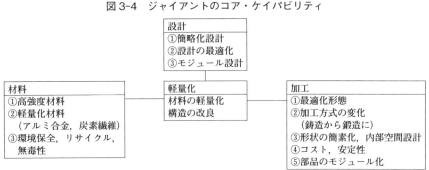

(出所) 筆者の整理。

舗装されていない道路の地面からの振動を吸収し、ブレーキをかけたときやペダルを踏むときの反発力の低減を図る技術の開発である。この油圧式防振システムはマウンテンバイクなどに搭載されるジャイアントのコア・ケイパビリティである。

③新素材の応用：新素材は先端技術の開発時に不可欠なコア・ケイパビリティである。炭素繊維やアルミ合金などの新素材を製品に導入すると、付加価値を向上させることができる。重さの低減、強度、快適性、環境エコなどは高級バイクが追求している目標である。マグネシウム合金の重さは同じ大きさのアルミ合金の3分の2の重さである。マグネシウム合金は重さが軽く、耐衝撃性などの特性を持ち、バイク製造企業はマウンテンバイクおよびレースバイクなどの付加価値の高い車種に使われる。しかし、その加工技術のレベルが高く、材料の単価が高い、マグネシウム合金を大量に使用するには技術の向上、稼働率（良品率）および設備の整備・投資を強化する必要がある。大量に製造するとマグネシウム合金のコストはアルミ合金のコストよりも低く抑えることができると考えられるが、短い期間でマグネシウム合金はアルミ合金に代替することができない。しかしながら、ジャイアントは新素材の開発に多くの研究資金を投入し、着実に製品化が進められている。

④製造技術：現在のバイクの素材に使用されているアルミ合金および炭素繊維などの複合新素材の鍛造、溶接、接合および一体成型の鋳造、塗料の表面加工などの製造技術もジャイアントのコア・ケイパビリティである。

ジャイアントのコア・ケイパビリティはバイクのフレームおよびホークのイノベーションである。図3-4はジャイアントのコア・ケイパビリティを示したものである。バイクの軽量化を図るために，設計の簡素化，最適化，モジュール化を重視している。高強度の新素材，軽質の材料（アルミ合金，炭素繊維），回収再利用可能な環境エコの素材を使用し，人体に有害な物質を使用しない。最適化加工の形態，加工方式（一体成型の鋳造，鍛造）の変更，形態の変化（材料内部の空洞設計による軽量化），原価の低減，安定性の維持，部品のモジュール化の追求などである。

表3-4はジャイアントのバイクにおけるコア・ケイパビリティの応用を示している。同表は防振，速度効率，速度安全，頑丈耐用性，ファッション性，環境エコなどを特に重視している。新素材を採用し，軽量化を図り，バイクの材質は伝統の鉄製品からクロム・モリブデン合金，アルミ合金，炭素繊維に発展し，現在注目されているのはマグネシウム合金である。マグネシウム合金はアルミ合金よりも軽く，耐久性に優れていて，耐摩耗性，耐衝撃性などの長所を持ち，ジャイアントの開発チームから重宝されている。現在，ジャイアントはマグネシウム合金をフレーム，ホーク，ブレーキ，リムなどの部品に使用している。

新製品の開発時にはマーケティング調査，設計および技術の3者が不可欠である。マーケティング調査によって市場の貴重な情報を入手し，いち早く市場の動向を察知して，消費者のニーズを掌握する必要がある。設計に人間工学や流体力学を応用し，消費者から共感を得ることができ，製品の付加価値を向上することができる。新素材や製造技術の開発によって製品のイノベーションをもたらし，機能向上によって消費者からの信頼を勝ち取ることができる。

図3-5はジャイアントのバリューチェーンを示している。同図にはR&D，製造，販売，流通，アフターサービスおよび管理運用の機能が含まれている。ジャイアントは世界経営戦略，新製品の開発戦略，R&D戦略および知的所有権の管理を行っている。

(2) 製造基地

ジャイアントは台湾，中国およびオランダの3つの製造基地を構築し，6つ

表 3-4 ジャイアントの

パフォーマンス		NRS	Maestro Suspension
防振	後防振	Linkage Arms の連結機構とシーソーゲームの原理が類似。一方は車輪が力を受けて上に移動、バネが圧縮する。他方は、乗車者が下に踏み、バネが引っ張られる。防振装置が No-Sag に設定された場合、完全に引っ張られる状態になる。	低重心、独立運用（フレーム設計）の後防振システム。線形防振効果、操作力の強化。
	前防振	地形からの振動を吸収し、反弾力になり、踏む時に防振装置を圧縮し、体力の損失を避ける。	
	ロード状況		過酷の通行状態
速度の効率	力の伝達が速く、有効的	体力（エネルギー）損失の減少フレーム4連結幾何学的設計、延長防振装置と無預圧設定（No Sag）の搭載。	フレーム回転設計により後防振システムと伝動システムが互いに妨害がなく、乗車者のエネルギー損失を最低に低減する。
	チェーンの引っ張り防止、ペタルの踏みがスムーズ		線形防振によるスムーズで、確実な防振作動。最も低いチェーンの引っ張り効果を発揮。
	大寸法		
	重さ低減		
速度安全	ブレーキ膠着防止		ロット機構設計、ブレーキ時に防振装置は影響を受けない
頑丈耐用	頑丈強度の向上		
	錆防止		
流行性	美感、流行		
環境保護			

（出所）ジャイアントの資料。

第3章 ジャイアント（巨大機械工業）

コア・ケイパビリティ

AC調整可能式防振システム	Compact Road™ Design	Diamond Shield™	Fluid Form 液圧成型
異なる道路状態に対し，自らが防振を調節可能（3.5'，4.5'，6'…8.8'）			
	空気力学をロット設計に導入。最適化の形状，重さと強度。		
	幾何学的設計		
	炭素繊維の材質		
	炭素繊維の材質		高油圧のアルミ合金をパイプに注入（ALUXXとALUXX SL Super Lightアルミ合金）。フレームは標準型の円型や板状成型よりも強度が高い（18%アップ）。Fluid Form 成型過程にフレーム圧縮に強い圧力，アルミ合金が高密度構造に，割れと金属疲労を防止。
		ART（Anti Rust Technology）錆防止技術。環境によるダメージを防止（酸性雨，湿気，塩害），色が長く持つ。	
			流線型フレーム
		Eco-Friendly	

図3-5　ジャイアントのバリューチェーンと支援システム

（出所）　周延鵬『虎與狐的智慧力』遠見天下文化出版，2006年を基礎に改編。

の自転車製造工場，1つの電動自転車工場および3つの材料工場を擁している（表3-5）。ジャイアントが中国に進出した動機は生産コストの低減であり，コストの優位の追求である。海外に製造基地を構築する目的は世界各地に製造の有利な条件を運用し，各工場のサプライチェーンを互いに連結する国際分業によって，比較優位を存分に発揮することである。

1993年にジャイアントは上海近くの昆山に自転車製造工場を設立するようになった。事実上，台湾の他の自転車製造企業の中国進出は1988〜1989年であり，ジャイアントの中国進出は他社と比べると遅いのである。他社が中国進出時に，ジャイアントは対中投資には高いリスクが存在していると考えていた。また当時，ジャイアントは自社ブランドの構築に力を入れていて，技術能力の向上によって経営体質の安定化を図っていた。

ジャイアントの上海近郊の昆山工場は中・高級車種バイクを製造し，台湾の工場では高級車種の製品を製造していた。1994年に昆山工場の操業が開始され，当時では1999年の生産量は150万台に達すると計画した。事実上，1999年の生産量は171万台，売上高は34億台湾元に達し，予測を大きく凌駕した。その後，工場を持続的に拡張し，2003年の生産量は256万台に達した。海外向けの輸出比率は56.2%である。

ジャイアントが昆山工場の設置前から中国市場に注目したのは，流通・販売

表3-5 ジャイアントの製造基地

配 置	企業名	業務範囲	戦略的意義	将来の目標
中国	ジャイアント中国公司 (1993年, 昆山)	製造, 組立, 約半分は日本, アメリカなどに輸出, 約半分は中国市場に供給。	中級車種, 原価の優勢によって, 中国市場に進出。	中国内需市場の拡大。
	ジャイアント電動車有限公司 (2006年, 昆山)	電動自転車の製造, 販売, アフターサービス。	市場の潜在力が大きい。中国の電動自転車市場を獲得。電動車事業部を独立。	新製品市場の開拓。将来, 医療用電動車領域の潜在力が大きい。
	泉新金属製品公司 (1997年, 昆山)	アルミ合金のパイプ材, 形材, リムの製造。	材料工場。アルミ合金の製造技術, 部品の掌握。川上段階の原料の掌握。	材料の応用。自動二輪車のリムを製造。
	巨鳳公司 (1993年, 上海)	児童用自転車, 青少年用自転車。	設立当初の目的は中国市場の流通チャネルの理解。	
	ジャイアント軽合金科技公司 (2002年, 昆山)	新型合金材料などの製造。	アルミ合金の供給。	
	ジャイアント成都公司 (2004年, 成都)	バイクの製造, 組立。	中国大西部地域の市場の進出。	販売による製造を促す運営モデル。
	ジャイアント天津工場 (2007年, 天津)	バイクの製造, 組立。	華北と東北地域のバイク市場に提供。一部分は日本と韓国市場に提供。	中国内需の拡大。
台湾	巨大機械工業有限公司 (1972年, 台中)	フレーム, フォークの製造。バイクの組立。	高級車種の製造。高付加価値戦略。	世界運営本部。
	巨瀚科技公司 (1999年)	炭素繊維の複合材料の製造。	材料工場。高級車種炭素繊維フレームの供給。	材料応用の範囲の拡大。
オランダ	ジャイアント・ヨーロッパ (1996年, オランダ)	製造, 組立。マウンテンバイク, ツーリスト用バイク。年間生産量は約30万台。	製造工場。ヨーロッパ市場に近く, 市場のニーズを直ちに反応。輸送費の節約。EUによる台湾や中国の輸出製品にダンピング課税の衝撃の回避 (1992年2月から2004年2) 月まで課税)。	特殊車種の開発。

(出所) 筆者の整理。

の掌握が中国市場で勝敗の決め手であると考えていたからである。中国市場の流通の課題を克服するために，1993年にジャイアントは上海の老舗の鳳凰自転車（フェニックス）と合弁企業の巨鳳自転車（ジャイアント・フェニックス）を設立し，児童用自転車と青少年用自転車を製造した。鳳凰自転車は中国の有名な自転車企業であり，年間生産量は500万台である。1991年にジャイアントと鳳凰自転車は合弁企業計画の接触があったが，工場建設の土地，権利，義務などの協議に最終的なコンセンサスが得られず，具体的な進展がなかった。

ジャイアントが昆山工場を設置したあと，鳳凰自転車は合弁企業計画に積極的になり，土地や工場の設置などの課題を解決するようになった。1993年に上海の浦東で合弁企業の工場を設置し，ジャイアントの技術特許など90万ドルを美嘉公司の持株に計上した。合弁企業・巨鳳自転車の美嘉公司の持株比率は4.5%である。売上高に占める持株比率は申告規定に達していないために，ジャイアントのグループの合併申告報告書には合弁企業の巨鳳自転車の運営データが含まれていない。現在，ジャイアントと鳳凰自転車の協力関係は解除された。

川上段階の素原材料を統合するために，1997年にジャイアントは泉新金属製品（昆山）公司を設立し，アルミパイプ，アルミ圧延加工に従事した。ジャイアントが中国市場に進出したあと，売上高および利潤が持続的に増加した。2002年の泉新金属製品（昆山）の売上高は8億2,100万元に，税引き後の純利益は1億2,900万元に達した。2002年に昆山にジャイアント軽合金科技公司を設立し，ジャイアントに材料を提供している。2001年第4四半期から昆山工場は電動自転車を製造した。電動自転車の市場潜在力が大きいため，後には電動自転車事業部を独立して「捷安特（ジャイアント）電動車有限公司」を設立し，電動自転車の専門製造企業になった。

2004年にジャイアントは中国の西部市場を開拓するために，成都でジャイアント（成都）公司を設立し，初年次の生産能力を40万台に設定した。成都に工場を設立する目的は製造と販売の一体化を図り，市場のニーズに供給できるバイク製造基地の構築することである。2007年に天津工場を設置し，華北と東北地域のバイク市場に供給し，一部は日本と韓国に供給している。

1986～1991年にジャイアントは海外で自社ブランドの「GIANT」バイクを

販売するために，海外子会社を設けて販売業務を開始するようになった。オランダにジャイアント・ヨーロッパを設け，その後，アメリカ，ドイツ，イギリス，フランス，日本，オーストラリアおよびカナダなどに持続的に支社を設けるようになった。

　海外の子会社の設立を通じて，ジャイアントは各地の市場の特性，構造，現地の文化と生活習慣，消費者のニーズなどを理解するようになった。世界の自転車市場を分析したあと，ヨーロッパ市場では消費者にとってバイクは文化と生活との密接な関係を持っていたと，ジャイアントの執行部は気がついた。現地の政府は多くの自転車道路を敷設し，消費者はバイクの品質と環境エコとの関係を重視していた。ヨーロッパ市場では自転車は交通ツールと休暇時のレクリエーションに多く使われていて，年間の需要量は約1,700万台である。

　ヨーロッパ諸国にはそれぞれ個別の市場が存在し，これらの市場を開拓することは，ジャイアントはヨーロッパの他社や台湾の他社との熾烈な競争に直面することを意味する。当時，ヨーロッパ市場に販売する台湾各社のバイクは，台湾や中国で製造したあとに輸出していた。人気の車種が出て，現地の在庫量の不足が発生した場合，台湾で追加的に生産し，輸出すると約2ヵ月の遅延が発生する。自転車が現地に到着した時期に，すでに市場ニーズの変化が発生している可能性がある。他方，ヨーロッパの現地で自転車を製造した場合，ヨーロッパ市場からのアンチダンピングの訴訟を回避することができるからである。

　ジャイアントは現地のニーズに直ちに対応し，市場の変化を掌握して，多車種バイクで消費者のニーズを満たすために，市場のニーズ，輸送コスト，税金，人的資源などの要因を考慮したあと，1996年にオランダに進出し，消費市場の近くに工場を設置するようになった。

　ジャイアントは中国に進出したが，台湾工場の製造を停止することなく，高付加価値の設備，新素材技術の導入に積極的に投資し，高級車種バイクのR&D能力を強化した。ジャイアントは既存の技術能力とサプライチェーンの優勢を利用し，ブランドの追求と販売を統合し，台湾工場には高級バイクのR&Dサプライセンターを構築している。同時に，ジャイアントはA-Team（Aチーム）計画を主導し，台湾のバイク産業の競争力を向上し，共存共栄を図っている。A-Teamについては第Ⅴ節で詳しく述べることにする。

ジャイアントは「新素材」の開発に多くの資金と人材を投入し，材料技術の発展を重視していた。サプライチェーンの川上段階の材料に向かって垂直統合を行い，中国と台湾に独立した材料工場を設置し，アルミ合金および炭素繊維の材料のR&Dおよび製造技術の改良を行っている。ジャイアントは川上段階の重要原料のコア・ケイパビリティを掌握している。完成車の製造コストから見ると，材料コストは全体の67%を占めている。そのために，材料の応用技術の改善によって，製造コストの低減を図ることが大きな課題である。

　ジャイアントは製品の品質の向上，製造速度および生産コストの低減を掌握するために，1978年にトヨタ生産方式（TPS）を導入し，GPS（Giant Production System）と称していた。生産プロセスを持続的に改善し，品質の向上，製造の効率アップ，在庫量の低減によって損失を減少することである。GPSの最初の生産目標は「8H7D」である。それは1台の自転車を材料から組立まで8時間内に完成させ，部品の在庫量は7日間を超えないという意味である。当時，ジャイアントのバイクの組立過程には20時間（2日半の工作日）で，原料の在庫量は半月分である。現在，「8H7D」の目標は達成でき，ジャイアントの重要なコア・ケイパビリティになった。

(3)　グローバルR&Dセンターと生活スタイルの追求

　ジャイアントは台湾本部のR&Dセンターの統轄，欧米と中国のR&Dチームおよび世界各地の販売と流通管理を統合し，多国間のR&Dおよび国際分業を推進している。台湾本部のR&D費は売上高の2%以上である。グローバルR&Dチームは150名を擁し，台湾に100名，その他の50名はヨーロッパ，アメリカと中国に分散している。台湾本部は新素材，新車種およびコア・ケイパビリティの開発，グローバル市場で販売する車種モデル（Global Model）の開発を担当している。2002年10月にジャイアントは経済部（経済省）の「産業イノベーションR&D技術センター推進計画」に沿って，台湾にR&Dセンターを設立した。その場合，低金利の融資ができ，開発専門プロジェクトの補助およびR&D費用を所得税の減免対象になることができ，経営体質の改善および競争力の向上に大きく寄与することができると考えられる。

　それぞれの地域市場に消費者が求めるニーズには異なる特性の需要があり，

第3章　ジャイアント（巨大機械工業）　　　　　　　127

　ジャイアントが設置したグローバル R&D センターは地域市場での異なるニーズに直ちに応えることができ，それぞれの R&D の特徴を持っている。具体的に言えば，中国市場では電動自転車を推進し，そのためにバッテリー技術は R&D の重点である。アメリカの R&D センターではマウンテンバイクの防振技術，ヨーロッパの R&D センターではレースバイクの技術開発が得意である。各地で開発された技術を台湾本部で統合し，自転車の製造過程に導入している。
　ジャイアントは 1992 年のスペインのバルセロナ・オリンピックでバイクレースのチャンピオンチームのバイク設計者でイギリス籍のマイケル・バローズ（Michael Burrows）を招聘し，1994 年から自転車の設計を担当するようになった。そのほかに，マウンテンバイクの世界チャンピオンのアメリカ籍のジョン・トマック（John Tomac）を招聘し，設計チームに参加させている。バイクの設計の上で，消費者の生活形態の変化を意識し，機能性の設計を強調するほかに，消費者の生活形態に合わせた設計も強調するようになった。多くのバイクの設計は世界各地市場のニーズに合わせる必要がある。バイクの外観の研究，開発，設計，技術，製造過程によって，製造設備，材料，製造，生産技術，包装，流通，在庫および企業が備えるすべての機能に影響を及ぼすことである[23]。
　製造業にとって最も困難な課題は，自社ブランドと ODM 生産を両立させることである。また，ジャイアントがグローバル戦略を実施時に，主要市場の共通したニーズにターゲットを合わせることである。同時に，ヨーロッパとアメリカの市場に合わせて，現地市場の消費者の好みに合うバイクの車種を開発することである。
　ジャイアントが現地向けのバイクを設計する場合，製造コストの要因も考慮している。具体的に言えば，ジャイアントがレース向け車種を開発する場合，プロ選手にはオーダーメイドの要求がある。選手の身長に合うフレームを注文する。異なる身長のプロ選手に，ジャイアントは彼ら自身に合う最適のフレーム寸法を用意する。選手の要請を満足させるために，ジャイアントは設計時に 4 フィート 11 インチから 6 フィート 7 インチの異なる 6 つの寸法のフレームを備える必要がある。これらの寸法を備えることは，消費者のオーダーメイドを満足させるだけでなく，有効的にコストを低減させる。プロ選手のニーズか

ら派生した設計技術（Giant Compact Road Design）は，その後にはグローバル高級バイクの車種の設計に運用されるようになった。

　ジャイアントが伝統的な自転車産業の構造から高度化と大きく変貌することができたのは，製品のバリューチェーンに「イノベーション」および「設計」の重要な要因を導入したためである。さらに，長期にわたり世界のバイク市場を積極的に開発し，各地の販売チャネルを構築して，それぞれ地域市場の異なる特性とニーズを満足させることができたからである。新車種のR&Dと設計の場合，各地域の市場情報を世界の3つのR&Dセンターにフィードバックさせ，国際分業を推進している。

　近年，世界の消費市場は自己個性重視の消費者のニーズ（個性化，数量制限，感性など）を追求するようになり，ジャイアントはその消費者のニーズに応える努力に励んでいる。設計とマーケティング戦略においてジャイアントは独創的なブランドのスピリットを注入し，「バイクに乗る楽しさ」を強調してきた。消費者がジャイアントを購入するのは単なる機能性の追求だけではなく，ブランドの持つ象徴によって個人のアイデンティティと生活態度を代弁している。「GIANT」のブランド経営の方向性は，個性化，特色化およびアイデンティティのイメージの追求に向かって推進している。具体的に言えば，近年に開発した新型車種は「生活スタイル重視」を強調し，「生活課題の体現」をもって，他社の製品との差別化を図っている。

V. 戦略的同盟 A-Team

(1) 戦略的同盟の動機

　中国や東南アジアの安価な自転車が大量に出荷され，価格の悪性競争に陥って，その影響を受け2003年に台湾のバイクの輸出量はわずか300万台まで減少し，産業の空洞化現象が進むようになった。国際競争の白熱化に直面し，ジャイアントは競争ライバルの美利達工業（Merida＝メリダ）を誘い，台湾国内の11社と共同で戦略的同盟のA-Team（Aチーム）を組織するようになった。その目的は台湾のバイク産業の環境を改善し，台湾のバイク産業に新たな活力を注入しようと期待した。「A-Team」は非営利組織の学習組織であり，初期

はジャイアントとメリダの2社が発起人になり，経済部（省）工業局の中心・衛星（センター・サテライト）センターの指導のもとで11社の企業を組織したものである．

A-Teamはトヨタ生産方式（Toyota Production System：TPS）を導入し，協力によって管理，R&D，マーケティングなどの産業の高度化を推進するプロジェクトである．その目標はサプライチェーンの運用，パフォーマンスの改善のほか，イノベーション能力の向上であり，それによって台湾は世界のバイク産業を主導することを試みていた．A-Team構想は部品工場，組立工場から販売部門の製品の流れを改善することである．ライバル同士がパートナーのように協力する経営戦略の考えを聞いたとき，同業他社は不思議に思った．その後，バイク企業間の密接な交流を通じて，意見の交流やコンセンサスを得て，台湾のバイク産業の高度化を推進することができた．要するに，中国や東南アジアのバイク製品は低価格市場に溢れ，台湾のバイク企業は高級バイクおよび高品質製品へのシフトによって差別化を図るようになった．

その後，A-Teamはジャイアントとメリダの台湾のトップ2社のリーダーシップによって組織されるようになった．メンバーはA-Teamの目標とプロジェクトを共同で設定し，3ヵ月ごとに検証を行い，メンバーは他社の工場を見学できるように開放し，メンバー間での良性競争と改善を引き起こすようになった．A-Teamはバイク産業のサプライチェーンの協力方式を改善することであり，川上段階から川下段階に至るまで情報の透明化によって，製造企業から小売企業までの自らの価値および消費者のニーズを知るようになり，自らのR&D能力を向上するようになった．

バイク産業はサプライチェーンの構築が主であり，部品は異なる車種によって200～2,000種類に分けられ，バイクの生産過程には多くの部品が必要になる．バイク産業ではバイク組立企業とバイク部品企業が分けられ，多くは中小企業であり，単独ですべての部品を製造することができない．そのために，協力のネットワークシステムが形成され，産業内分業が行われた．組立企業はセンター工場，部品企業はサテライト工場であり，互いに助け合いで共存共栄の関係を保っている．台湾のバイク産業のセンター・サテライトシステムのうち，センター工場とサテライト工場との間には従属関係がなく，1つの部品企業は

いくつか異なるセンター・サテライトシステムに所属している。要するに，異なる組立企業のセンター・サテライトシステムに共同の部品企業を使う場合もある(24)。これは日本の企業グループの「系列」システムとは異なっている。

産業の分業において，バイク組立企業の多くは自らがフレームや一部の特殊部品を製造している。多くの部品は部品製造企業から購入する場合が多い。通常，部品のコストはバイク1台の70％を占めている。特に，シマノの変速機やブレーキは高級バイクに不可欠の部品である。シマノの変速機やブレーキの市場シェアは60％を占め，そのうち，高級バイクに使われる市場シェアは80％に達していた。

1990年に経済部（省）工業局とバイク部品企業は共同出資によって「自転車工業R&Dセンター」を設立し，バイクの開発に尽力し，企業の品質向上に協力している。同時に，工業技術研究院（ITRI）機械工業研究所と材料研究所は材料と部品の開発に投入し，そのうち，変速機の開発に成功し，その技術を台湾の部品製造企業に移転し，それによって，自転車の重要部品を日本の企業に依存することから離脱することができた。

バイクは輸出志向工業化の典型的な製品であり，製品の輸出比率は7割以上である。そのために，台湾のバイク業界と政府は共同で自転車専用道路の敷設，ロードレースや休暇時のサイクリング活動を推進し，2006年からバイク産業の内需比率の上昇が見られるようになり，2008年の内需比率は29.8％に達するようになった。ジャイアント，美利達工業の「Merida（メリダ）」，永輪工業の「Wheeler（ホイーラー）」などは国際的に有名なブランドであり，そのほかは海外の有名ブランドのOEM・ODM生産を行っている。バイクの部品製造企業は完成車の輸出チャネルを通じて，部品を海外の自転車製造企業に提供することやアフターサービスの保守用として使われている。

2013年の売上高によると，自社ブランドのジャイアントは543億9,200万台湾元とメリダは253億900万台湾元である。主に中国市場で優れた製造および運営パフォーマンスを構築した。OEM生産の愛地雅（Ideal Bike）は欧米企業からの生産委託の減少によって，同年の売上高はわずか47億5,700万台湾元に減少した。同年の部品製造企業の売上高は芳しくないが，2014年の台湾国内のバイク景気の回復によって，内需量の増加気配を見せるようになった。

(2) 戦略的同盟の形成

2003年1月,ジャイアントの羅祥安総経理(社長)は台北バイク展覧会でA-Teamを組織すると発表した。その背景には台湾のバイク製造企業がコストの低減を求め,中国に進出して工場を設けるようになったことがある。それによって,今まで台湾で蓄積された経験やノウハウが次第に流失する危機に直面するようになった。しかし,中国現地では低価格製品による悪性競争を受けて,バイク産業が泥沼に落ち込むようになった。ジャイアントとメリダは台湾のバイク組立企業と部品企業のバイク産業サプライチェーンの統合によって,新たな産業への転換を期待していた。

図3-6はA-Teamのメンバーの組織図である。賛助会員は台湾のOEM・ODM生産企業に受注する欧米ブランド企業のColnago(コルナゴ),Scott(スコット),Specialized(スペシャライズド),Trek(トレック),Dahon(ダホン),Hayes(ヘイズ),Brake(ブレーキ)およびNBDA(全米自転車協会)などである。組立ブランド企業はジャイアントとメリダの2社である。部品企業は17社である。

図3-6 A-Teamの構成メンバー

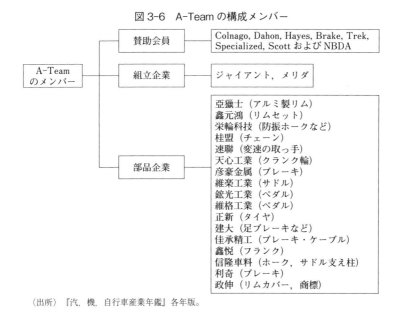

(出所)『汽,機,自行車産業年鑑』各年版。

表3-6　A-Team 連盟の活動時期と内容

段階・時期	内容
第1段階（2003～2005年）	
2003	メンバーの製造と運用の方向性（Time to Market），持続的推進。
2004	メンバーの新製品開発能力，ツールとシステムを強化，新製品の流行趨勢の開発計画の協力。
2005	世界の専門小売業者と協力，合理的価格と利潤でイノベーション価値を開発し，高品質の製品，緊密で高い効率のサプライシステムを通じて，専門小売店舗の機能が他の流通チャネルを超え，より高い競争優勢をキープする。
第2段階（2006～2008年）	JIT（ジャスト・イン・タイム） Best Quality（最高の品質） Value Innovation（価値イノベーション）
第3段階（2009～2011年）	実力（Strength）。メンバーの TPS/TQM/TPM の実力。活性化→深化→進化→超越。 マーケティング（Marketing）。製品の多元的なイノベーションの設計，ブランド価値の持続的な向上，国際流通チャネルの推進と経営。 自転車アイランド（Cycling Island）。メンバーチームの交流，台湾の「自転車アイランド」の構築。
第4段階（2011～2014年）	実力（Strength）。3T 管理の日常化，優良品質，低価格，by VA/VE。 イメージ（Image）。新しい模範（Quality＝品質，Delivery＝納品・出荷，Fashion＝流行・スタイル），炭素の足跡（Carbon Footprint）。 「バイクに乗る楽しさ」，台湾の「自転車天国」（Cycling LOHAS）の構築。 ホーム・マーケットのバイク文化の拡大推進。

（出所）　A-Team のホームページ（http://www.a-TEAM.tw/TEAMw.asp）。

　戦略的同盟の A-Team は2つの核心を持つ同盟組織であり，センター・サテライトシステムの同盟関係，この2社の互いに競争し合うセンター企業が17のサテライト企業を引率し，組織したものである。A-Team 事務局を設け，活動の企画および事務の協調作業を担当する。A-Team 事務局は工業局センター・サテライトセンターとの協力によって，A-Team の活動を推進する。具体的には，実習活動，TPS 指導チームの定期指導，3ヵ月に1回の学習交流活動，半年1回の成果発表会などを行っている。
　表3-6 は A-Team が実施してきた活動の4つの時期である。A-Team の初期の活動は共同学習に力点を置き，トヨタ生産管理システム（TPS）を導入し，共同開発および共同のマーケティングなど「共創」活動であり，外部の専門家

を招聘し，デザインおよび工業設計などの講義を行う(25)。2003〜2008年はトヨタ生産管理システムの「カンバン」（Just in Time）方式の学習と導入，優良品質（Best Quality）の追求，価値創造（Value Innovation）の開発を中心に行っている。2009〜2011年には実力（Strength），マーケティング，自転車アイランド（Cycling Island）を目標に推進している。2011年から2014年においては実力（Strength＝強さ），イメージ（Quality＝品質，Delivery＝納品・出荷，Fashion＝流行・スタイル，Carbon Footprint＝炭素の足跡），自転車天国（Cycling LOHAS）を目標にA-Teamの活動が推進されている。

2004年以降，2社のバイク組立企業はA-Teamの戦略同盟で新たな試みを始め，ジャイアントはRevive（再生）シリーズの製品，メリダは2005年にJuliet（ジュリエット）シリーズの製品を開発し，製品開発の上でも新しい飛躍があった。ジャイアントのReviveシリーズは2つの段階に分けて施行され，最初の段階はイメージからバイクの実体確認のステップで，約80％の比重を占め，基本的にはジャイアントの技術センターがコンセプトを完成させる。第2の段階は共同でバイクの実体を理解し，確認後に分業を進め，約20％の比重を占めている(26)。具体的に言えば，製品を共同で開発したものがあり，維楽工業は着座のサドル，彦豪金属はブレーキシステムを開発した。ジャイアントが設計，桂盟が後輪駆動のチェーンを担当している。ある製品はジャイアントが仕様をあげて，正新がタイヤ，建大が足ブレーキなどの開発を行った。

メリダのJulietシステムは女性消費者市場向けの開発に位置付けていた。類似の車型に比べて，Julietは外観，サドル，ハンドルバーに手を入れて，いままでの製品から大きく変更した。メリダは女性の消費者に受け入れられる価格と重さで，この車型を開発したことになる。この車型にメリダは異なる部品の開発を協力部品企業に依頼し，正新は300グラムのタイヤ，彦豪金属は200グラムのブレーキシステムを開発し，重さは一般の部品よりも30％以上も軽くすることができた(27)。

A-Teamが組織された後にメンバーの部品の在庫量は3割から4割以上も減少し，出荷期間は短縮するようになり，多品種少量の高付加価値の製品製造に優れた成果をあげるようになった。A-Teamのメンバー間では開発コストの共同分担，利益の共同享受の課題を考えるようになった。具体的に，ジャイ

アントと協力企業が長期契約を締結し，注文，出荷期間，代金の支払および品質など課題解決の根拠にした。開発の費用において，金型費用およびリスクの共同負担の傾向を定めるようになった。

　ジャイアントが OEM 生産期以降にセンター・サテライトシステム（中心・衛星システム）を構築し，台湾国内のサプライチェーンを統合して，OEM 生産が順調に成長するようになった。グローバル・ブランド構築期に入った後に次の国際間のサプライチェーンを統合するようになった。ジャイアントは台湾工場の位置付けを高級バイクの R&D と製造基地に定めた。しかし，高級部品の部品企業の協力がないと，達成することができない。そのために，ジャイアントはグローバル・バリューチェーンの構築の視点から，台湾のバイク産業の位置付けを決めるようになった。そして，A-Team 計画の発展を主導し，産業のイノベーションと高付加価値化を牽引する方向に向かうようになった。

　ジャイアントは，A-Team 計画のバーチャル作業のプラットフォームを構築した。先端新製品の開発に合わせてこのプラットフォームを使い，情報を直ちに R&D チームに伝達するシステムである。それによって，製品の開発期間の短縮，政策決定の速度と品質の向上を図っている。ジャイアントは A-Team のバーチャル作業プラットフォームを統合している。その目的は産業バリューチェーンのメンバーの R&D 能力と水準を向上して，新製品を素早く，柔軟に開発することを図っている。A-Team 計画は単なるサプライチェーンの統合だけでなく，「グローバル・バリューチェーン」の視野で産業構造の再構築にある。ジャイアントにとって，台湾は世界における高級バイク車種の R&D，製造および販売の中軸の位置付けである。全産業の発展趨勢を過去の製造主体からサービスネット化に移行し，さらに製造活動のトップクラスの工芸品領域に拡大することを期待している。

　ジャイアントは多国間の新製品の開発を通じて，企業の電子情報化による部門間の統合に大きな役割を果たすようになった。近年，ジャイアントは同業他社と共同出資によって A-Team 戦略的同盟関係を構築し，共同で先端新製品を開発した。このプラットフォームを通じて情報を素早く伝達し，製品の開発期間を短縮することができた。A-Team 戦略的同盟関係によって産業のバリューチェーンを向上させ，メンバーの R&D 能力，品質水準，新製品の開発能

力を強化させることができた。A-Teamの目的は単なるサプライチェーンの統合だけでなく,「グローバル・バリューチェーン」を視野に置いて,産業構造の再統合の構築にある。台湾の位置付けをグローバル高級バイクのR&D,製造および販売サービスの中枢に置き,バイク産業は過去の生産システムの構築からサービス・ネットワークの構築に移行するようになった。

ジャイアントの成都工場の設置の目的は中国の国内販売を主としていた。西部地域に工場を設置する目的は,西部地域の市場に接近し,直ちに市場のニーズを反映することができるからである。同時に,製造に柔軟性を持たせ,市場の需要から製造計画を決め,在庫量を減少させる必要がある。

ジャイアントの成都工場はグローバル運営の配置のうち,バリューチェーン統合の新しい経営モデルが提起された。ジャイアントの海外子会社は「マーケティング・サーティライト型 (marketing satellite)」に属し,子会社は販売チャネルおよび顧客サービスを担当した。中国の昆山工場とオランダ工場は「合理的製造者 (rationalized manufacture)」の役割を演じ,一部分の製造を担当し,本社の国際分業ネットワークの一環に組み込まれている。成都工場の位置付けは「製品のスペシャリスト (product specialist)」になるように,子会社を引率し,製造,R&D,マーケティングおよび中国国内の販売を行っている。

ジャイアントはサプライチェーンの中で,イノベーションとサービス主導の「産業経営戦略」を採用し,台湾のバイク産業の「優良品化」を推進している。近年,日欧のバイクブランド企業による台湾のバイク製造企業へのODM生産の委託が増え,特に,高級バイクの注文が増えた。「高付加価値バイク(高級自転車)の増加であり,量的な増加ではない」と言われ,「優良品化」が一段と推進されるようになった。

インターネットとITによるバーチャル共同R&Dプラットフォームを利用し,先端的新製品を共同によって開発し,サプライチェーン・システム,戦略的同盟のA-Teamメンバーが直ちに統合ができ,情報,製造プロセスも標準化を推進することができた。ジャイアントの計画の主要システム・モジュールは,グローバル製品の開発管理システム,R&D環境,顧客共同R&Dのインターフェースシステム,A-Team共同作業指導などの4つの部門の構築が含まれる。A-Team計画は全産業の資源の統合に着眼し,国際競争プラットフ

ォームを再構築し，産業のイノベーションの推進によって競争力の強さも発揮することができると考えている。

　A-Team計画の内容はシステムの高度化が目標に含まれている。具体的に言えば，トヨタ自動車の生産管理システム（TPS）を導入し，専門家を日本に研修に派遣することや専門家が工場に駐在して指導などを行うことである。ジャイアントではGPS（Giant Production System）と呼ばれている。

　A-Teamの高度化計画によって，メンバーにTPSを導入し，メンバーの経営体質を強化する。TPSは伝統的な生産が需要を提供する「プッシュ型」生産方式と異なり，需要（顧客の注文）が生産を牽引するオーダーメードの「プル型」生産方式を採用し，市場のニーズを生産の基礎としている。そして，市場の需要量に応じて生産量を決め，在庫量を低減（リスク回避）させることである。また，製造プロセスにおいても過剰の在庫量の浪費を極限に低減させ，効率アップを図り，ジャスインタイム（JIT）を追求する。まず，経営の体質を改善し，新製品の開発および販売を主軸に，世界のバイクの流行の趨勢を牽引し，バイク産業の発展を主導することである。

　企業が単独で製品のイノベーションを追求するには高いリスクがあり，新製品の開発に失敗すると，企業は高い代償を支払うことになる。A-Teamの共同開発方式はいくつかのサプライチェーンを集結し，新製品の開発前に関連製品の概念を決める。そして，消費者のターゲット層，製品の要求条件を評価し，製品の品質，開発能力を共同で向上させ，開発コストおよび開発期間の短縮を図り，新製品の開発リスクを有効的に分散する。

　開発チームはプロトタイプの段階で製品の規格を構築し，その後に分業を行い，規格に合う部品を製造する。このように製品の機能の掌握度合いを向上させることができた。要するに，この開発方式は新技術の規格制定に有利であり，製品の高付加価値の技術部分を掌握し，国際市場で競争において優勢を保つことができたのである。

おわりに

　台湾におけるバイク産業の発展は，過去の安価な労働力によるOEM生産か

らスタートし，今日のイノベーションによるブランドに展開するようになった。この期間に，ジャイアントは草創期，OEM 生産期，自社ブランド構築期，多国間資源統合期およびグローバル・ブランド構築期を歩み，長年の努力によって今日の成果をあげるようになった。ジャイアントの発展の成功ケースは大変興味を集めるようになった。

　ジャイアントのプロジェクト開発の手順は，ウィールライトとクラークの「プロジェクト・マッピング法」で提起した派生プロジェクト，基盤プロジェクト，革新プロジェクトおよび探索研究プロジェクトのステップを歩み，今日のパフォーマンスをあげることができた。また，エリック・フォン・ヒッペルの「ユーザー・イノベーション戦略」を採用し，ツール・ド・フランスのチームを賛助して，世界トップクラスのプロ選手にバイクを提供している。要するに，プロ選手からの新機能の要求は，企業の「試験室」や「ミーティング・ルーム」からは生まれず，「現場力」の要請から生まれたものである。

　探索研究プロジェクトの時期に，プロ選手の「現場力」の要請から「ユーザー・イノベーション」を生むようになった。そのイノベーションがジャイアントの製品に波及するようになり，世界最大のスポーツバイクのブランド企業の地位を保つようになった。

　ジャイアントのサプライチェーンはイノベーションの追求とサービス重視の事業戦略を採用していた。インターネットおよび情報技術をもってバーチャル共同 R&D 作業プラットフォームを構築し，それによってサプライチェーン，戦略同盟 A-Team のメンバーを直ちに統合することができ，情報の流れができ，標準化部品もでき，ジャイアントは川下段階の企業，顧客および市場のニーズをサプライチェーンの共同協力によって R&D，購買，製造，物流，グローバル運営およびアフターサービスを統合することができた。製造と運営の効率を向上させ，在庫，製造と流通のコストを減らし，カネ，モノ，情報，ビジネスの効率を向上させることができたのである。

［注］
（1）オリンピックを放送している国は 200 ヵ国，視聴者数は約 226 億人，サッカーワールドカップを放送している国は 200 ヵ国，観客数は約 270 億人，視聴者数は約 400 億人

である。そして，ツール・ド・フランスのレースとともに回る人数は 5,000 人，そのうち，3,600 人のメディア関係者が世界中に発信する。レース前にコースのキャラバン隊は 1,600 万のノベルティグッズが配布され，約 1,500 万人の観客が沿道に集まり，180 ヵ国の人がテレビ中継を観ている。土肥志穂『人はなぜツール・ド・フランスに魅せられるのか』小学館文庫，2009 年，150〜151 ページ。

（2）『ツール・ド・フランス 2015 公式プログラム』八重洲出版，2015 年。山口和幸『ツール・ド・フランス』講談社現代新書，2013 年。山口和幸『もっと知りたいツール・ド・フランス』八重洲出版，2012 年。

（3）ジャイアント社のホームページ（http://www.giant-bicycles.com/）および『巨大機械工業年報』2013 年版，および 2014 年版による。

（4）瞿宛文「成長的因素：台灣自行車的研究」（瞿宛文『經濟成長的機制：以台灣石化業與自行車業為例』台灣社會研究叢刊 10，台灣社會研究雜誌社，2002 年，第 8 章）。

（5）謝思全「台湾自転車産業の発展：グローバル企業の誕生」（渡辺幸男・周立群・駒形哲哉編『東アジア自転車産業論』慶應義塾大学出版会，2009 年，第 8 章）。

（6）ジャイアント社のホームページ（http://www.giant-bicycles.com/）。

（7）佐藤幸人「技術発展と技術政策」（施昭雄・朝元照雄編『台湾経済論』勁草書房，1999 年，第 3 章）。小池洋一「OEM とイノベーション：台湾自転車工業の発展」『アジア経済』第 38 巻第 10 号，1997 年。Cheng, Lu-Lin, "Wheeling the Cycle up: Firms, OEM and Chained Networks in the Development of Taiwan's Bicycle Industry," in Cheng and Sato Yukihito, *The Bicycle Industries in Taiwan and Japan: A Preliminary Study toward Comparison between Taiwanese and Japanese Industrial Development*（Joint Research Program Series, 124），Tokyo, Institute of Developing Economies, 1998, pp. 15-16.

（8）Crown, Judith and Glenn Coleman, *No Hands: The Rise and Fall of the Schwinn Bicycle Company, an American Institution*, New York: Henry Holt and Company, 1996; Chu, Wan-Wen, "Causes of Growth: A Study of Taiwan's Bicycle Industry," *Cambridge Journal of Economics*, 21（1），1997.

（9）林静宜『捷安特傳奇』天下文化，2008 年，68 ページ。野嶋剛『銀輪の巨人』東洋経済新報社，2012 年。魏錫鈴『騎上峰頂：捷安特與劉金標傳奇』聯經出版社，2004 年。莊惠鈞「品牌價值評價模型之研究：以自行車品牌為例」台北科技大學企業管理學系碩士論文，2010 年。

（10）林静宜，前掲書，2008 年。陳俊毅「由代工走向品牌：以巨大（捷安特）為例」逢甲大學電子商務碩士論文，2004 年。

（11）Wheelwright, S. C. and Clark, K. B., "Creating Project to Focus Product Development," *Harvard Business Review*, March-April, 1992（田中靖夫訳「プロジェクト・マッピング法」『Diamond ハーバード・ビジネス』1992 年 7 月号）。

(12) Khalil, T. M., *Management of Technology III: the Key to Global Competitiveness: Proceedings*, Institute of Industrial Engineers, 1992.
(13) 「ユーザー・イノベーション」の概念を提起したのが，エリック・フォン・ヒッペルである。氏は「リード・ユーザー法」の具体的な手法を提案した。Hippel, Eric von, *Democratizing Innovation*, The MIT Press, 2005（サイコム・インターナショナル訳『民主化するイノベーションの時代』ファーストプレス，2005年）。
(14) 小川進教授（神戸大学）は上記のヒッペルの訳書の「日本語版によせて」で指摘した。サイコム・インターナショナル訳，前掲書，2005年。そのほかに，エルネスト・コルナゴ（Colnago社の創業者）は，エディ・メルクス（1966年のミラノ～サンレモ優勝，1967年の世界選手権ロード優勝，1968年ジロ・デ・イタリア総合優勝，ツール・ド・フランスのステージ34勝）のことを証言している。「フレームの角度に関してはとてもシビアだった」，「最もパワーが発揮できるマシン作りに一切妥協を認めなかった」，「現在のプロ選手なら……提供されるフレーム数も年間で2～3本程度だろう。……年間26本のフレーム提供はメルクスだからこそ許された数字だ」。メルクスは機材に関しては執拗なまでこだわり，一切の妥当を許さなかったという。山口和幸，前掲書，2013年，102～103ページ。
(15) Leonard-Barton, Dorothy, *Well Springs of Knowledge: Building and Sustaining the Sources of Innovation*, Harvard Business School Press, 1998（ドロシー・レオナルド，阿部孝太郎・田畑曉生訳『知識の源泉：イノベーションの構築と持続』ダイヤモンド社，2001年）。
(16) 黃蘭貴「品牌形象，涉入程度，與延伸契合度對品牌態度的影響：以捷安特品牌延伸為例」中山大學企業管理學系碩士論文，2008年。林淑芬「捷安特脚踏車顧客滿意度調查之研究」高雄師範大學工業科技教育學系碩士論文，2010年。彭家怡「契約代工廠商引進自有品牌之最適競爭策略：以巨大機械為例」中正大學企業管理學系碩士論文，2011年。
(17) 過去において工業技術研究院の特許譲与は非専属特許譲与（Non-exclusive）を優先した。それは，主としては公平性の追求である。しかし，産業のグローバル競争の技術を考えて「非専属特許譲与」と「企業数限定特許譲与」（Restricted license for 2 or 3 Companies）を拡大した。企業数限定特許譲与とは，産業発展戦略に基づいて，特許技術を少数の数社に使用させ，技術の独占性を確保した。葉怡慧「台灣自行車産業專利策略之研究」東華大學國際企業學系碩士論文，2009年。臧之慶「巨大機械研發組織能力構築之研究」東海大學工業工程與經營資訊研究所碩士論文，2004年。張滋彬「企業價値優勢曲線與競爭策略之研究：以自行車産業為例」雲林科技大學企業管理系碩士論文，2006年。
(18) 『巨大機械工業年報』2014年版，2015年，1～2ページ。
(19) 2003年のツール・ド・フランスでOnce（オンセ）チームエースのホセバ・ベロキ

が落車したため,後に解散になった。土肥志穂,前掲書,2009 年,第 3 章。
(20) イタリアのコルナゴ（Colnago）社は世界トップクラスの自転車製造企業である。創設者のエルネスト・コルナゴはロードレースの選手として活躍していた。しかし,1956 年にロードレース時に落車による骨折で選手生命を絶たれ,自転車製造技師としての人生を歩み,カンビアゴに店舗を開いた。
(21) Leonard-Barton, Dorothy, *op. cit*（阿部孝太郎・田畑曉生訳,前掲書,2001 年,第 1 章）。
(22) 李瑞芬「跨國企業之新製品開發與智慧財產管理策略：以巨大機械為例」政治大學科技管理研究所碩士論文,2007 年。夏維廷「自行車連鎖通路店家吸收分析：以捷安特經銷商為例」嘉義大學管理研究所碩士論文,2008 年。鄭柏凱「產品規劃個案研究：GIANT ANYROAD」實踐大學工業產品設計學系碩士論文,2004 年。王維鈴「台灣自行車產業經營模式之分析」南華大學國際暨大陸事務學系亞太研究碩士論文,2010 年。陳淑美「自行車產業國際品牌與通路之建構：以 T 公司為例」逢甲大學經營管理系碩士論文,2012 年。
(23) 周延鵬『一堂課 2000 億：智慧財產的戰略與戰術』工商財經數位,2006 年。吳宗翰「製造業服務化之研究：以巨大集團為例」台灣科技大學工業管理研究所碩士論文,2003 年。裘以嘉「從製造到服務之轉型探討：以華碩,台積電及巨大機械為例」交通大學高階主管管理學程碩士論文,2009 年。
(24) 林錦暖「產業群聚與企業經營策略之研究：以中部地區自行車產業為例」康寧大學國際企業管理系碩士論文,2011 年。陳倚瑄「台灣自行車 A-Team 產業互動策略之個案分析研究」體育學院休閒產業經營學系碩士論文,2006 年。周立鼎「台灣自行車組織間學習與信任構築之探討：以 A-Team 為例」東海大學工業工程與經營資訊研究所碩士論文,2006 年。施正成「台灣自行車產業策略聯盟之關係探討」實踐大學建築設計研究所碩士論文,2006 年。王楨德「兩岸經濟合作架構協議對台灣產業的影響：以自行車產業為例」東海大學經濟學系碩士論文,2013 年。趙國亨「自行車產業新興市場自有品牌建構：以中國市場為例」逢甲大學經營管理系碩士論文,2013 年。
(25) 劉仁傑・Jonathan Brookfield「磨合共創型協力網路的實踐與理論：台灣自行車 A-Team 的個案研究」劉仁傑編『共創：建構台灣產業競争力的新模式』遠流,2008 年。張書文「台灣自行車產業 A-Team 的組織間學習與共創」（劉仁傑編,前揭書,2008 年）。李惠雯「產業競合組織共創價值與跨組織系統探討：以自行車產業為例」中央大學資訊管理學系碩士論文,2009 年。
(26) 劉仁傑編,前掲書,2008 年。顏逸萱「正向競合演化之研究：以 A-Team 個案為例」南台科技大學企業管理研究所碩士論文,2012 年。
(27) 劉仁傑編,前掲書,2008 年。楊佳穎「產業聯盟研究：自行車 A-Team 與工具機 M-Team 比較分析」逢甲大學科技管理研究所碩士論文,2014 年。

第4章　宏碁（エイサー）
――ゲートウェイ，パッカード・ベルなどの
買収による多ブランド戦略の選択――

はじめに

　台湾の多くの企業は，海外の著名ブランド企業からOEM生産（自社ブランドを持たないで，他社の委託製造）やODM生産（自社ブランドを持たないで，他社の委託による設計と製造）を請け負い，世界で名が知られるブランド企業はそれほど多くない。そのうち，エイサーは数少ない著名な台湾のブランド企業である。

　1976年に施振榮（スタン・シー）などによって宏碁が創業された。当時，宏碁が使用した英語名は「Multitech」（マルチテック）であるが，海外他社と同じ社名が使ったために警告され，その後，現在使っている英語の社名「Acer」（エイサー）に変更した。エイサーはどんな沿革や再建を経て，現在に至ったのか。そして，エイサーはどんなブランド戦略を選択したのか，それを究明するのが本論の目的である。

　まず，第Ⅰ節はエイサーの沿革を考察する。これらの期間中にエイサーは数回の改造を行ったので，それを中心に紹介する。続く第Ⅱ節は組織の構成，第Ⅲ節はエイサーのブランド戦略を考察する。そして，エイサーと華碩（エイスース）のブランド戦略も比較する。最後の節は本論のまとめとする。

I．エイサーの沿革

(1) 萌芽期

この節は表 4-1 のエイサーの沿革に沿って，説明する[1]。

1976 年 9 月，榮泰電子から離職した施振榮は，夫人の葉紫華（キャロリン・イー）と，神通電脳（Mitac＝マイタック）でインテルのマイクロプロセッサーの代理業務を担当した邰中和，大学時代のクラスメートの黄少華，林家和（榮泰電子の研究開発部課長），涂金泉（榮泰電子の工業設計担当）および沈立均の 7 人で 100 万台湾元を集めて，宏碁を創業した[2]。このときにマイクロプロセッサー産業の将来に賭けて，施と夫人の葉は 50% を出資し，他の 5 人はそれぞれ 10% を出資した。創業時のメンバーは 11 人であった。

設立初期の 3 つの主な業務は，マイクロプロセッサーの関連業務に従事するほかに，涂は工業設計を担当し，沈は貿易と代理業務を担当していた。初期のほとんどが後者の 2 つの業務に頼って，辛うじて維持することができた。1 年後に涂と沈は離職したために，工業設計と利潤が高い電話受信機のソケットの注文を失い，エイサーにとっては大きな痛手であった。そのために，エイサーはマイクロプロセッサーの関連業務に全力を投入した。

エイサーの設立当初，台湾のマイクロプロセッサー市場は未開発の領域であり，財力の不足で市場の開発は困難であった。やむをえず，エイサーは TI（テキサス・インスツルメンツ）の電子部品の代理業務を行い，台湾の電動玩具企業に供給していた。マイクロプロセッサの業務を推進するために，エイサーは台北，台中，高雄などで「宏亜マイクロプロセッサー研修センター」を開催し，3,000 名以上の技師を育成した。そのほかに，1979 年に月刊誌『園丁的話（開墾者の談話）』を出版し，消費者の教育から着手した。この月刊誌の発行量は 2,000 部から 20,000 部まで増え，マイクロプロセッサのニーズも増加し，市場も次第に拡大するようになった。

設立の 5 年間に国内外企業に四十数件のマイクロプロセッサの応用製品を販売した。1980 年にエイサーは，誠洲電子に台湾初マイクロプロセッサーの端末機を開発した。このビジネスによって，エイサーは莫大な収入を掌中に入れ

表4-1 エイサーの沿革

年別	事 項
1976	エイサーの設立。資本額は100万台湾元，従業員は11名，貿易と製品設計に従事。
1977	エイサー・アメリカの設立。製品の販売流通を担当。供給企業から部品を台湾に転売。 Zilogマイクロ処理機の台湾代理権を獲得。
1978	エイサーと全亜マイクロコンピューターとの合資により「宏亜マイクロプロセッサー研修センター」を設け，技師の訓練を行う。 『園丁的話（開墾者の談話）』雑誌を刊行。情報業界の従業員に贈呈。 台湾初の天龍中国語端末機を設計・製造。誠洲に設計した端末機は，輸出される。
1979	台中，高雄支社を設立。中南部の業務を開拓。
1980	エイサーと全亜マイクロコンピューターとの協力。全亜がマイクロプロセッサーを製造。エイサーが訓練と市場推進を担当。 第1世代の天龍中国語パソコン「天龍1号」を開発。
1981	「小教授1号」学習機を開発。自社ブランドとOEM生産を採用。 新竹科学工業園区でエイサー電脳を設置。資本額は100万台湾元。マイクロ処理機のシステムを製造。 エイサーが中国語入力の「倉頡入力法」を公開。中国語入力の主流に。
1982	「小教授2号」パソコンを開発。台湾初の8ビットのパソコン。 「小教授1号」Plus拡充版を開発。 香港の生産性センターで第2世代の「天龍D75A中国語端末機」を展示。
1983	「小教授2号」がアップル社からの特許侵害の訴訟を受けた。 第3波文化事業公司が設立。情報通信図書の出版を担当。 政府とPC-100パソコン計画（MCP-1）を協力。台湾初のIBMのパソコンXT互換機を開発。 「Multitech」のブランドで輸出。完璧の企業識別システム（CIS）を構築する。 「小教授3号」パソコン学習機を開発。
1984	第4世代中国語パソコン「天龍DCS570」，16ビットパソコンを開発。 エイサーと大陸工程公司と合弁で「明碁電脳」を設立。パソコン周辺機器の製造を担当。 エイサーが台湾最大の展示センターを設置。 香港で支社を設置。海外市場の流通・販売を担当。 在米華人との合弁で「日技」（Suntek）を設立。パソコン技術開発を担当。 欧州で支社を設置。出荷倉庫をオランダに設置。 エイサーと大陸工程公司と共同で投資基金公司の「宏大」を設立。
1985	AT&Tコンピュータ・システムを代理販売。 ドイツ・デュッセッドルフ（Dussedolf）でヨーロッパ事務所を設置。 ドイツで支社を設置。日本で支社を設置。ブランド製品の販売に従事。 台北にパソコン販売チェーンの「エイサー情報プラザ」を設置。 ドイツ・デュッセッドルフ（Dussedolf）でヨーロッパ本部を設置。

表 4-1 つづき

年別	事　項
1986	明碁が台湾初の卓上型レーザープリンターを開発。 揚智科技公司を設立。ASIC の設計に従事。 世界第 2 社目で 32 ビットパソコンを開発。IBM よりも早い。 サンフランシスコのパソコン・サービス企業を買収。 アメリカ・ニュージャージーのデスクトップパソコンの組版システム製造の PPL を買収。 西ドイツのパソコン販売店を買収。 エイサーは「龍騰 10 ヵ年発展計画」を推進。
1987	エイサーが台湾初のレーザープリンターを販売。 エイサーは 32 ビットパソコンを販売。 100 万ドル以下の Convex のスーパーコンピュータを導入。 「エイサーハイテク管理教育センター」を設置。アジア管理学院と学術協力を行う。高雄支社を設置。 英語ブランド名を「Multitech」から「Acer」に変更する。 カウンター・ポイントを買収。ミニコンピュータ領域に進む。 香港・首席公司を設立。のちに，宏碁（香港）有限公司に名称を変更。 日本で高平通商株式会社を設立。1988 年に宏碁（日本）株式会社に名称を変更。
1988	イギリス・ロンドン事務所を設置。フランス・パリ事務所を設置。 住友銀行などの外資の資金を導入。 桃園出荷センターの使用開始。 Service Intelligency アフターサービス企業を買収。 ミニコンピュータ Concer を販売。
1989	アメリカのコンピュータ企業 Unisys との協力，Micro-A 卓上型ミニコンピュータを開発。 ハンブルクの販売店の 50% の株券を買収。 IBM の副総裁の劉英武をエイサー関連企業の総経理とエイサー北米本部董事長に招聘。 エイサーは株券交換方式でアメリカ，台中，高雄支社を合併。エイサーの 100% 投資に。 アメリカ・プリンストン出版試験室（Princeton Publishing Labs）を買収。卓上型組版システムの周辺製品製造の企業。 龍顕国際公司を設立。不動産，非情報通信類の投資。従業員の住宅確保計画。 アメリカ・TI との合弁で「徳碁半導体公司」を設立。DRAM を製造。 関係企業経営戦略会議「天蚕変」（企業改造）を開催。 マレーシア支社を設置。オーストラリア支社を設置。販売業務に従事。 マレーシアでモニターとキーボードの生産ラインを構築。 中国でマザーボードとモニターの生産ラインを構築。 中国卓球選手の丁毅を広告塔として起用。 4 社のハイテク企業と 3 社の外資投資企業との合弁で「立碁国際公司」を設立。
1990	オランダのパソコン企業 Kangaroo を買収。生産能力の拡大。 ヨーロッパ本部をオランダの Eindhoven に移転。ブランド製品の販売業務に従事。 関係企業を 5 つの戦略事業群（SBU），4 つの地域事業群（RBU）に組織を再編。 32 ビットパソコンと LSI の技術をアメリカ・ユニックスなどに供与。

第4章　宏碁（エイサー）　　　　　　　　　　　145

表4-1　つづき

年別	事　項
1990	ト碁資訊を設立。システムの統合，付加価値ネット（VAN）とコンピュータ補助教学に従事。Altos のデンマークとイタリアの支社を合併。ミニコンの技術を獲得。 Unix システムの Altos Computer Systems をエイサーの北米支社に合併。 エイサーのノートパソコン（Acer 1122nx）を開発。電源を消さずにバッテリー交換できる。 パソコンモバイル設計・製造（Modular PC）を開発。
1991	Acer Mate 低価格パソコン・シリーズを販売。 ヨーロッパでパソコン組立工場を設置。 エイサーの「中国語ソフト」の開発成功。CMEX 規格が中国語システムの標準規格に。 ドイツの販売店を買収。情報機器の販売業務に従事。 ドイツ・ベンツグループの Temic 社（デジタル・モジュール製造）との合弁企業・國碁公司を設置。 マイクロ電子システムの設計と製造に従事。 単一 CPU チップの交換でパソコンの処理能力の向上ができる特許技術を発表。インテル社に特許を譲与。 初の Acer ブランドのデスクトップ・パソコンを開発。 中国の代理店「深圳裕基電子」を通じて，北京代表部を設置。
1992	オーストリア支社を設け，ブランド情報機器の販売業務に従事。 第三波事業がゲームソフトを開発。 再生段ボールによるパソコン梱包方式を採用。脱発泡スチロールの環境保全。 回路基板の CFC 清潔過程が無用。生産速度の向上を図る。 多機能「グリーン・パソコン」（Acer PAC）を開発。グループ売上高が 300 億台湾元を突破。 オーストリアで合弁企業を設置。メキシコで合弁企業を設置。中近東で合弁企業を設置。販売拠点の構築。
1993	ベルギー，ハンガリーで支社を設立。販売拠点の構築。 ドイツ・ハンブルクでパソコン組立工場を設置。 Rockwell Automation 社のデジタル・モジュール機器を代理。 Island Graphics 社の Island Presents マスメディア・システムを代理。 Unix の顧客に文字，図形，製表，図案，映像，音声などのデータを統合するツールを提供。 「現地化管理」を採用し，現地の人が大部分を出資させ，エイサーの現地販売企業を設立。 ファーストフード方式の物品発送を運用し，統一の部品が現地で組立に使われる。在庫過剰を回避。 徳碁半導体が 4M ビット DRAM の量産化を開始。 1 秒当たり 100 万の指令処理（Millions of Instruction Per Second; MIPS）のマイクロ処理を核心とする指令システム（RISC）パソコンを開発。 エイサー情報有限公司が北京で設立。パソコンと周辺製品の販売業務に従事。 卓球サマーキャンプを開催。于貽澤と鄭懐穎夫婦をコーチとして招聘し，中学生・小学生対象に。 65 ビット PICA 高機能パソコンのマザーボード技術を開発。 MIP RISC 中央演算処理およびマイクロソフトの Windows NT マイクロソフトの仕組みを採用。 蘇州で「明基電脳公司」を設立。中国でパソコンの周辺機器の生産工場を設立。 タイの販売店・偉成發グループとバンコクで合弁企業を設立。
1994	ノルウェー支社，スウェーデン支社を設立。製品の販売拠点の構築。 イギリス・ロンドンパソコン組立工場を設置。 Microsoft Home システムの百科全書 CD Title を代理。

表 4-1　つづき

年別	事　項
1994	MPEG 映像音声モデム（DCS Avant-Courier 8131A MPEG Player）を発売。 Lotus 社のソフトシステム NOTES を代理。OA システムの統合ツール。 Informix（IBM 社のデジタルバンク管理システム RDBMS ファミリー）関連データバンクを代理。 CD 5 世代 MPEG セットを発売。MPEG PC の組立。 エイサー情報プラザが 130 ヵ所を突破。 新竹科学工業園区に支社を設置。 メキシコ最大のパソコン販売店 Computer 社と合弁企業 Acer-Computer Latin America（ALCA）を設立。 世界初の双 Pentium パソコンを発表。
1995	スペイン・バルセロナ支社を設置。販売業務に従事。 オーストラリア Electrajet 社と自動車噴射エンジン診断装置の契約を締結。 エイサーが明碁電脳のカラー・スキャナーを代理。 Video-CD を開発，家電業に進出。 MPEG-Ⅱ圧縮解除モデムを開発。 Aspre シリーズのパソコンを発表。 明碁の蘇州・獅山工場が量産化。パソコンの生産が中国に移転。 フィリピンで工場を設置。マザーボードを製造。 インテルの Pentium チップでサーバーを開発。 出荷センター保税倉庫を設置。 メキシコ・Computec 社と合弁企業。双方はそれぞれ 50％の持株。
1996	Eindhoven 組立工場を Den Bosch に移転。 フランス・パリにパソコン組立工場を設置。 オランダ・Tilburg 第 2 組立工場を設置。OEM 生産を供給。 国産衛星パソコンがアメリカ・TRW 社から認可，技術移転を完成。 2 月 27 日，IBM と特許相互授権契約（Patent Cross License）を締結。 エイサー情報プラザが 200 ヵ所を突破。 7 月，「財団法人エイサー基金会」を設立。 達碁を設立。大寸法 TFT-LCD 製造企業。 インテル，IBM と TI と特許相互授権協定を締結。 渇望多機能智慧園区の工事開始。 交通大学など 4 つの大学に 120 セットのパソコンを贈呈。エイサーパソコン訓練センターも設置。 聯想（レノボ）と戦略同盟を締結。 グローバル運営チームを設け，パソコンの販売とサービス，ODM 生産も担当。
1997	TI のノートパソコン部門を買収。Travel Mate と Extensa の 2 つのブランドを獲得。 APC 社の APC Smart UPS（非断電システム）を代理。 ドイツ・ELSA 社の ELSA Gloria システム 3D 図案モデルの代理。 台中出荷センターを設置。 汐止工場を設置。パソコンと電子部品を製造。

表 4-1　つづき

年別	事　項
1997	消費性電子市場に参入。「情報家電」（XC）を販売。 コンパクトディスク VCD を発売。 エイサー高新ソフト（上海）公司を設置。ソフト開発センター。
1998	華瞻資訊に投資。宏科とアメリカビジネスソフトのサービス企業。Unicenter TNG ソフトの販売。 アメリカ・Lucent Technologies Ins. と 5 年間の特許相互授権協定を締結。 6 月，「全国郵便局多機能郵便業務窓口自動化」を落札。9 月に操作開始。 ノルウェー・Tandbeng 社の視覚情報会議システムを代理。 新世代 Aspire が販売開始。 8.4 インチのミニ・ノートパソコンの Trave Mate 310 システムを発売。 エイサー大観園に 50 万台湾元を投資。華人ネット "CCC Global Information Network" で知名度アップ活動。 子会社 Sertek（H. K.）は香港エイサー訊息有限公司を投資。50.1% の株券を獲得。 北京宏棋訊息有限公司に投資。100% の株券を掌握。 第 1 四半期に Acer Sertek Japan を清算。 明碁は達方電子，達信科技を設立。駆動ユニット，セラミックスコンデンサとコンパクトディスクを製造。 達碁と日本 IBM の技術移転契約を締結。 「Soft Vision 2010」を提出。2010 年時にグループの利潤の 3 分の 1，売上高の 6 分の 1 の 300 万ドルをソフト種子基金に投入。 ノートパソコンの顧客に "2 時間快速保守" サービスを提供。 組織の価値と運営方向を調整し，5 つのサブ・グループ（宏電グループ，明碁グループ，宏科グループ，エイサー半導体グループおよび宏網グループ）を設立，サービスと知的財産事業の発展に従事。 北京でパソコン組立と保守サービスセンターを設置。 元碁が「エイサー戯谷」を設立。オンライン・ゲームに従事。 ドイツ・シーメンスのパソコン部門の R&D 関連事業を買収。シーメンスのドイツの工場設備でヨーロッパの生産基地。 徳碁が IBM から 0.20 ミクロンのロジック IC 技術を購入。
1999	花蓮支店を設置。販売拠点の拡大。 中華衛星 1 号発射成功。エイサーの衛星パソコンを搭載，宇宙産業に進出。 組織の改組。E 化計画，販売店とのネット交易システムを開発。 B2B ビジネスのフローの効率向上。「STK.COM」の目標に邁進。 ネット設備企業 Cisco の代理。XC と X デジタル・サービスに進出。 元大証券に協力し，元大資産管理プロジェクトを構築。 宏網と万碁（Mondex）と合弁企業の電子現金認証公司を設立。 Call Center 保守システムを構築。 企業電子化を構築。販売店に Cyberworld のサービス拠点を協力。グループ内の B2B 業務を促進。 龍捲風（竜巻）科技有限公司に投資。プラットフォームとバーチャル社群プラットフォームの構築サービス。 子会社の Acer Sertek（BVI）Holding Corp が ADSC に投資。 グループの資源を統合し，サービス事業に進出。 エイサー電脳，シンガポールエイサー国際有限公司の合弁でエイサー聯網科技有限公司（ADSC TWN）を設立。

表4-1 つづき

年別	事項
1999	太平洋電信グループと宏電グループの合弁企業・太碁全球通訊有限公司を設立。 群碁有限公司と共同で旭聯科技有限公司に投資。 華峰インターネット有限公司に412万台湾元の出資。25%の株券を掌握。 達碁第2工場の建設開始。 IBMと戦略同盟を締結。重要部品の購入、グローバル製造・販売協力システムの構築。 TSMCとエイサー・グループが戦略同盟を締結。徳碁の30%の持株をTSMCに売却。ファウンドリーに従事。 アメリカ小売流通から撤退。電子ビジネスネット販売に移行。 標竿学院を設立。公益機構。 アメリカ・Solectron Corporationと戦略同盟を締結。
2000	国内3C流通トップの「全国電子」に投資。 「インターネット威信」に投資。 ソーシャルネット「宏逗ネット」を構築。顧客と長期の良好関係を構築。 「エイサー情報プラザ」を新たに位置付けを行う。「e流通」のelohaデジタルスタックを設置。 標竿学院、遠擎企業管理コンサルタント、昱泉国際と戦略同盟を締結。 「Virtual Partnership」、e-corpチームを組織、宏科e化計画、「e化企業の担い手」の目標に向かって邁進。 Hitrust Bviと海外ネット関連企業に投資。 宏華創業投資、インタネット薪傳、顧客サービスネット、台科投資、掌門樞紐を設立。 Chinakids Holding Ltd.（投資と持株）、IP Fund One（知的所有財基金）、ENX Inc.（ネットB2Bサービス）、「展大国際（情報ソフト小売サービス）、「有楽国際」（ゲーム流通）、「捷修ネット」（パソコンシステム統合サービス）に投資。 宏網が香洪嘉禾公司の22%の株券を保有。 香港、シンガポール、マレーシアなど200余りの劇場を通じて、アジアの中国語ネットとデジタル娯楽市場を獲得。 100社のシフト企業に投資、埋め込み式ソフト、地域と現地化サービス、地域と現地化コンテンツに投資。 施振榮は「バーチャルチーム」と「戦略同盟」方式で「超分業統合」を施行。 宏網グループはAcer 121. comを設けた。 携帯電話G630, G625, G620, G530, G301, G201, V755, V750, Kittyを開発。 製造サービス（DMS）とブランド運営（ABO）を分社化。 AT&T傘下のAT&T Solutionsと7年間の契約を締結。設計とグローバル通信ネットワークを構築。 上海復旦金仕達マスメディア有限公司に投資。
2001	微・巨電子化運営サービスを実施。情報管理は「巨大な仕組み」、各種のe-serviceは「微細なサービス」。クラウド市場に進出。 マイクロソフト社とOffice 2000 Small Businessシリーズの授権契約を締結。契約期間は1年間。 E2 Open LLC社（ビジネス間の交易プラットフォームの提供）、Broadon社（iGwareの前

第4章 宏碁（エイサー）

表4-1 つづき

年別	事　項
2001	身），卡米爾情報有限公司（モバイル通信とクラウド・ネット），遠擎管理コンサルタント，中華開発ハイテク投資に投資。 Acer ブランドの PDA を開発。 ヨーロッパ F 1 グランプリの Prost チームに賛助。300 万ドルの広告費を投入。 北京オリンピックにエイサーのパソコンを提供・賛助。 エイサーのゴロマークを「acer」の深緑色の英語小文字に変更。 イギリス・Office of Government Commerce（OGC）の情報基礎仕組みバンク（IT Infrastruture Library; ITIL）を導入。 運営核心の競争優勢を構築。
2002	エイサー科技有限公司とエイサー電脳有限公司を合併。エイサー有限公司に名称変更。 元碁，太碁と華瞻を合併。管理の一元化。 宏電の製造サービス（DMS）を併合，ODM 企業に，ブラントと製造が分社化。ISO9001 と ISO 2000 の認証を獲得。 宏慧国際貿易（上海）有限公司（販売サービスと技術支援），宇瞻電子（上海）有限公司，エイサー聯網科技（中国）有限公司に投資。 世界初のノートパソコンと手書き機能の Travel Mate C100 のタブレット（手書き，180 度回転画面）。 Aspire 第 2 世代ノートパソコンを発表。 エイサー価値イノベーションセンターを設立。 中小企業 e 化のニーズに合わせて「オフィス瞬間 e 化レンタル計画」で，高機能電子メール管理安全無線オンラインとファイルを提供。 台湾プロ野球大連盟のエイサー金剛チームを保有。
2003	ISO14001 の認証を獲得。グリーン（エコ）設計による製品の競争力の向上と差別化を図る。 群碁，盈碁，エイサー聯網，建創の4つの子会社を合併，群碁投資に名称を変更。 IBM と特許相互授権契約を継続して締結。 展基国際貿易（上海），第三波ソフト（北京），北京第三波戯谷ソフトに投資。 フラッシュメモリーで MP3，録音，FM 音声機器のデジタル家電，ネットサーバなどの低価格 OA 機器を作製。 電子化サービスプラットフォームを設置。 支払メカニズムを統合し，消費者の情報を端末機器（携帯電話，パソコン）に伝える電子デリバリー（e-delivery）を開始。 Aspire 第 3 世代ノートパソコン Aspire3 を発表。 フェラーリとの協力によって Ferrari シリーズのノートパソコン「Empowering Technology」を販売。 フェラーリ・チームに協賛。 世界初インテルの Pentium プラットフォーム（Centrino）技術を採用した Travel-Mate C110 を開発。
2004	龍一創業投資公司，智二創業投資公司に投資。 Lucent Technologies Inc. と特許相互授権契約（Patent Cross Licenses）を締結。 ノートパソコン Emtertainment+TV Function NB PC，Various Kinds of Wireless Communication Devices in NB PC を開発。 ポケコン Microsoft Windows Mobile Pocket PC を発売。

表 4-1　つづき

年別	事　項
2004	デジタル OA 製品で管理ソリューションを提供。 ノートパソコン知的ネット型にソフトを発展，ネットと速く接続ができる機能，ネット設定のソリューションを提供。 フェラーリ・シリーズのノートパソコン Ferrari 3200，3400 を発売。 アメリカ・Zinio System 社から技術を導入。PC Home，『天下雑誌』，『商業周刊』など 12 誌と協力，デジタル閲覧サービスを開始。 ハイテク卸売企業 Ingram Micro Inc. と戦略同盟を締結。アメリカでエイサーのノートパソコンを販売。 Circuit City，Wal-Mart Stores Ins. と Comp USA Inc. など小売企業と販売協議を達成。
2005	台湾工業銀行，交通銀行との合弁企業智柒創業投資公司を設立。 エイサー電脳（上海）有限公司に投資。 デスクトップパソコン Acer Acoustic，eSettings，ePerformance，eData Security，eLock，eRecovery Management，Viiv 対応の Aspire E650，L200，L250 を開発。 Acer Video Conference 視覚ノートパソコンを開発。Acer Bluetooth VoIP を結合し，ノートパソコン用「ブルートゥースネット電話」および音声拡大と受信機能と V2 映像音声（Video & Voice）。 テレビ機能のデジタル映像音声のマスメディアのノートパソコンを開発。デジタル/アナログテレビ（analog/digital hybrid TV）を構築。 Acer Arcade マスメディア映像音声センターを結合。 ノートパソコン eDate Security のデータ安全ソリューション，操作が簡単なデータ秘密保持機能付きインターフェスで，デジタルストックと送信過程の安全性を提供。 GPS を主要なポケコンと関連産業の発展計画を発展。 ハイテク，簡単で直覚の操作インターフェース，安定信頼性の GPS 専門のポケコンを提供。 スマート型ネット設定のソフト機能アップバージョン。多くの無線装置を CCX の安全プラットフォーム，同時に多くの無線機能を増やした。 26 インチ，32 インチ，37 インチの液晶カラーテレビを開発。 Empowering technology のインターフェスの備えた液晶テレビを発売。 Media Gateway の技術を統合し，デジタル・ホーム応用プラットフォームのソリューションを提供。 ISO9001，ISO14001 の延長検証を得た。 ディストップパソコンの Acer Veriton 7700G，5600GT，3600GT，3201XCi，4102LCi，Aspire 1692WLMi を発売。 国際運営本部総経理ランチ（Gianfranco Lanci）がエイサーの総経理（社長）に就任。 Aspire L350 を発売。世界初重量が 3 リッターのミニコン。 カーボン製の新世代フェラーリのノートパソコン発売。フェラーリブランドの PDA を発売。 アメリカ・大リーガーの王建民投手をブランドの"広告塔"に起用。 利盟（Lexmark）と協力し，「大琉璃紋鳳蝶」の養育活動に参加。 Acer デジタルカメラを発売。
2006	マイクロソフトからソフトの使用授権の権利を獲得。 アメリカ・Lucent Technologies Ins. から特許相互授権契約を締結。 アメリカ・MPEG-LA 社から授権により MPEG-2 の使用が可能に。 液晶テレビ AT3705MGW を発売。世界初の Intel Viiv の認証。 新世代無線ネットソリューション Acer InviLinkTM NplifyTM を発表。ノートパソコン無

第4章 宏碁（エイサー） 151

表 4-1 つづき

年別	事　項
2006	線ネット連結の品質と機能を強化。 フェラーリ・ノートパソコン Ferrari 1000 を発表。
2007	Aspire blue 高画質ブルーレイ搭載のノートパソコン Aspire 6920G を発売。 アメリカ・ゲートウェイ（Gateway）を合併。パソコン企業世界の第3位を確定。
2008	6月，Hewlett Pakard Development Company（HP）と特許相互援権契約を締結。 アメリカ・Best Buy と契約。売上高の増加に大きく寄与。 子会社を通じてアメリカソフト企業 FUHU Inc. に投資。 ヨーロッパ・パソコン供給企業 PB Holding Company S. Q. A. L. とその子企業の全持ち株獲得。 パッカード・ベル（Packard Bell）社を買収。 倚天情報公司を買収。エイサーがスマートフォンに進出。 ゲームプレーヤーのために，Aspire Predator 高水準ディスクトップパソコンを発売。 8.9インチ Aspire One ネットブックを日本で発表。モバイルオンライン製品。 電子産業公民連盟（EICC）に加盟。社会責任と雇用主の責務を確認。 Aspire M5200/M3200 を発売。2つのチップセットのディスクトップパソコン。
2009	10.1インチ Aspire を発売。低価格による市場拡大戦略。 Aspire Timeline シリーズノートパソコン。8時間継続使用可。 初の Android システムのネットブックを発売。 Android スマートフォン Liquid を発売。Tempo シリーズのスマートフォン Acer M900, F900, X960, Dx900 を発売。 OHA 組織に加盟。Android プラットフォームの技術支援が得られる。
2010	子会社の Acer Greater Cina（B. V. I.）Corp. を通じてエイサー情報通信技術 R&D（上海）有限公司を設置。 ドイツ・ベルリン IFA で世界初の Ultrabook パソコンを発売。 エイサー（重慶）有限公司 ACCQ ブランド情報製品販売と Company of Marketing and Sales Services（AGR）が合弁企業を設立。 Aspire Timeline エコノートパソコン Aspire 3811TZG を発売。 「Acer clear.fi」ネットプラットフォームの関連製品を発表。 同一設計インターフェースを採用，同じ操作デバイスでデジタルコンテンツの使用が可能に。 重慶市政府と契約，中国第2運営本部を設置。中国西部市場を開拓。 Full HD 3D Vision ディスプレイを発売。1080P 解析度に対応。 Acer Stream（スマートフォン）を発売。高機能機種。 Acer LumiRead 電子閲覧機を発売。 中国・北大方正グループと提携覚書を締結。方正の販売チャネルとパソコン市場の影響力を借りて，中国での ITC 業務を向上。 国家高速インターネットおよび計算センタースーパコンピューター計画を落札。サーバーとシステム統合サービスを提供。 「Interract」を主題の Acer Iconia, 10インチ，7インチ Android Tablet, 10インチ Windows Tablet, 4.8インチスマートフォンを発売。 Ferrari ブランド携帯電話を発売。Acer Liquid E の改造バージョン。
2011	エイサー智能（重慶）有限公司，エイサー情報通信サービス有限公司を設立。 Acer Poland sp. Z. o. o.（Apl）ポーランド, Longwick Enterprises Inc.（Long）, Excel Co., Ltd.（Sure）投資持株企業を設立。 acer のロゴを更新，深緑色から青緑色に変更。

表 4-1 つづき

年別	事　項
2011	タッチ制御事業部を設置。翁建仁が担当。 広域ヨーロッパ地域から 300 名従業員をリストラ。 HP 社の前中国地域副総裁陳國維をスカウト，中国地域タッチ制御事業を担当。 3 億 2,000 万ドルで iGware 社を買収。クラウド技術の発展に寄与。 クラウド実現センターを設置。Acer Cloud Enabler ソリューションを展開。 Ultrabook ノートパソコン Acer Aspire S3 を発売。タブレットとスマートフォンの特徴をノートパソコンに導入。 業界最も軽い 3.2 インチ Android2.2 スマートフォン Acer Liquid Mini を発売。 第 2 世代 Aspire TimelineX-13.3 インチ 3830TG，第 3 世代 14 インチ 4830TG，15.6 インチ 5830TG，14 インチ 4755G，5755G を発売。 LED モバイルプロジェクター Acer K330 を発売。
2012	友尚と大聯大投資持株有限公司が合併。 アメリカ・Lucent Technologies GRL, LLC と特許相互授権契約を締結。 Ultrabook ノートパソコン Acer Timeline ultra システム機種を発売。 世界最も薄い Ultrabook ノートパソコン Aspire S5 を発売。 ラスベガスで Acer Cloud 技術を発表。 Michael Birkin が販売最高責任者に就任。 曾雅妮をエイサーのグローバル・ブランドの"広告塔"に起用。 第 2 四半期のノートパソコンの出荷量が世界第 1 位に，広域ヨーロッパの出荷量が世界第 1 位。 LED レーザー混合光源プロジェクター K520 を発売。 ロンドン・オリンピックに賛助。パソコンなどを提供。オリンピック記念タブレット Iconia Taba700 を発売。 Aspire V5 シリーズ 14 インチ，15.6 インチ，Timeline Ultra M3 薄型ノートパソコンを発売。 新世代サーバー F2, Inter Xeon E5 中央演算処理装置 CPU を発売。 広域ヨーロッパ運営本部の新建物完成。スイス・Ticino に所在。 Aspire 5600U を発売。All-in-One，Full HD を搭載。 Windows 8 タッチパネルの 13.3 インチ，11.6 インチパネル，超薄型 Full HD ウルトラブックを発売。 Acer P7215 プロジェクターを発売。 エイサーイメージ館がロンドン・オリンピック園区で開館。 アメリカ・情報通信企業 Devon IT と共同で thin client パソコンを発売。 販売サービスの Red Peak 社に委託し，ブランド販売組織の強化を図る。 Red Peak 社の会長 Michael Birkin 氏がエイサーの COO を担当。販売戦略を強化。 エイサー基金会と台湾永続エネルギー研究基金会の共同主催，第 1 回"グローバル国際グリーン・イノベーション・コンテスト"を開催。 イギリス市場に新しい販路計画「Acer Synergy Partner Programme」。異なる目標のエスニックが Platinum（プラチナ），Gold（金），Silver（銀）と Point（ポイント）に分けられた。同時に，HPC（High-Performance Computing）と教育市場の 2 つの領域を増加。

表 4-1　つづき

年別	事　　項
2012	中国市場で Aliym（阿里雲）搭載のスマートフォン Cloud Mobile A800 を発売。 Dell の前 R&D 担当の陳巧風を招聘し，シニア販売総監督に就任。 HP 社の前中近東市場主管 Amin Mortazavi をスカウトし，MEA 地域副総経理に就任。 ハリウッド女性スター Megan Fox をエイサーの"広告塔"に起用。 Aspire S7 Ultrabook がアメリカ消費性電子展でイノベーション設計と工芸賞を受賞。 黄資婷がグローバル運営センター総経理に昇進。
2013	Acer Cloud の運用範囲が拡大。プラットフォーム経由で Windows，Andriod と iOS の 3 つの異なる装置に接続が可能に。 第 5 回企業社会責任フォーラムを開催。 タッチ LED バックライト・ディスプレイ T2 システムと Aspire R7 ノートパソコンが，ドイツ・Red Dot 設計大賞を受賞。 スマートフォン Liquid Z3 が日本・Good Design Award を受賞。 王振堂董事長と翁建仁グローバル総裁が辞任，創業者施振榮が董事長とグローバル総裁代理に就任。 陳俊聖がグローバル総裁・CEO に就任。
2014	商業用 LED バックライト V6 が SEAD グローバル環境保全省エネ製品賞を受賞。 2013 年プロジェクターの世界の出荷量が第 3 位，広域ヨーロッパの出荷量が第 2 位。 商業用パソコン Trave Mate P645 はドイツ・Red Dot 製品設計賞を受賞。 ノートパソコン・タブレット一体型 Aspire Swith 10 を発売。 商業用 LED バックライト V6 が台北国際電脳展で最優製品賞（グリーン ICT 賞）を受賞。 BYOC の Cloud 体験センターがオープン。 スマート装置 Liquid Leap を発売。 黄少華が新董事長に就任。 エイサー Chromebook が全米消費市場シェアで第 1 位。 Acer は連続 16 年間『リーダーズ・ダイジェスト』誌でアジア消費者が最も信頼されるブランドのパソコンに選出。

（出所）　エイサーのホームページおよび王雪樺「策略故事與企業成長策略關係之研究：以宏碁與華碩為例」屏東科技大學企業管理研究所碩士論文，2013 年。

ることができ，その後の発展に大きな役割を果たした。このとき，エイサーは誠洲電子のブランド力の向上に協力できると考え，輸出の代理契約も締結した。しかし，誠洲電子は大量な OEM 生産の戦略を選択し，自社ブランド路線を選ばなかった。そのために，エイサーのビジネス拡大計画は，それほどの成果を上げることができなかった。同じように，エイサーは大同や東元のブランド力を借りてのビジネス拡大計画は，相手側の OEM 生産路線の堅持によって，不発に終わった。

苗豊強はマイクロプロセッサー・ビジネスに投資する稀な企業家である。1974年に苗は200万台湾元で神通電脳（マイタック）を設立した。いうまでもなく，神通電脳はエイサーが設立初期に模倣した対象であり，エイサーの良きライバルでもある。1981年にエイサーは1,000万台湾元で新竹科学工業園区（サイエンスパーク）に，百数坪の工場を設けて，マイクロプロセッサー・システムおよび中国語マイクロプロセッサを製造した。この時期に，エイサーは初めてマイクロプロセッサーの製造分野に踏み込み，自社ブランドの「小教授1号」学習機を製造した。この時期に，ライバルの神通も「小神通」を開発した。両者の戦略の異なる点は，エイサーは輸出を主とし，神通は内需を主としていた。

1982年にエイサーは台湾初の8ビットの「小教授2号」パソコンを開発し，この機器はアップルⅡの互換機（模倣機）であった。そして，エイサーの英語名を「Multitech」（マルチテック）として登録した。しかし，アップルはイギリスと南アフリカのエイサー販売店の知的所有権について訴訟を引き起こした。やむをえず，エイサーは海外での販売を縮小した。しかし，アップルは引き続いて台湾で，「小教授2号」に対し知的所有権の訴訟を引き起こした。

IBMは自社OSをオープンすることによって，最終的にIBMのOS陣営に加盟するパソコン互換機の企業を多くし，事実上，IBMが主導権を持つようになった。1982年コンパック（Compaq）はIBMのパソコン互換機を開発し，注目を浴びるようになった。このとき，アップルⅡの互換機が訴訟の対象になったため，エイサーはIBM OSのパソコンの互換機を開発するようになった。1983年にエイサーは工業技術研究院（ITRI）電子工業研究所に委託し，IBMのXT互換機を開発した。同年，ソフトと出版業務従事の「第三波文化事業公司」を設立した。

1983年に財務の改善および持株の分散を図るために，施振榮はベンチャーキャピタル方式で，資金を募集するようになった。施は殷之浩（大陸工程公司元董事長）を誘い，2億台湾元で宏大創業投資公司を設立した。その後，株券の交換方式によって，エイサーは宏大の100％の株券を持ち，殷はエイサーの25％の株券を所有するようになった。

同年，エイサーは顧客ITT（国際電話電報企業）の要求に応じて，独立した

OEM企業の明碁電脳（のちのBenQ）を設立した。当時，明碁電脳の唯一の業務はITTのOEM生産である。エイサーの董事長および明碁電通の董事長を歴任した李焜耀は，この時期に明碁に派遣された。

1985年にエイサーは自社ブランドの専門店「エイサー情報プラザ」（宏碁資訊広場）を設立し，販売とサービスを担当した。1986年にエイサーはIBMよりも先に32ビットパソコンを開発し，同時にIC設計（デザインハウス）の揚智科技（Ati）を設立した。この時期に，エイサー・グループは6つの企業により構成されていた。それは国内販売と代理の業務担当のエイサー（宏碁公司），パソコン製造の業務担当のエイサー電脳（宏碁電脳），OEM・ODM生産の業務担当の明碁電脳（BenQ），ソフトと出版の業務担当の第三波文化事業，宏大創業投資公司および揚智科技である。グループの売上高は80億台湾元に達した。

1982年以降，エイサーは「Multitech」（マルチテック）の英語社名を使用していた。しかし，アメリカでは同名の通信企業 Multi-tech Systems Ins. から直ちに「Multitech」の使用を中止しないと訴訟する，と警告を受けた。施振榮は幕僚と緊急会議の後，「Multitech」の英語名の使用の放棄を決めた。そして，オーストラリア籍デザイナのダイアー（Lunn Dyer）が「Acer」（エイサー）の企業の英語名を考案した。「Acer」はラテン語で，鋭敏，賢く器用，主動的，強靭などの意味を持っている。文字数が少なく，響きがよく，憶えやすいという長所を持っていた。また，英語スペルの「A」から始まるために，企業をA, B, Cのアルファベット順で並べる場合，常に前に並ぶというメリットがある。1987年以降，エイサーのブランドの英語名称は「Acer」に定めた。英語名を変更した初期に1,000万台湾元をかけて『ビジネスウィーク』誌に「Acer」のブランドと製品紹介の広告を掲載した。

(2) 成長期

1987年，エイサーはミニコンピューター（以下，ミニコン）の技術を獲得するために，700万ドルでアメリカのカウンター・ポイント（Counter Point）社を買収した。モトローラの68000CPU（中央演算処理装置）の単一のCPU（Acer System 19K）および2つのCPU（Acer System 22E）＋Unixシステム搭

載のミニコンを開発した。しかし，買収したミニコンの売上高が芳しくなく，わずか数年間で生産を中止した。のちに，カウンター・ポイントはエイサーアメリカ支社に併合するようになった。これはエイサーが初めてのM&A（買収・合併）の案件であるが，失敗したケースでもある。のちに，エイサーはアメリカ・AT&Tのミニコンのスター・サーバー（Star Server）を代理し，この製品の穴埋めを行った。これはエイサーのM&Aの失敗例である。

　1988年，エイサーはアメリカでアフターサービスの業務を構築するために，50万ドルでロサンゼルスのサービス・インテリジェンス（Service Intelligence）社を買収した。しかし，健全な在庫管理および代金回収制度が欠けていたために，最終的に2,000万ドルの損失で終結を迎えるようになった。

　1986年以降，エイサーは国際化路線の段階に入り，「龍騰国際計画」を推進した。過去の経験である「人員は年間20％の増加，生産高は年間15％の増加」の目標を掲げて，今後10年間のニーズを予測した。1988年にエイサーは台湾証券取引所に上場し，1株47台湾元で売り出した。この上場によって資本額22億6,000万台湾元を入手することができた。

　この時期にエイサーは台湾の証券市場で勢いを見せており，充分な資金を集めることができた。それによって，1988年に龍潭で14ヘクタールの紡績工場の跡地を購入した。また，新竹科学工業園区の新安工場の拡張を行い，汐止でオフィスビル（現在，エイサーの汐止本部）を建設した。海外進出のために，IBMの副総裁を歴任した劉英武を招聘し，総経理（社長）に就任させた。

　1989年，エイサーは既定の目標を初めて達成することができなかった。同年11月に人員削減と生産性の向上のために，エイサーは300名以上の管理者を召集し，2日間の「天蚕変」（企業改革）の研修会を行い，4つの主な決議を定めた。それは以下の4点である。①組織のフラット化。管理階層を8階層から5階層に変更する。②昇進基準の業績の見直し。③各部門の業績のうち，最低3％（ボトム3％）の人員をリストラの対象にする。④事業部間の評価制度の導入。組織を事業部単位の独立利潤採算センター制度に変更する。

　この「天蚕変」研修会のときに，施は幕僚からIBMによるBIOS（Basic Input/Output System，基本入出力システム）の知的所有権の訴訟を知らされた。施はIBM出身の劉総経理と相談の結果，900万ドルを支払って和解するよう

図 4-1　エイサーの組織図（2007 年）

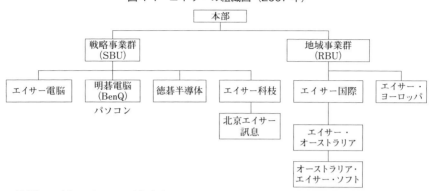

（出所）　エイサーのホームページによる。

にした。

　1990 年，エイサーの本部は龍潭に引越しした。そして，関連企業の組織を 5 つの戦略事業群（Strategic Business Unit：SBU）に分けて，製造業務を担当するようになった。それに加えて，4 つの地域事業群（Regional Business Unit：RBU）に分けて，現地の販売業務を担当する[3]。図 4-1 はエイサーの組織の構図である。

　1990 年以降，ミニコン市場に参入するために，施はアメリカ・アルトス（Altos）社に投資することを考えた。しかし，劉英武は 100％ の出資によってアルトスの M&A を堅持した。その理由は，ミニコンの技術を直ちに掌握することができ，アルトスの海外でのビジネス拠点を利用することができるからである。最終的に，エイサーは 9,400 万ドルでアルトスを買収し，アルトスをエイサーのアメリカ支社に編入した。しかし，アルトスの M&A の後，世界のコンピュータ産業の主流は大型コンピュータ，ミニコンからパソコンに移行するようになった。それによって，アルトスは無用の長物になった。少量生産・高利潤に慣れているアルトスの従業員は，このコンピュータの潮流に対しては適応ができず，人員の管理と意見の交流が困難であった。最も重大なのは，稼ぐことができないアルトスの M&A による負担は，エイサー本社の運営に悪い影響を及ぼすようになったことである。

　そのほかに，DRAM（記憶保持動作が必要な随時書き込み読み出しメモリー）

のニーズの高まりによって，施はこの半導体産業に参入するように決めた。エイサーとTI（テキサス・インスツルメンツ）は総資本高の31億台湾元を出資し，徳碁半導体を設立した。エイサーとTI社の出資比は74%と26%であるが，将来にかけてTIが希望するならば，TIは最大で51%の出資比を占めることができると契約した[4]。1991年に徳碁半導体の最初の8インチのDRAM工場の試作に成功した。1995年に再び350億台湾元を投入して，8インチのDRAM第2工場を設立し，16Mビットと64MビットのDRAMを製造すると計画した。

1996年にDRAMの不況に直面し，また徳碁半導体の技術はサムスン電子などの他社に比べて技術の遅れをとっていた。1997年と1998年に徳碁半導体は経営不振により，50億台湾元の赤字を記録した。そのために，1998年にTIは持株をエイサーに売却して撤退するようになった。

1999年6月，ウェハーの生産能力を増加したい台湾積体電路製造（TSMC）に，施は徳碁半導体の30%の持株を売却した。それによって，徳碁半導体はファウンドリー（半導体の委託製造専門ビジネス）企業に変更するようになった。同年12月にTSMCはTSMCの1株に徳碁半導体の3.90625株との交換比率で，残りの70%の株券を買収し，徳碁半導体はTSMCによって完全に買収されるようになった。

1998年にエイサーは投資したIC封止（パッキング）専門の台宏半導体の持株を株主のアメリカ・Amkor社に売却した。1996年にエイサーが投資したIC検査専門の宏發半導体は，資本の増減のプロセスを経て，独立した企業に変貌するようになった。2004年にエイサーはファブレス（IC設計専門のデザインハウス）企業の揚智科技（Acer Laboratory：Ali）のすべての持株を聯発科技（メディアテック）に売却した。それ以降，エイサーは半導体産業から完全に撤退するようになった。

1990年以降，エイサーには組織の拡大による「大企業病」（企業の肥大化）という不具合が発生するようになった[5]。1991年にエイサーは組織の老化問題を解決し，健全な組織を構築するために，従業員のリストラを行った。労働基準法よりも優位な条件で，「D計画」を実施し，台湾で業績の悪い従業員300名，アメリカでも100名のリストラを行った。

1986年に台湾でマザーボード製造専門の企業が誕生した。そのうち，最も代表的な存在は大衆電脳（FIC）と精英電脳（エリート）である。IBM互換機の部品サプライチェーンの構築によって，ノンブランド製品のパソコンが各地で誕生するようになった。それによって，IBM，コンパックやエイサーなどのブランド製品に大きな脅威を与えた。一時的には，ノンブランド製品は市場シェアの7割を占めるようになった。遂に，コンパックは3割減の低価格策を採用し，逆境を乗り切るようにした。パソコンの単価の低減によって，利潤が大幅に減少するようになり，激しい"競争の嵐"が吹き，淘汰の時代を迎えるようになった。エイサーも同じ嵐の中で，創業初の大きな赤字を記録した。1991年，エイサーの国内部門は黒字経営であるが，海外投資事業は大きな経営赤字を記録し，赤字額は6億700万台湾元に達した。そのために，劉英武総経理が責任をとって辞職し，施は再び総経理に復帰して，1992年にエイサーの「1回目の改造」を行った。

(3) 1回目の改造期

劣勢から挽回するために，施振榮は3つの方面から再建を行った。それは以下の3点である。

①世界のブランド戦略を構築し，現地の経営理念と結合する。「パートナーの利益を自社の利益とする」との協力関係を構築することである。現地販売店の持株比率を半分以上とし，21世紀に21社の販売企業を世界で誕生させる（21 in 21）という戦略を打ち出した。

②主従の仕組み，分散式管理の組織フレームワークを構築する。自社（主）ができる場合，自分で作り，自分で完成する。自社で作れない場合，パートナー（従）を探し出して協力を依頼する。常に他人に協力する基本的な原則のもとで，個々の事業部署に確実な権限を与え，責任を負うことが必要である。

③「ファストフードモデル」の組立フローを採用する。パソコンの部品をその性質に沿って分類し，グループが自ら供給するか，または現地で購入して組立の戦略を採用する。そうすると，在庫分と輸送コストを低減することができるのである。要するに，それは現地のニーズを満たすことができるからである。大手ハンバーガー・チェーンのファストフードの経営方式をその基本的なモデ

ルにしたものである。

　エイサーの1回目の改造を経て，成果が確実に現れるようになった。1993～1995年にエイサーの売上高の増加率はそれぞれ51％，69％および81％であり，利潤の増加率も2,463％，207％および72％の高い成長を記録した。

　1998年以降，エイサー・グループは5つのサブ・グループに分けられた。それは，マザーボード製造の宏電グループ，パソコン周辺機器製造の明碁グループ，販売・アフターサービスの宏碁科技グループ，徳碁半導体を含むエイサー半導体グループおよびネット事業の宏網グループである。

　企業発展の方向性によって分割しているために，エイサー・グループの資源の配分方式では理想的ではなく，サブ・グループの成果の差異が大きい。王振堂の宏碁科技，李焜耀の明碁の業績が良く，林憲銘の宏碁電脳の業績は小康状態で，施振榮の徳碁半導体は年々赤字の状態であった。そして，黄少華の宏網も赤字状態である。そのために，エイサー・グループは稼いだ利益を使って赤字を補填している状態である。

　この時期にSBU（戦略事業群）とRBU（地域事業群）との運営上の不都合の事態を回避するために，エイサーはこの2つの事業群をグローバル事業群（Global Business Unit：GBU）に再編した。それによって，内部の移転価格（Internal Transfer Price：ITP）の課題を解決することができた。

　2000年にエイサーの売上高の減少が引き続いて発生した。最初に1,500億台湾元の売上高の予測を1,300億台湾元に下方修正し，10月に再び1,050億台湾元にさらに下方修正を行った。その年の株価は最高額の1株100台湾元から27.7台湾元に減少するようになった。

　2000年以降，パソコン産業に大きな変化が発生し，企業間の競争が激しくなり，利潤率はますます減少するようになった。この時期に欧米のブランド企業はODM生産企業に製造を委託し，コストの低減を図った。それによって，低価格製造に得意のEMS（Electronics Manufacturing Services，電子製造サービス）企業の売上高が急速に増加するようになった。特に，台湾の廣達（クアンタ），仁寶（コンパル），英業達（インベンテック），華宇などのODM生産企業の売上高が大幅に増加するようになった。この時期に，エイサーはブランドとODM生産を兼ねる"2刀流"戦略を実施していた。そのために，企業の管理が

複雑であり，運営に意見の相違が発生するようになった。本業に損失が出た場合，ブランドの将来の展望について，外部から疑問視されるようになった。内部のブランド製品の販売業務部門（RBU）と製造部門（SBU）との間で，品質および能力の不足を理由に互いにせめぎ合うようになった。

そのほかに，5つのサブ・グループが過度に拡張しすぎて，多くの重複投資が発生した。それに，2000年にITバブルの崩壊によって，施は再び改造の旗を振り，エイサーの「2回目の改造」を実施するようになった。

(4) 2回目の改造期

エイサーは再建の期間中にSBU（戦略事業群）の製造担当の業務を放棄し，ブランド重視の路線を選択するようになった。1993年に施振榮は「スマイルカーブ」仮説を描き，自らの持論を説明し，パソコン産業の川上段階，川中段階および川下段階での付加価値と伝統産業のそれの相違を分析した。この「スマイルカーブ」仮説は施の業務の付加価値の説明と説得のツールになり，のちには世界でも知られるようになった。

エイサーの2回目の改造の主な内容は，1回目の改造に類似している。以下の3つの改造を計画していた。

①組織の改造。グループを再構築し，ブランド部門とODM生産部門を分割する。それは，ブランド運営事業（Acer Brand Operation：ABO）およびデザイン製造サービス事業（Design Manufacturing Service：DMS）に分社化する。

②運営モデルを改造し，「三一三多」戦略を採用する。「三一」とは，1つの企業，1つのブランド，1つのグローバルチームを指す。「三多」とは，多くの供給企業，多くの製品ライン，多くの流通チャネルを指すのである。

③フローを改造し，新しい販売運営モデルを採用する。

施は3つの新しいグループのリーダーを決めた。ブランド運営事業（エイサー）は王振堂が担当する。R&Dおよび製造サービス企業（緯創資通）は当時の総経理の林憲銘が担当する。ブランドと製造の明碁グループは，明碁電通総経理の李焜耀が担当するようになった。

2000年12月26日にエイサーは企業の転換計画を公式に発表した。要するに，エイサーを2つに分社化した。1つはブランド運営事業（ABO）の新エイ

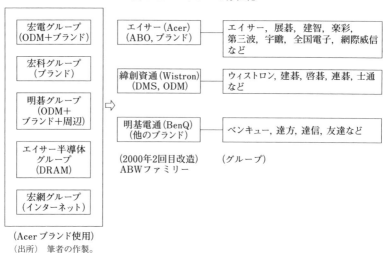

図4-2 エイサーの分社化

(Acerブランド使用)
(出所) 筆者の作製。

サー・グループ (New Acer),1つはデザインと製造サービス事業 (DMS) を担当する緯創資通グループ (Wistron＝ウィストロン,以下,緯創) である。そして,BenQのブランドと製造を兼ねる明碁グループ (BenQ) を加えて「ABW」ファミリーとした。「ABW」とはAcer, BenQ, Wistronの3つのグループの略称である (図4-2)。

　エイサーはブランドの経営に専念し,いままでの5つのサブ・グループ制度を廃止した。これは台湾のパソコン企業をブランド企業とOEM・ODM生産企業における分社化の最初のケースである。この分社化のケースは果たして成功するか否かは,株主や他社の経営者の注目を浴びるようになった。具体的に,D-linkの創業者の高次軒は2001年に施に企業の分割の経験を伺い,2003年に友訊を友訊と明泰に分社化した[6]。また,華碩 (エイスース) もブランド経営の華碩とODM生産担当の和碩 (ペガトロン) に分社化した[7]。これもエイサーの分社化を真似たケースである。

　まず,エイサーは製造部門を分割し,2001年5月30日に緯創資通 (ウィストロン) を設立した。そして,2002年2月に企業法および企業合併法に従って,エイサー所属のR&D部門とOEM・ODM生産部門の資産と業務を緯創に移

管した。2003月8月19日に緯創は台湾証券取引所に上場し，緯創はOEM・ODM生産専門の企業に生まれ変わるようになった。

　2002年にもともとのエイサー電脳（宏碁電脳）は同グループのエイサー科技（宏碁科技）と併合し，エイサーに改名した。それによって，エイサーの企業の転換が完了した。同じ時期に，明碁グループは明碁電通をトップとする独立グループを形成した。2001年の時点で明碁はエイサーと共同で「Acer」のブランドを使用したため，エイサーと明碁の意見の対立が頻繁に発生した。2001年12月に明碁は正式に「BenQ」のブランドを使用し，企業の英語名も「Acer CM」から「BenQ Corporation」に改名した。それによって，共用ブランド名による意見の対立問題も解決するようになった。2002年5月，明碁電通の中国語名称も「明碁電通」（以下，明碁）に改名した。それ以降，明碁とエイサーとの関係がますます薄くなり，別々の道を歩むようになった。

　2001年，新生・エイサーのブランドのロゴマークをレッドとブルーの混色から深い緑色の「acer」に変更するようになった。エイサーはブランド専門の企業に変貌し，製造部門およびR&D部門を持たない企業でもある。ブランド，販売・サービスの柔軟性，活発で，親しみ感を持っているイメージを打ち出した。2011年にゴロマークの英語文字「acer」をさらに簡潔にし，もとの深緑色から青緑色に変更するようになった。

　新生・エイサーの業務がよりシンプルになり，運営の成果も直ちに現れるようになった。前に述べた「三一三多」戦略以降，エイサーのブランド戦略が鮮明になった。製造委託は緯創（ウィストロン）のほかに，廣達（クアンタ），仁寶（コンパル），鴻海（ホンハイ）などのOEM・ODM生産企業にも製造を委託するようになった。その結果，製品の多様化と新機種が頻繁に発売されるようになり，市場から歓迎され，価格や品質も分社化以前よりも競争力を備えるようになった。

　それに，「新販売運営モデル」によって，ヨーロッパ市場でも歓迎されるようになった。その結果，エイサーの売上高は2001年の930億台湾元から2002年の1,073億台湾元，2003年の1,576億台湾元，2004年の2,250億台湾元になった。つまり，2001年から2004年の4年間に売上高が2倍以上に増加したことになる。その勢いは衰えることなく，2010年の売上高も6,290億台湾元

表 4-2　ABW ファミリーの売上高の推移

(単位：100万台湾元)

年　別	エイサー	緯　創	明　碁	(佳世達)	合　計
1996	9,909	—	27,458		37,367
1997	16,131	—	29,014		45,145
1998	21,226	—	33,431		54,657
1999	27,016	—	37,901		64,917
2000	36,338	—	48,627		84,965
2001	93,022	4,964	58,819		156,805
2002	107,350	76,690	93,229		277,269
2003	157,655	77,728	108,225		343,608
2004	225,014	116,578	147,770		489,362
2005	318,088	154,941	124,407		597,436
2006	350,816	218,355	130,254		699,425
2007	462,066	276,859	122,254		861,179
2008	546,274	422,281	169,508	75,478	1,044,033
2009	573,983	523,118	150,144	49,596	1,146,697
2010	629,059	546,628	137,062	61,333	1,237,020
2011	475,258	586,477		69,187	1,130,922
2012	429,511	598,759		75,120	1,103,390
	429,627	657,845		116,575	1,204,047
2013	360,132	624,009		119,230	1,103,371

(注1)　2007年9月1日，明碁電通のOEM・ODM生産を佳世達電通（後には佳世達科技 Qisda）に分社化した。明碁（BenQ）はブランド事業に，100%の子会社になった。

(注2))　2013年から金融監督管理委員会が認可した国際財務報道基準を採用。比較上，2012年の上欄は旧計算方式，下欄は新計算方式。

(出所)　公開情報観測站（http://mops.twse.com.tw/index.htm），企業年報および台湾証券取引所のデータ。

に達し，この10年間で6.7倍の増加の実績をあげることができた（**表4-2**）。同表の2012年の上欄はいままで使われた旧計算方式，下欄は新計算方式である。2013年は新計算方式である。しかし，2013年の売上高は3,601億台湾元まで減少するようになった。2013年は新計算方式であるが，2013年の売上高はトップの2010年の売上高と比べてわずか57%まで減少したことがわかる。

　他方，緯創の林憲銘はエイサーの製造部門を牽引し，ODM生産路線による自らのビジネス・パターンを構築するようになった。緯創の売上高は2001年の49億台湾元から2002年の767億台湾元，2003年の777億台湾元および2004年の1,166億台湾元に達した。この2001年から2004年の4年間に23.8倍も増加した。注目されるのは，2002年以降に緯創の売上高は大きく躍進す

るようになった。2005年の緯創の売上高は1,549億台湾元から2012年の5,988億台湾元（旧計算方式）と6,578億台湾元（新計算方式），2013年の6,240億台湾元に大きく増加している。

　分社化後，明基の李焜耀はBenQブランド路線を構築し，事業は順調に推移した。明基の売上高は2001年の588億台湾元から2002年の932億台湾元，2003年の1,082億台湾元および2004年の1,478億台湾元と順調に増加した。2001年から2004年の4年間に明基の売上高は3倍以上に増えた。2005年6月7日に明基はドイツ・シーメンスの携帯電話部門を買収し，「BenQ Siemens」ブランドで展開している。しかし，この買収は明基の売上高の増加に寄与せず，逆に，明基は9億ユーロ（約350億台湾元）以上の損失を蒙った。それによって，明基の経営悪化を招くようになった。明基の売上高は2008年の1,695億台湾元の最高額に達した後に，持続的に低下し，2010年には1,371億台湾元に減少するようになった。

　2007年9月1日，明基電通はOEM・ODM生産の事業を佳達電通（後に佳世達科技 Qisda）に社名を変更した。分社化した明基（BenQ）はブランド事業に従事し，佳世達傘下の100%の子会社になった。

　エイサーの「2回目の改造」以降，その成果は明らかである。エイサー・グループの上記の3社（ABW）の売上高は2001年の1,568億台湾元が2004年の4,894億台湾元になった。しかし，2010年に1兆2,370億台湾元に達したあと，2013年に1兆1,033億台湾元までに減少した。

　2004年9月，エイサーの当時の施董事長は重大な発表をした。2005年1月1日にエイサーのヨーロッパ地域社長（イタリア籍）のジャンフランコ・ランチ（Gianfranco Lanci）がエイサーの総経理（社長）に就任した。

　ランチは35歳でテキサス・インスツルメンツ（以下，TI）のイタリア地域販売企業の社長を務めた。1997年にエイサーがTIのノートパソコン部門を買収時に，ランチはエイサーに残留した。ランチがエイサーヨーロッパ地域社長に就任したとき，ヒューレット・パッカード（以下，HP）がコンパックを合併し，ヨーロッパで全面的に直接販売モデルを実施するようになり，もとの販売代理店を不安にさせた。ランチは「新販売運営モデル」を使い，エイサーのヨーロッパの販売拠点を再建した。同時に，HPとコンパックの販売代理店を吸

収し，それに数百名の従業員をリストラした。

ランチは厳しくデータ管理を実施し，氏のパソコンで販売店，代理店，製品の販売量，在庫量を随時に検索することができた。これはランチが2年間かけて構築した「受注管理システム」(Order Management System)であり，台湾のODM生産企業のサプライチェーンとヨーロッパの代理店の受注と製造の情報を結合したものである。それによって，エイサーの在庫量を減少し，常に最新の販売情報を入手することができた。

ランチはエイサーのヨーロッパのパソコン市場シェアを2000年の第8位から第4位に，ノートパソコンの市場シェアを第5位から第2位に上昇させた。さらに，2004年にエイサーのヨーロッパ地域ノートパソコンの市場シェアを第1位に引き上げた。2004年のエイサーの売上高は2,250億台湾元に，2003年から2004年の年成長率は42.7％に達した。ヨーロッパ地域の売上高はエイサーの売上高に占める比率の70％に達した[8]。

エイサーのノートパソコンはヨーロッパの市場シェアのトップを記録した。さらなる拡大路線を図るには，このヨーロッパの経験をアメリカ，中国などの市場にも適用する必要があった。「エイサーの急速な発展を図るには，国際化を歩むことである」，これはランチの一貫した主張であった。のちにランチはエイサーのヨーロッパの幹部をアメリカ地域と中国地域の社長にした。そして，「新販売運営モデル」をアメリカと中国に適用するようになった。ヨーロッパ，アメリカおよび中国にこのモデルを複製したイングラム・マイクロ（Ingram Micro）はエイサーの有力な代理店である。

それ以降，エイサーの5つの地域運営社長のうち3名はヨーロッパの出身者になった。スイス籍のデペンダ（Walter Deppeler）はヨーロッパ地域運営社長に，2003年にシュミッドライナー（Rude Schmidleithner）はアメリカ地域運営社長に，2009年にドイツ籍のアフレンス（Oliver Ahrens）が中国地域運営社長にそれぞれ就任した。

(5) 企業買収期

2007年8月27日にエイサーはゲートウェイ（Gateway），パッカード・ベル（Packard Bell，以下，PB）を買収した。王振堂董事長の発表によると，エイサ

ーは1株1ドル90セント，総額7億1,000万ドルでゲートウェイを買収した。2006年にゲートウェイはすでにPBを買収したため，エイサーがゲートウェイを買収することによって，同時にPBの購入優先権（First Refusal）を擁することになる。2008年2月にエイサーはPBの75%の株券を4,580万ドルで買収した。この買収によって，エイサーは北米市場で市場シェア2.2%（2006年，第7位）から13.8%（2009年，第3位）に大きく躍進し，ヨーロッパ市場で14.5%（2007年，第2位）から21%（2009年，第1位）へと地位を上昇させることができた。エイサーの世界シェアは2006年の6.8%（第4位）から2009年の13%（第2位）に大きく上昇し，HPに次ぐまでに大きく躍進した。

　ゲートウェイおよびPBを買収した後，エイサーはブランド管理の問題に直面した。2000年のエイサーが「2回目の改革」時にとった，「三一三多」戦略とは，「1つの企業，1つのブランド，1つの世界チーム」，それに，「多くの供給企業，多くの生産ライン，多くの販売・流通チャネル」の運営モデルであった。それによって，有効的に企業の競争力を向上し，エイサーとは1つのブランドの「acer」であり，混乱を避けることができた。

　しかし，2007年以降，市場シェアの増加を求め，ゲートウェイ，PBを買収したあと，多ブランド戦略に移行するようになった。異なる地域，異なる顧客に異なるブランドの製品を提供するようになった。最終的にはエイサー，ゲートウェイ，PBおよびeMachines，Founder（方正）など5つのブランドを擁することになった。2007〜2010年にエイサーの売上高は4,620億台湾元から6,290億台湾元に達し，市場シェアは8.9%から12.3%になり，世界ランキングも第3位から第2位に上昇するようになった。

　1997年3月，アップルはeMate300を発表した。それはPDA（携帯情報端末）とノートパソコンとの間の製品ラインを補うものである。しかし，翌年にアップルはデスクトップパソコンのiMacとノートパソコンのiBookの発展に尽力したため，eMate300の生産を中止した。

　2007年に華碩（エイスース）は新興市場に参入し，ネットブックのEee PCを発表した。それによって，ネットブックの市場が本格的に展開するようになった。ネットブックは7インチから10インチの液晶パネルを搭載し，SSD（Solid State Drive），初期のOSソフトは無料のLinuxを使用した。しかし，消

費者の使い慣れに応じて，後にはマイクロソフトの MS Windows を使用するようになった。ネットブックの単価は 2 万 5,000 円から 5 万 3,000 円の間であり，当時のノートパソコンの約半額である。ネットブックは主にインターネットとの接続，メールの受送信を目的にし，その他の機能を省いた。ネットとの接続は通信事業と 3G 通信契約によって，消費者は初期にはゼロ円から 2 万 5,000 円（台湾の場合）で 1 台のネットブックを所有することができた。

2008 年以降にネットブックはブームになり，ノートパソコンの市場シェアの 19% を占めるようになった。2008 年にエイサーのネットブック Aspire One が発売され，エイスースのネットブック Eee PC よりも約 1 年間遅れて発売されたものである。エイサーの Aspire One は初の 9 インチのネットブックの発売であり，それにエイサーの優れた流通チャネルの強みによって，直ちにエイスースのネットブックの販売台数を超えた。2009 年にエイサーの Aspire One は 1,200 万台を出荷し，エイサーのノートパソコンの出荷量の 20～25% を占めるようになった。それによって，エイサーのパソコン（ネットブックを含む）の世界の市場シェアは 13% を占めるようになり，世界の第 2 位に達した。

エイサーはヨーロッパ市場で第 1 位の地位を確保し，アメリカのゲートウェイ，PB および eMachines の買収によって，ノートパソコンの世界市場シェア第 3 位から第 2 位に躍進した。さらに，ランチ社長は中国の新興市場にターゲットを合わせた。その理由は，世界で最も多い人口を擁する中国の急速な成長によって，多くの海外企業を吸引し，エイサーもこの熾烈な競争に参入するようになった。1990 年にエイサーは中国市場に参入し，中国地域運営本部社長の 4 代目の交代を経て，販売方式も大地域代理店から小地域代理販売店の新販売方式に変更した。

しかし，業績は芳しくなく，最終的に王振堂は頼泰岳を降ろして，ドイツ籍のアフレンス（Oliver Ahrens）を中国地域運営本部社長に任命した。歴代の中国地域運営本部社長は，有効な経営モデルおよび販売チャネルを構築することができなかった。エイサーの中国地域社長の更迭から，王振堂とランチの中国地域運営本部社長アフレンスへの期待は大きかった。王振堂とランチの全面的な支持の下で，アフレンスは中国市場で成果を得るように，2010 年 8 月に 26 億台湾元で中国の方正科技（Founder）のパソコン部門を買収した。2010 年 8

月，エイサーは海外無担保の可転換企業債（ECB）を発行し，総額は5億ドル（160億台湾元）である。その企業債の発行の目的は，中国の方正科技のパソコン部門の買収である。

　この買収の主な内容は次の2つの内容であった。

　(1) ITシステムおよび他の財産移転の協議に5,100万人民元，「販路資源」の協力に6,900万人民元で，合計1億2,000万人民元の移転費を買収の費用に投入した。方正科技はエイサー上海に，方正パソコン製品関連業務のデータバンク，ソフト（方正ITシステム）などの無形資産を譲与し，エイサーにその「販路資源」を移転する。「販路資源」とは，既存の顧客，交渉中の顧客，潜在顧客などのデータを含んでいる。しかし，軍隊，中央政府などの国家の安全，国家機密の問題に関するデータは譲与が認められず，除外の対象になっている。

　(2) エイサーは方正科技のパソコン関連業務の独占的商標（"方正"と"Founder"）の使用許可権限を得ることができ，エイサーは方正科技に6,750万ドル（約4億6,000万人民元）を支払うことにした。

　IDCの調査によると，2010年第1四半期の中国のパソコン市場では聯想（Lenovo＝レノボ），HP，Dellがトップ3を占めている。エイサーが方正科技の市場シェアを加えた場合，Dellの市場シェアを凌駕し，中国市場の第3位に躍進することになる。そうすると，エイサーと第2位のHPとの販売台数の差が少なくなり，第2位に上昇することも視野に入る。

　買収によって国土の広い中国で直ちに有効な流通販路を構築することは，エイサーが目指している戦略である。エイサーがこの買収で期待しているのは，方正科技の技術よりも方正が築き上げた流通販路である。方正科技は全国では3,000社以上の販売拠点，300の流通販路および30の地域サービス拠点を擁している。方正のパソコン部門の買収は，中国のローカル市場の流通販路の構築に有利になる。それはエイサーが求めた地域拠点の構築である。方正グループとの協力関係の構築は，エイサーが中国のパソコン市場の長期発展を強化できると考えられた。

　そのほかに，エイサーの中国市場での競争力はノートパソコンは強いが，デスクトップパソコンはやや弱い。方正科技はデスクトップパソコンは強いが，ノートブックはやや弱い。エイサーによる方正のパソコン部門のM&Aは，

互いに補完ができることである。中国の大都市はノートパソコンとデスクトップパソコンの主力市場であり，中小都市はデスクトップパソコンが主力市場である。方正のデスクトップパソコンは，すでに中国の多くの市場に入り込んでいた実績がある。

「流通販路を制したものが，IT業界を制すること」をエイサーは考えている。エイサーは方正パソコンの中小都市の市場においての良い評価を利用して，エイサー・方正（Acer Founder）ブランドのパソコンを販売する。そうすると，エイサーはこの方正パソコン部門買収の最大の勝ち組になるという計算である。2009年の方正パソコンの売上高は65億人民元（約325億台湾元）であり，エイサーの売上高の7%を占めている。中国市場の可能性を見て，方正を買収したあと，エイサーが中国の市場シェアは9.4%になり，第3位を占めるようになった。その後，エイサーの中国市場の売上高による市場シェアは2010年第1四半期の5%から2011年第1四半期の14%に増加するようになった。

パソコンの低利潤の競争に入ったあと，長江デルタおよび珠江デルタの労働者賃金，地代が急速に増加し，中国の労働契約法の規定によって企業の負担が高まる。そのために，エイサーはさらなる低コストを求める必要がある。重慶市政府の積極的な誘致によって，エイサーは2010年12月に45億台湾元を投入し，中国の第2生産基地（中国第2本部）を重慶の両江地域に設けた。この基地は，製造・組立，R&D，技術支援，販売を担当する。2011年5月にエイサーの重慶の生産基地の量産化が始まり，5月26日に重慶市長黄奇帆とエイサーのグローバル運営センター総経理の翁建仁が共同で製品の初出荷儀式を主催した。重慶市政府は世界有数のノートブックの生産基地になるように外資を誘致し，積極的にインフラ建設を改善した。それによって，エイサーのほかに，華碩（エイスース）は2011年4月に重慶に第2運営本部を設けた[9]。

2010年5月，アップルはタブレットのiPadを発売した。同年9月，サムスン電子もタブレットのGalaxy Tabを発売し，Android方式のプラットフォーム市場に進出した。先進国におけるパソコンの飽和とタブレットの発売によって，タブレットとノートパソコンとの代替効果が発生し，ノートパソコンの出荷量の減少という悪い影響を及ぼした。それによって，エイサーの業績の悪化をもたらした。同年12月，ランチ社長はコンサルタントを招き，製品設計，

R&Dから販売に至るまで，組織の改造を行った。タブレットの出現によるノートパソコンの需要減の衝撃に対応するために行う処置である。しかし，互いの信頼の不足によって，エイサー出身の主管から見ると，ランチの改造は他人の権限削減の行動として捉えられた。それによって，組織の信頼を揺るがすようになった。

タブレットの出現の影響を受けて，先進国でのノートパソコンの需要が減少した。その影響を受けて，2010年第4四半期および2011年第1四半期のエイサーの売上高が大幅に減少した。それによって，2011年1月3日のエイサーの1株当たりの株価は90台湾元から4月20日の最低価格の48.8台湾元に大幅に下落するようになった。エイサーの株価の安定感を保つために，エイサーは2011年4月に2ヵ月をかけて台湾証券取引所に販売しているエイサーの株券5万4,000枚を買い戻し，それによって1株55～100台湾元に戻すことを計画した。その結果，30億～54億台湾元を投入し，2万860枚を買い戻した。計画による株券の買い戻しの執行率は53％であった。

2011年3月28日の第1四半期のエイサーの理事会で，2010年の財務報告が承認され，利益は151億台湾元に達し，EPS（1株当たり利益）は5.71台湾元であった。そのいずれもエイサーの史上最低水準である。理事会で施は「エイサーの過去の勝利の方程式はもう使えない」，「表面よりも中身が大事」と発表した。同時に，王振堂とランチの退職を決定するようになった。のちに，ランチは中国・聯想（レノボ）のCOO（最高執行責任者）に就任している。

同年4月19日，エイサーのグローバル総裁（Corporate President）のポストに情報製品グローバル運営センター総経理の翁建仁が昇進した。組織はスマートフォン製品に全力を注ぐようになり，エイサーの情報製品のグローバル運営センターを「タッチ・コントロール事業群」および「パソコン製品グローバル運営センター」に変更するようになり，これまで参入に遅れたタブレットと携帯電話に力を入れるようになった。

ランチ総経理時代にヨーロッパ地域の在庫分の過剰による代金回収困難の問題が発生した。組織の改造速度の強化のため，販売の原価償却費の1億5,000万ドル（約43億台湾元）を運営上の損失として計上し，それに，300人のリストラを行った。同時に，株価の低迷対策としてエイサーの理事会で2回目の2

万 7,000 枚の株券の買い戻しを行うことを決めた。買い戻し期間は 2 ヵ月間，買い戻し価格は 1 株 55～80 台湾元である。

エイサーの 2013 年第 2 四半期の EPS（1 株当たりの利益）は 0.6～0.8 台湾元の間で，43 億台湾元の損失額で計上すると，1 株当たり 1.59 台湾元の損失が発生する。1 株当たり 0.8～1 台湾元の損失になり，2001 年の IT 不況以降に初めて見られたことである。その影響を受けて，エイサーの世界の市場シェアは急速に減少するようになった。

2013 年 11 月 5 日，エイサーの業績悪化（タブレットとスマートフォンの参入の遅れ）の責任をとり，董事長（会長）兼 CEO の王振堂は辞任した。理事会は CEO の後任者を総経理（社長）の翁建仁が担当し，2014 年 1 月 1 日から施行すると決めた。董事長の辞任は 2014 年 6 月から有効とした。2013 年 11 月 21 日に，エイサーは董事長の王振堂と総経理の翁建仁の辞任を発表し，理事会は施振榮が董事長兼グローバル総裁に就任すると決議した。同じく 2013 年 12 月 23 日に，エイサーの理事会はインテルの前副総裁の陳俊聖がエイサーのグローバル総裁兼 CEO に就任すると発表し，2014 年 1 月 1 日に施行すると決めた。続く 2014 年 5 月 4 日に，施振榮は 6 月 18 日の理事会で董事長を辞任し，エイサーのクラウドコンピューティングの担当に就任すると発表した。同年の 6 月 8 日に，理事会は黄少華が董事長に就任することを承認し，同時に施振榮は名誉董事長に就任した。

Ⅱ．組織の改組

(1) 「三一三多」運営モデル

以上，エイサーの創業から近年のビジネスの展開過程を説明した。売上高の増加によって，国際化およびブランドの多元化のニーズに合わせて，エイサーの組織も絶えず調整して対応するようになった。図 4-3 はエイサーが 2010 年 4 月に公表した組織の構成である。董事長（会長）兼 CEO はブランド戦略（グローバルブランド販売本部），流通戦略（流通事業部）およびサポート部門を掌握していた。グローバル総裁は RBU（地域運営本部），製造（パソコン製品グローバル運営センター），戦略事業（タッチ制御事業部）およびサポート部署（グロー

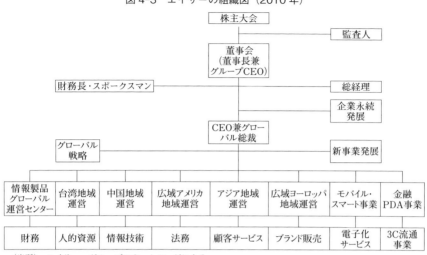

図4-3　エイサーの組織図（2010年）

（出所）エイサー・グループのホームページによる。

バル顧客サービス本部，グローバル情報技術本部）などを掌握していた。

　エイサーの企業改造の主な目的は，ブランドの構築による損失の処理である。自社ブランドの構築によって損失が発生した理由は，1つには製品の競争力の不足によるものである。1つは販売現地の管理不良であり，それによって，在庫管理の不良および販売費用が高すぎるという問題である。

　そのために，2000年の「2回目の改造」の後，エイサーのヨーロッパ市場に進出するときの販売戦略は，Dellの直接販売方式でなく，HPのブランド他社の買収による市場シェア拡大の方式でもないことである[10]。このときのエイサーはブランド価値の創造を主軸に，ブランド志向およびブランドの知名度の向上に着手していた。

　企業のブランド価値は，コア製品によって高度化へと牽引する必要がある。宏達国際電子（HTC）は携帯電話を主軸製品に，初期のエイスースはマザーボードを主軸製品に，エイサーはノートパソコンを主軸製品にした[11]。エイサーが自社の強みの製品を主軸製品として選択すると，消費者にこの製品を購入させる動機を発生することになる。同時に，ブランドの知名度を向上させ，ブランドの良いイメージを保ち，ブランドの価値に相乗効果を発揮させることに

なる。

　2004年に施振榮は「三一三多」運営モデルを実施した。「三一」とは，単一企業，単一ブランド，単一のグローバルチームを指している。その目的は，運営の集中，簡略化の追求である。「三多」とは，多くの供給企業，多くの生産ライン，多くの流通販路であり，その目的は1社の供給企業に制限されないということである。要するに，製品の競争力の向上を意図していることである。

(2) B to B to C の新販売方式

　エイサーが自社ブランド戦略を採用後に損失が発生した理由は，製品の競争力の不足のほかに，在庫管理の不良と販売費用が過度に高いという問題である。在庫コストが高いということが問題の中心であるために，エイサーは独創的なB to B to C（企業の企業向けと消費者向け）の新たな販売方式を考案した。それはDellのB to C（企業の消費者向け）の直接販売ビジネスではないことである。エイサーの新販売ビジネスは，供給企業が直接的に販売店に輸送し，その後，販売店が消費者に販売する方式である。販売店は消費者のニーズに合わせて，エイサーの地域支店に注文を出すことができる。注文時には，過去の「地域卸売大代理店」を経由せず，直接的にエイサーの本社に注文し，卸売代理店のマージンを節約することができる。

　要するに，エイサーの新販売方式は基本的にはDellの直接販売方式を参考にし，サプライチェーンとバリューチェーンの流れを短縮させた。しかし，販売店を"敵"に回さないために，エイサーはDellの完全な直接販売路線を歩まない。販売店との共生共栄で互いの利潤を確保している。「B to B to C」の新販売運営方式を実施する理由は次の考えに基づいている[12]。

　エイサーにとって最も理想的な方式は，直接的に消費者に販売することである。しかし，パソコンのインターネットの初期設定やアフターサービスなどの提供には販売店の手を借りる必要がある。仮に「B to C」（企業の消費者向け）の直接販売方式を採用した場合，莫大な販売システムが必要になる。それに直面するのは数百万単位の非専門家の消費者である。仮に「B to B」（企業対企業）の販売方式を採用した場合，専門家の顧客に直面するために，ブランドイメージの構築にそれなりの宣伝が必要である。口コミによる宣伝の場合，ビジ

ネスの構築に時間がかかる。
　当初，エイサーはヨーロッパやアメリカで自らの販売システムやサービスシステムの構築ができないため，「B to B to C」という販売店の力を借りて市場の拡大を行った。ODM 生産企業から直接的にパソコンを販売店に輸送した場合，エイサーの在庫が減り，直ちに市場の開拓ができることを試みていた。当時のエイサーの独創的な新販売運営システムを採用したのは，次の4つの理由によるものである。
　(1) 在庫分の低減である。Dell の直接販売方式は在庫を低減することができるが，当時のエイサーは直接販売の組織が構築されていない。それに，海外の管理能力が不足で，販売管理システムの構築に多額の費用がかかり，直接的に販売チームを組織するリスクが高い。そのために，新販売運営方式を通じて，エイサーは在庫分の費用を供給企業と販売企業に転嫁することができた。そして，在庫管理が適切である場合，売上高に占める販売管理費用の比率は直接販売方式（Dell 方式）のその比率に相当することができる。
　(2) 製品競争力の向上である。新販売運営方式と直接販売方式で類似しているところは，絶えず新しい製品を販売することができる。それは製造に固定資本の投入とリスクの負担が必要とせず，素早く製品を淘汰することができ，大幅に競争力を向上することができる。
　(3) 主な販路は販売店に頼ることである。アメリカ市場はヨーロッパ市場と異なっているが，アメリカの主要の販路は大手の量販売店であり，小売店ではないことである。エイサーのランチ前社長によると，ヨーロッパ各国間には文化の差異が存在するために。業務の開拓には各国の販売店が仲買の役割を果たすために，製品を店舗に送り出す必要がある。
　(4) "漁夫の利"を図ることである。当時，Dell の直接販売方式の影響を受けて，直接販売のブームが起きた。HP（ヒューレット・パッカード）はコンパックを買収したあとに，積極的に直接販売を行い，直接販売と販売店の"2刀流"を採用するようになった。そのために，販売店の疑心暗鬼を招き，直接販売を採用しないブランド販売のエイサーにとって，多くの優秀な販売店の協力を得ることができた。
　新販売運営方式を採用した場合，在庫分を供給企業と販売店に転嫁したが，

在庫分が多すぎると，全体のサプライチェーンがうまく運用できない。ランチ前社長は受注管理システム（Order Management System）を構築し，OEM・ODM企業のサプライチェーンおよびヨーロッパ地域の販売店を結合することになった[13]。このプラットフォームの構築によって，販売店の1日ごとの販売量と製品の生産量・機種を直ちに管理することができた。そのために，この新販売運営方式と直接販売運営方式とは大きな差異がないことである。販売店の受注に基づいて，供給数量を決め，在庫分を低減させることができるからである。要するに，この受注管理システムによって，最新の受注と販売の情報を掌握し，直ちに情報を製造・販売の調整に反映させ，さらなる高い価値を生むことができると考えられた。エイサーの新販売運営方式は，Dellの在庫分がない直接販売方式と遜色がないと考えられる。

エイサーは自社ブランドのノートパソコン，デスクトップパソコン，サーバ，液晶ディスプレイおよびデジタル家庭電子製品（Digital Home）を提供している。エイサーの業績を見ると，65%以上の売上高はノートパソコンによるものである。そのために，消費者の選択嗜好が変化すると，エイサーの業績に直接的に影響を与えることになる。つまり，エイサーは消費者の嗜好性向の変化を直ちにキャッチすることが必要である。そして，新しい製品を世に送り出すことができるか否かによって，業績が大きく左右されることを意味している。エイサーのコア競争力を使って，消費者のニーズを掌握し，さらに進んで消費者のニーズを創造することが必要である。

エイサーのノートパソコンの販売先は一般の消費者が主要な市場であり，ビジネス市場を強化する必要がある。そして，販売先がヨーロッパ市場に集中している。つまり，ヨーロッパ市場に大きな変化が発生した場合，エイサーの業績に大きな影響を与えることになる。2000年以降に中国市場の配置が始まり，次第に成果が現れてきた。世界のパソコン市場において，中国は最も成長の潜在力を持つ市場である。

エイサーによる方正科技のパソコン部門の買収は，直ちに業績の成果が現れ，売上高の1割増をもたらした。エイサーの新販売運営戦略の目的は，エイサーと販売店が共同で利潤を享受し，市場シェアの拡大を図ることである。つまり，エイサーの企業戦略は，互いに利潤を獲得することができ，協力の販売店の支

持を勝ち取ることである。協力の販売店は他のブランド製品の販売に比べて，より多くの利潤を得ることができた。市場が持続的に増加する時期に，利潤率を向上させることができた。しかし，パソコンが成熟期に入り込んだあと，企業の利潤獲得がますます減少するようになる。新販売運営戦略の最も重要な目的は市場シェアを拡大させることであり，利潤の向上ではない。

　エイサーが持続的に成長を保持するには，優れた経営と管理が必要である。パソコンは次第に大衆化製品になり，異なる消費者のニーズに直面し，1つのブランドはすべての市場をカバーすることができない。エイサーはゲートウェイおよびPBを買収したあと，多ブランド戦略を採用するようになった。エイサーはグローバル・ブランドの管理仕組みを構築したあと，それぞれのブランドの属性と位置付けに基づいて，製品の差別化を開発した。それによって，異なった消費者のニーズを満たすようになった。エイサーにとって多ブランド戦略の実施は重要な経営方針である。

　エイサーは独創的な新販売運営方式を採用し，一流の供給企業と販売店の協力を受けて，パートナーの資源を充分に運用し，ウィンウィンの利益の分け前を行ってきた。それによって，長期にわたり緊密なパートナー関係を構築するようになった。そのほかに，エイサーは運営コストの低支出の方針を採用し，経営の負担を減少させ，安定的な運営を図っている。

　エイサーにとって必要なことはグローバル運営を堅持し，簡素化と専門性注入の理念に基づき，運営コストの低減で競争力を維持することである。エイサーは自社ブランドの中核事業に資源を集中し，コア製品を経営して，競争力を持たせた。そのほかに，エイサーは柔軟なグローバル運営を構築し，市場と顧客のニーズに直ちに対応できる能力を持っている。エイサーはグローバル経営チームおよび内部交流のメカニズムを擁し，大きな変化が発生すると直ちに戦略的に対応を行う体制を構築している。

　この時期にエイサーが採用した概念は，市場プッシュ（Push Market）であり，新販売戦略方式で製品を世界各地に送り，多ブランド戦略を通じて消費者の最大のニーズを満たしている。顧客を中心に，高い収益性を増やすレバレッジ（他人の資本を梃子にして自己資本利益率を高める）効果および異なる類型の協力パートナーの能力を統合するのがエイサーの最も重要なコアの競争力であ

る。この新販売運営方式はエイサーに市場のニーズを直ちに製品に反応する効果を持たせ，同時に運営コストの改善に寄与すると考えられた。

Ⅲ．ブランド戦略

(1) スマイルカーブ仮説

2001年にエイサーは2回目の企業改造を行い，企業戦略を「製造から離れ，ブランドに成果」の方向に舵を切った。要するに，エイサーはパソコンの製造を放棄し，他のODM生産企業にパソコンの製造を委託するようになり，自社ブランド重視のブランド戦略を選択するようになった。2004年に王振堂はインタビューに応じて，「現在，エイサーに残ったのはブランドだけであり，一生懸命にそれを堅持する」と企業の進路を主張した。

1983年の「Multitech」のブランドから1987年以降の「Acer（エイサー）」のブランドの名称を変更した。その後，1998年の「準2回目の改造」および2001年の「2回目の改造」でエイサーは製造を放棄し，「acer」のブランド戦略重視の路線を歩むようになった。つまり，スマイルカーブ仮説に基づいて川上段階から川下段階に至るまで，どの段階の価値が大きいのか，価値の最も大きい段階を選択し，全力を注入した。要するに，エイサーが「2回目の改造」の後にODM路線を放棄し，自社ブランドの追求で売上高と利潤に大幅の増加が見られた場合，エイサーの選択は正しいことが証明できる。

エイサーのブランド戦略は施振榮が考案したスマイルカーブ仮説に大きく影響を受けている（図4-4）。「スマイルカーブ」とは，左側から右側に向かって製造から販売に至るまでのサプライチェーンのプロセスを示している。パソコンを例に説明すると，左側（川上段階）はパソコンのICや部品の付加価値であり，右側（川下段階）はパソコン製品のブランドや流通販売の付加価値である。その中間（川中段階）はパソコンの組立の付加価値を表している。同図のスマイルカーブ（U字型曲線）に沿って，左側のソフト，CPU（中央演算処理装置），DRAM（記憶保持動作が必要な随時書き込み読み出しメモリー），ASIC（特殊用途別集積回路），システムLSI，液晶ディスプレイ，HDD（ハードディスク・ドライブ），マザーボード，ソフトなどのIC・部品の場合，技術力，製造

図4-4 スマイルカーブ仮説

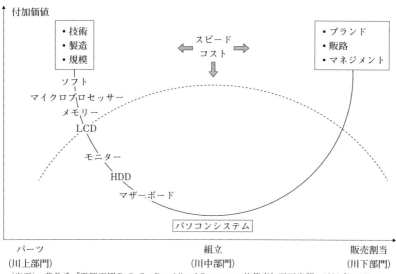

(出所) 黄欽勇『電脳王國 R. O. C.：Republic of Computers 的傳奇』天下出版，1995年，161ペー ジ（田畠真弓訳『電脳王國：台湾の奇跡』アスキー，1996年，199ページ）。

能力および生産規模が必要であるため，付加価値が比較的高い。他方，右側のパソコン製品はブランド，流通・販路およびマネジメントの支援体制に影響され，付加価値は比較的高い。しかし，その中間部（川中段階）のパソコンの組立の場合，その付加価値は低いことを意味しており，スマイルカーブは下に凹んでいる。逆に点線で表していたコストは逆U字型曲線の様相を示し，両側のコストは低く，中間部のコストは高いことがわかる[14]。

カーブの左側の部品のR&Dおよびソフトの開発は「グローバルの競争」（ハードとソフトの競争）の追求，右側はブランド力，販売力およびサービスは「地域の競争」の追求が必要になる。中間ではより安価でより優れた組立ができる「ハードの競争」の追求が必要になる。そのために，これら競争の形態の基本的な原則を掌握しないと，スマイルカーブ仮説の実施に適切に対応することができない。エイサーがブランド重視の企業戦略に変更したあと，在庫管理のコントロールおよび高い販売費用の問題を解決するようになった。同時に地域の競争という「現地化」の課題にも注目するようになった。

エイサーは「現地化」の理念を確実なものにするために,「グローバル・ブランドと地域の結合」の販売戦略が提起された。それは各地運営の主管を本部の政策決定の一員とし,本部の政策の成否に各地の主管は共同の責任を担当することである。同時に,本部の政策決定も現地化の方針を採用し,現地の人材によって企業戦略を確実なものに促して,現地化の考えを製品に注入することである。要するに,エイサーの地域競争戦略とは「現地化」であり,事実上,「現地の人材は現地を制する」ことである。この方策を採用すると,エイサーに欠けている海外販売の人材および海外管理能力の不足の課題を解決することができると考えていた。

　最も重要な点は,現地の管理チームと人材を使用することで,現地のニーズを有効に掌握することができる。それによって,市場のニーズを直ちに経営チームに反映することができる。しかし,海外の人材を重視する場合,互いの信頼関係が重要であり,エイサーの「現地化」戦略では以下の方策を採用した。

　(1) 各地域の運営主管に決定権を提供する。本部の決定に各地域の人員が参加し,各地域の人員に主導させ,決定権を中央から地域に放出することである。

　(2) ブランドの発展に海外の一流の人材を使い,一流の賃金を提供する。時には会長よりも高い賃金を提供しないと,優秀な人材を確保することができないと考えていた。

　(3) 海外の人材を使う場合,互いの信頼が必要である。雇用関係は長期のため,互いの「信頼」と「意見の交流」が必要であると考えていた。

　世界でブランドの拡大業務を展開するために,グローバル・ブランド販売本部のメンバーは,八十数名から三十数名に縮小し,一部の機能は地域本部に移転するようになった。現在,グローバル・ブランド販売本部はグローバル・ブランドの企画を行い,特にブランドの仕組み,ブランドの識別およびブランドの位置付けを行っている。本部はそれぞれの地域運営本部（RBU）から提出した地域のニーズおよびコンサルタントから提供されたグローバル市場分析の調査報告書を基礎に,製品仕組みの企画を提出するようになっている。その後,それぞれの地域本部は地域のニーズに基づいて,製品の販売推進の調整を行っている。

　地域本部は世界のブランドイメージおよびブランドの位置付けの推進を行っ

ている。具体的には，映像・音声の版権，オリンピックの賛助，フェラーリ・チームの協賛などが一例である。それぞれ地域の RBU は本部の原則に違反しない程度で，自らが各地の販売活動を計画することができる。これらの販売活動は本部から認可が必要である。必要に応じて本部の渉外が各地域の RBU に協力し，異なるニーズの販売活動を行っている。これらの企画はそれぞれの地域のブランドの発展状況に応じて，異なる対応を行っている。エイサーのブランド販売の活動は，他の外資系ブランド企業の中央集権的統一の活動と異なることがわかる。

施振榮はスマイルカーブ仮説を使って，パソコンの組立（川中段階）の付加価値が最も低い部分になったと従業員を説得した。そのために，エイサーは全力で付加価値が高い川下段階のブランド重視の販売，流通およびサービスに投入するようになった。特に，2回目の改造以降，エイサーは完全に川下段階のブランド路線を歩むようになった。

(2) ブランド価値と消費者の嗜好性

2007年にゲートウェイ，PB および eMachines を買収したあと，エイサーは多ブランド戦略を選択するようになった。世界のハイテク企業において1社が4つのブランドを同時に持つことは稀である。しかし，多ブランド戦略を採用したあと，エイサーの急速な成長は誰の目にもわかることである。エイサーは多ブランド戦略によって，"勝利の方程式"を構築したのである。

施振榮は氏の独創的に創造したブランド価値の方程式を提出した。それは，以下の方程式である[15]。

$$\boxed{\text{ブランド価値}} = \boxed{\text{ブランドの位置付け}} \times \boxed{\text{ブランドの知名度}}$$

「ブランドの位置付け」とは，売上高の価値から原価（コスト）を差し引いたあとの純付加価値である。この純付加価値が大きいほど，企業のブランドの位置付けが明確であり，より多くのブランド価値を創造することができる。しかし，この純付加価値が小さい場合，または赤字を記録した場合，ブランドの位置付けは失敗であり，そのために，損失を蒙ったことになる。

「ブランドの知名度」では，メディアでの出現の度合いおよび市場における

製品の出現の度合いに分けられる。「メディアでの出現の度合い」とは，渉外，広告あるいはメディアに登場するさまざまな出来事である。「製品の出現の度合い」とは，製品が市場などにおける出現の度合いを指す。製品の市場シェアが高いほど，知名度が高い。そのために，エイサーが採用した新販売戦略は市場プッシュ（Push Market）の方式で市場シェアを増やすことであり，ブランド価値の向上を期待していた。

エイサーのブランド重視の経営特性は，そのブランド戦略を分析するときに，デービッド・アーカー（David A. Aaker）の「ブランド・リーダーシップ」で説明することができる[16]。それは「将来の10年以内に構築すべき強いブランド」である。

強いブランドには明確なブランドの識別を持っている。すなわち，ブランド戦略の専門家は連想できるブランドイメージの創造を試みている。ブランドイメージは市場のニーズに応じて随時に修正や補充を加える必要がある。基本的に言えば，ブランドの識別はこのブランドから現れた外的イメージを示すことである。シンボル，スローガンなどの他のブランドとの違いを表すこともブランド優位の戦略である。

ブランドの識別計画には2つの重要な要因を含んでいる[17]。1つは戦略的ブランド分析（Strategic Brand Analysis）および1つはブランド・アイデンティティの適合（Brand Identity Implementation）である。ブランドのアイデンティティに効果が発揮できるように，ブランドの識別は顧客に共鳴が得られることが必要である。それによって，ブランドと競争者との間に差別化が生まれ，ブランドの能力と目標を代表させることである。そのために，戦略的ブランド分析を通じて経営者と顧客，競争者およびブランド自身を理解するには有益である。ブランドの発展と評価でブランド・アイデンティティを構築することである。その中に，ブランド・アイデンティティ，ブランドの地位，ブランドの構築計画，パフォーマンスの追跡などがかかわっている。

2007年にエイサーはゲートウェイを買収し，2008年にPBを買収したあと，エイサーは同時にAcer，ゲートウェイ，PBおよびeMachinesの4つのブランドを保有することになった。この4つのブランド価値と位置付けがさらに発揮できるようエイサーのブランド担当チームとコンサルタントは市場調査を行

表 4-3　エイサーの多ブランドの製品の識別と位置付け

ブランドの名称	エイサー	ゲートウェイ	PB	eMachines
製品の位置付け	"生活の簡素化"，操作が簡単，性能に優れている。	"他人の視線を吸い込む"効果，新しい潮流の先端の設計。	"他人の視線を吸い込む"効果，新しい潮流の先端の設計，造型で勝ち取る。	経済的で，実利的な追求。
消費者にもたらす価値	常に最新鋭の機能で，最も完璧な技術と製品の提供。	先端的な工業設計，魅力的な追求。	常に最新鋭の機能で，最も完璧な技術と製品の獲得。	製品は価格以上の価値。

（出所）　筆者の整理による。

い，それぞれのブランドの位置付けおよび消費者にアピールする価値の所在を明らかにした（表 4-3）。

エイサーの製品の位置付けは，"生活の簡素化"を追求し，簡単に操作ができる究極の性能が発揮できることである。エイサーが消費者にもたらす価値は，直ちに最新鋭の機能で，最も完璧な技術と製品が提供できることである。

ゲートウェイと PB の製品の位置付けは，"他人の視線を吸い込む"効果を追求すること。新しい潮流に沿った先端の設計，造型によってビジネスで勝ち取る戦略を採用する。消費者にもたらした価値は，最先端の工業設計，魅力的な追求である。eMachiness の製品の位置付けは，経済的で実利的な追求である。製品は価格以上の価値追求の戦略を採用する。そのうち，ゲートウェイおよび PB の製品の位置付けと消費者にもたらす価値は同じである。しかし，両者の差異の点は，PB はヨーロッパ地域のみに販売し，ゲートウェイはヨーロッパを除いた世界の他の地域で販売されている。

ブランドのフレームワークはブランドの役割，ブランド間の関係および異なる製品市場での背景を示している。精密に設計されたブランドのフレームワークは，明確なブランドの性格と効果を生み，ブランド力を充分に発揮できると考えられる。ブランドのフレームワークは次の 5 つの役割で定義することができる。(1) ブランドの位置付け（Portfolio），(2) ブランド位置付けの役割（Portfolio Role），(3) 製品市場における関係の役割（Product-Market Context Role），(4) ブランド位置付けの構造（Portfolio Structure），(5) ブランド位置付けの図案（Portfolio Graphic）である。

表4-4 各国市場における6大消費者群の分布

(単位:%)

消費者群	アメリカ	ドイツ	イギリス	フランス	スペイン	イタリア	ロシア	世界
(1) 技術に精通し,技術の愛好者	12	7	7	8	11	11	16	11
(2) 技術を重視する理性的追求者	14	12	12	14	13	17	18	14
(3) 追従者	26	35	35	30	36	39	42	30
(4) 経済的,実務的追求者	13	35	29	26	21	19	9	18
(5) シンプルで,使いやすさの追求者	28	6	12	12	10	6	4	20
(6) 流行と造型の追求者	7	6	5	9	10	7	11	7

(出所) "Acer Market Research by TNS", McKinsey Analysis, 2007. 徐培軒「台灣高科技企業的多品牌策略:以宏碁為例」政治大學商学院經營管理碩士論文, 2011年。

　エイサーのブランド・チームおよびコンサルタント企業は市場調査を行い,エイサーの4つのブランドを消費者の特徴と世界市場での分布状況から,次の6つの分類を行った[18]。(1) 技術に精通し,技術の愛好者,(2) 技術を重視し,理性的追求者,(3) 追従者,(4) 経済的,実務的追求者,(5) シンプルで,使いやすさの追求者,(6) 流行と造型の追求者の分類である (**表4-4**)。

　その結果,アメリカでは,(5)「シンプルで,使いやすさの追求者」が28%,(3)「追従者」が26%,(2)「技術を重視し,理性的追求者」が14%,(4)「経済的,実務的追求者」が13%,(1)「技術に精通し,技術の愛好者」が12%,(6)「流行と造型の追求者」が7%の順位である。

　ドイツでは,(3)「追従者」と(4)「経済的,実務的追求者」が同率の35%,(2)「技術を重視し,理性的追求者」が12%,(1)「技術に精通し,技術の愛好者」が7%,(5)「シンプルで,使いやすさの追求者」と(6)「流行と造型の追求者」が同率の6%の順位である。

　それに,イギリスでは,(3)「追従者」が35%,(4)「経済的,実務的追求者」が29%,(2)「技術を重視し,理性的追求者」と(5)「シンプルで,使いやすさの追求者」が同率の12%,(1)「技術に精通し,技術の愛好者」が7%,

(6)「流行と造型の追求者」が 5% の順位である。

　また，フランスでは，(3)「追従者」が 30%，(4)「経済的，実務的追求者」が 26%，(2)「技術を重視し，理性的追求者」が 14%，(5)「シンプルで，使いやすさの追求者」が 12%，(6)「流行と造型の追求者」が 9%，(1)「技術に精通し，技術の愛好者」が 8% の順位である。

　ちなみに，スペインでは，(3)「追従者」が 36%，(4)「経済的，実務的追求者」が 21%，(2)「技術を重視し，理性的追求者」が 13%，(1)「技術に精通し，技術の愛好者」が 11%，(5)「シンプルで，使いやすさの追求者」と (6)「流行と造型の追求者」が同率の 10% の順位である。

　そして，イタリアでは，(3)「追従者」が 39%，(4)「経済的，実務的追求者」が 19%，(2)「技術を重視し，理性的追求者」が 17%，(1)「技術に精通し，技術の愛好者」が 11%，(6)「流行と造型の追求者」が 7%，(5)「シンプルで，使いやすさの追求者」が 6% の順位である。

　それに加えて，ロシアでは，(3)「追従者」が 42%，(2)「技術を重視し，理性的追求者」が 18%，(1)「技術に精通し，技術の愛好者」が 16%，(6)「流行と造型の追求者」が 11%，(4)「経済的，実務的追求者」が 9%，(5)「シンプルで，使いやすさの追求者」が 4% の順位である。

　最後に，それをまとめた世界全体の平均では，(3)「追従者」が 30%，(5)「シンプルで，使いやすさの追求者」が 20%，(4)「経済的，実務的追求者」が 18%，(2)「技術を重視し，理性的追求者」が 14%，(1)「技術に精通し，技術の愛好者」が 11%，(6)「流行と造型の追求者」が 7% の順位である。

　エイサーはブランドの買収によって異なった類型の製品ラインをもたらした。そして，アメリカの市場シェアを拡大しただけでなく，世界の市場シェアを大きく拡大した。4 つのブランドによって，エイサーは世界ブランドのフレームワークを構成した。エイサーがこの 4 つのブランドを上手にコントロールできるか，厳しい試練に直面することになる。企業の買収後，エイサーの製品フレームワークがより完璧になるが，しかし，多ブランドの過剰の様子が感じられる。

　2011 年に施振榮は政治大学で講演の中で，「エイサーはパソコンを発明したのではなかったが，世界のパソコンの普及において，エイサーは大きな役割を

果たしてきた」と指摘した[19]。エイサーは最先端のパソコンを低価格で消費者に提供し，パソコンの普及に寄与した。現在，4つのブランドの中でエイサーブランドは高級路線を歩むことを計画している。しかし，消費者からのブランドイメージとの乖離が大きい点はエイサーの最大の課題である。

　ブランドの構築は単に広告での宣伝で済むことではない[20]。ブランドの識別および位置付けを明らかにし，それぞれのメディアと統合した組み合わせが必要である。現在，ノートパソコンの平均的な製品のプロダクト・ライフサイクルは約6〜9ヵ月である。それぞれの企業の設計およびR&Dの能力の向上によって，製品の世代交代の期間がますます短くなり，製品の上場期間（time to market）の圧力がますます大きくなってきた。それに加えて，ハイテク製品の価格の変動は速く，異なる時期の価格の変化が大きく，プロダクト・ライフサイクルが大幅に短くなった。エイサーの内部の営業費用は売上高の約1割を占めていた。運営費用に含まれる販売費用は原則的には地域運営本部が負担し，利潤が2〜2.4％に確保できれば，要求を満たすと認められる。エイサーの販売活動のうち，広告だけが最も重要なわけではない。その他の販売活動のうち製品試験，渉外活動，特殊な販売活動などを含んでいる。国内外のコンテストや展覧会にも積極的に参加し，賞の獲得によって宣伝効果が発揮できることを重視している。

　エイサーは積極的にスポーツ活動に協賛し，ゴルフの台湾オープンや青少年ゴルフ育成計画などにも賛助した[21]。2005年にアメリカ大リーガー・ヤンキースで活躍した台湾出身の王建民（ワン・チェンミン）投手および2012年に女子プロゴルファーの曽雅妮（ツェン・ヤニ）と契約し，"広告塔"としてノートパソコンのPRを行った。その後，王建民と曾雅妮の活躍によって，多くのファンを勝ち取り，エイサーのブランドイメージを大きく向上するようになった。そのほかに，エイサーはF1グランプリのチャンピオンのフェラーリ・チームに賛助し，赤いフェラーリ機種のノートパソコンを発売し，ブームを引き起こした。2003年にオーストラリアのIndy300ラリーにも賛助し，現地の政府と業者から高く評価された。

　スポーツの賛助のほかに，エイサーは「パートナー計画」を積極的に推進し，異なる流通企業と密接な関係を締結した。具体的に言えば，店舗を持つ販売店

の流通については,「A Point」(エイ・ポイント) 計画を推進し, まず, ソフトとハードを統合したあと, 製品を販売店に売却する。前社長のランチは「販売を行うには, 店舗から直接的に着手する」と主張し, ヨーロッパでビジネスを行うには,「パートナー関係の締結は, 競争ライバルと差別化を構築する重要なポイントである」と指摘した[22]。通常, 台湾の企業がヨーロッパ市場に進出する場合, 代理店とビジネス関係の提携がある。しかし, エイサーはさらに一歩進んで, 代理店を飛び越えて直接的に販売店舗とビジネス関係を締結している。その方式を採用すると, エイサーは消費者に対する責任および自社ブランド価値の承諾を直接に販売店に伝えることができると考えている。そのほかに, エイサーは各地域の販売店および代理店に充分な権限を提供し, 販売店からの提案を審査して, 販売店に協力と資源をバックアップしている。そうすると, これらの協力のパートナーはブランドの推進者になると考えていた。

　エイサーは「グローバル・ブランド販売本部」を設けて, 世界でのブランド戦略を掌握している。主にブランドの仕組み, ブランドの識別およびブランドの位置付けなどの企画を担当している。それぞれの地域の総経理 (社長) は, その地域の特殊なニーズおよび消費者の慣習に基づいて, 販売活動を現地のニーズを満たすように調整している。エイサーの「グローバル・ブランド販売本部」のブランド戦略の専門担当の職員が, エイサーの世界戦略を策定している。

　2009年以降数回にわたり, エイサーは「台湾で最も価値あるブランド」のタイトルを獲得した。近年, パソコンにおける低価格の追求の趨勢の中で, 世界におけるエイサーの4つのブランドの位置付けが次第に曖昧になり, 各地域本部に対する執行状況の把握が難しくなり, 執行の掌握を強化する必要があると思われる。エイサーは4つのブランドの位置付けを行ったが, しかし, 市場の消費者はこれらの位置付けの受け取り方が曖昧である。

　確かに, エイサーは消費者が低価格でパソコンを購入することができると施振榮の発言があったが, しかし, ブランドの位置付けの向上への努力の余地がある。例えば, エイサーの4つのブランド製品のスペック (規格) から見ると, ブランド名や外見が異なっているだけで, 機能面から見るとそれほどの差異が見られない。唯一に特別な位置付けが見られるのは, エイサーとフェラーリとの協力のフェラーリ機種シリーズが特別で, 販売価格が通常のノートパソコン

よりも高額であるが，依然として歓迎されている。この機種が明らかにブランドの位置付けが鮮明である。このシリーズを除くと，消費者がエイサーに対する低価格のイメージを除去することが難しいと考えられる。

(3) エイサーと華碩におけるブランド戦略の比較

表4-5 はエイサーと華碩（エイスース）のブランド戦略の比較を示している。エイサーは多ブランド戦略を採用している。他方，エイスースは単一ブランドを採用し，2008年以前はマザーボードとネットブックの低価格ブランドの「ASRock」を構築した。現在は ODM 生産を和碩（ペガトロン）に分社化し，エイスースとは無関係になっている。

ブランドの獲得方式について，エイサーの自社ブランド以外は他社のM&A（合併・買収）による多ブランド戦略を採用している。エイサーは他社のブランドを獲得したあと，これらのブランドを保持し，売上高と市場シェアの拡大に寄与している。他方，エイスースは自社ブランドの構築であり，かつて他社を合併する計画があったが成功せずに至っている。ある時期に自社ブラントのほかに，Garmin Asus ブランドの2ブランド戦略を採用したが，2011年に協力関係を中止し，後者のブランドも廃止した[23]。

組織の仕組みについて，エイサーの場合は「グローバル・ブランド販売本部」を設置し，世界でのブランドおよび販売戦略を構築している。各地域の販売活動については本部からの承認を得る必要がある。それぞれのブランドは個別のマネジャーが発展計画を担当する。他方，エイスースの場合，3大事業群のブランド販売のマネジャー，事業群主管と董事長（会長），副董事長（副会長）およびCEOとの討論によって決定する。エイスースのブランドのマネジャーは製品によって分けられ，ブランドによって分けられていない。

ブランドの識別および位置付けについて，エイサーの場合は4大ブランドにはそれぞれの識別・位置付けおよび販売地域があるが，互いに侵食現象が見られる。他方，エイスースの場合，どの系列の製品を問わず，「品質」と「イノベーション」のスピリッツを重視している。ブランドの構築について，エイサーの場合はすべての製品ラインを擁するが，ブランドの構築が明確でない。他方，エイスースも同じようである。

第 4 章　宏碁（エイサー）

表 4-5　エイサーと華碩のブランド戦略の比較

項目	エイサー	華碩（エイスース）
ブランドの数	多ブランド戦略を採用。Acer，Gateway，Packard Bell と eMachines の 4 つのブランドを擁する。	単一ブランドを採用。2008 年以前，マザーボードなどは ASRock ブランドを採用したが，現在は和碩に編入。
ブランドの獲得方式	自社ブランドの構築。他社の M&A によるブランド獲得。	主に自社ブランドの構築。かつて M&A 方式でブランドを考えたが，失敗した。ある時期に Garmin Asus ブランドを採用。2011 年に協力の中止によってこのブランドを廃止。
獲得したブランド	買収したブランドを保留。売上高と市場シェアの向上に寄与。	協力ブランドは中止。
資源の分配	多数の資源をエイサーブランドに投入。	単一ブランドに投入。
組織の仕組み	グローバルブランド販売本部を設置。世界ブランドおよび販売戦略を制定。各地域の販売活動は本部で確認が必要。それぞれのブランドのマネジャーが開発計画を担当。	3 大事業群のブランド販売マネジャー，事業群の主管が個別に董事長，副董事長および CEO と討論し，決定する。製品によるブランドのマネジャーが担当。
ブランドの識別・位置付け	4 大ブランドごとにブランドの識別・位置付けおよび販売地域を持つが，互いの侵食がある。	いずれの系列の製品も「品質」と「イノベーション」のスピリッツを持つ。
ブランドの構築	全製品の製品ラインを擁する。しかし，ブランドの構築が明確でない。	全製品の製品ラインを擁する。しかし，ブランドの構築が明確でない。
ブランドの構築計画	「スポーツ選手の起用」や「スポーツの協賛による販売促進」，「パートナー計画」を通じて執行。	新製品の開発による話題性の販売促進方式を採用。
販売促進の予算	オリンピックの協賛などグローバル対象の活動は本部が支払う。地域対象の活動は各地域本部が支払う。	提案する部署が所属する事業群が支払う。

（出所）　筆者の整理による。

　ブランド構築計画について，エイサーの場合は「スポーツ選手の起用（ヤンキースの王建民投手と女子プロゴルファーの曽雅妮）や「スポーツの協賛による販売促進」および「パートナー計画」を使って，ブランドを構築している。特

に,「グローバル・ブランド販売本部」による全体のブランド構築計画を企画している。他方,エイスースの場合,新製品の開発などの話題性を作り,販売促進を行っている。

最後に,販売促進の予算について,エイサーの場合,オリンピックの賛助などグローバル活動は本部が支払うことになっている。そのほかに,地域的活動は各地域本部が支払うことになっている。他方,エイスースの場合,販売促進の予算は提案した部署所属の事業群が支払うことになっている。

おわりに

ブランド戦略の実施は,ブランドのコア能力を掌握し,適切な資源の投入が必要である。特に,エイサーの資源の視点からグローバル・ブランド戦略の構築を選択する必要がある。台湾の一部のハイテク企業はOEM・ODM生産からブランド経営にシフトするようになった。しかし,多くの企業は世界でのブランド経営の経験と人材の不足の制限を受けて,依然としてOEM・ODM生産のままの戦略を選択している。具体的に言えば,廣達(クアンタ),仁寶(コンパル),英業達(インベンテック),鴻海(ホンハイ,ただし,2016年4月にシャープを買収していた)などがその代表例である。

エイサーはM&Aを通じて,自社ブランドのほかに3つのブランドを入れ,4つのブランドを掌握するようになった。イタリア人のランチ社長の離職により重要幹部の異動が引き起こされるようになった。それに加えて,2011年以降,アップルのタブレットiPadの登場後,ノートパソコンの売上量が減少し,逆にタブレットのニーズが大幅に増加するようになった。エイサーは自社のOEM・ODM生産部門を緯創に分割独立させ,同時にR&D部門も緯創に移管したために,新しいニーズの変化に追従することができず,売上高の減少をもたらした。一時的に世界第2位の市場シェアを占めたエイサーは世界第4位に順位を下げるようになった。逆に,中国の聯想(レノボ)はIBMのパソコン部門を買収したあと,中国政府の「家電下郷」(農村に家電普及のために政府の補助金供与)の追い風を受けて,市場シェアが第4位から第1位に大きく業績を伸ばしている[24]。

近年,エイサーの業績の悪化によって,施振榮と王振堂などがエイサーの「3回目の改造」のスローガンを呼び掛けている。エイサーの3回目の改造はどのような成果をもたらしたのか,現時点では評価ができないが,多ブランド戦略はある程度の調整が予測される。特に,買収に得られたブランドから使用できる資源には大きな差異が存在している。恐らくこれらのブランドの調整を行うものと考えられる。

ブランド戦略の追求は長期的に持続的に行う企業価値の向上の行為であり,ブランド業種の企画,分析および施行の活動を意味している[25]。本章はブランド戦略およびブランド・リーダーシップの理論を援用して,エイサーの多ブランド戦略を論じた。多ブランド戦略が適切な戦略の場合,いかに多ブランド戦略を運用し,執行するかの解明を試みている。本論は以下の結論が得られる。

(1) 多ブランド戦略は魅力のある戦略であり,ブランド企業の買収による買収側の満足感が得られる。しかし,買収した企業の運営は容易ではなく,多くの費用がかかり,うまく運営しないと失敗する可能性が潜んでいる。これは多ブランド戦略を選択するエイサーが直面する課題である。今日の社会では1社による市場シェア100%の独占が難しく,マイクロソフトのソフトのWindows（ウィンドウズ）でさえも100%の独占ができていない。そういう意味で,多ブランド戦略は市場シェアの極大化の追求に大きく寄与するため,多ブランド戦略の採用は魅力のある選択であると考えられる。多ブランド戦略は加速器のように,企業の発展を促す効果がある。上手に運用ができると,市場シェアおよび利益の増加に結び付くことが考えられる。逆に,下手に運用すると,資源の浪費によって企業の衰退をもたらすことも考えられる。

(2) 多ブランド戦略は単一ブランド戦略よりも複雑である。世界の企業と競争に直面したときに充分な人材と資金がない場合,いままで台湾の企業はOEM・ODM生産の路線を選択していた。エイサーのケースで見ると,確かに4つのブランドを擁しているが,資源の配分から言えば,エイサーは親ブランド（Acer）の発展に注入していて,逆に残りの3つのブランドに資源の投入が少ない。

ハイテク製品のプロダクト・ライフサイクルが短いため,ブランド戦略の選択について,企業は限られた資源を最適に利用することが必要になる。そのた

めに，ブランド戦略を通じて，ブランド製品のライフサイクルを持続させ，企業により多くの収益性を高める。同業他社のHP，Dell，エイサー，アップルなどもブランド戦略を採用している。あるとき，消費者が購入した製品に大きな不良・欠陥が発生した場合，消費者はこのブランドに対する失望が広がり，最終的には消費者から拒否されることになる。1人の消費者だけの場合，ブランド企業に対するダメージはそれほど多くないが，多くの消費者も同じ経験をした場合，企業のダメージは大きくなると考えられる。そのために，ブランド企業は本業に専念し，製品のイノベーションおよびサービスを絶えず改善し，ブランド価値を維持し続けることが必要である。

ハイテク産業はすでに専門ごとに分業され，バリューチェーンの個々のバリュー活動は専門分野にコマ切れにされ，それによって最高の価値の創造が得られる。ブランド企業は商品の流通がスムーズに推進するために，ブランド価値を適切に伝達できる販売のパートナーが必要である。要するに，ブランド企業は，一方では販売店に影響と制御を維持し，他方では販売店にブランド製品の販売活動を依頼している。それによって，両者のウィンウィンが期待できる。

[注]
（1） エイサー・グループのホームページによる（http://www.acer-group.com/public/chinese/index.htm）。
（2） 周正賢『施振榮的電腦傳奇』聯經出版事業，1996年。天下編輯・周慧菁編『他們為什麼成功：宏碁』天下雜誌，1997年。買尚文「宏碁集團轉型策略之探討與歷史績效分析」中央大學財務金融研究所碩士論文，1999年。陳瑞敏「台灣筆記型電腦產業分析」台灣大學國際企業學研究所碩士論文，1997年。鄭名哲「資訊收集與產業競爭動態分析：以台灣筆記型電腦代工產業為例」台灣大學國際企業學研究所碩士論文，2001年。李怡霖「宏碁集團經營管理與財務分析」中央大學財務金融研究所碩士論文，1996年。
（3） 施振榮『再造宏碁：開創，成長與挑戰』（第2版）天下遠見出版，2005年。李健民「台灣廠商國際化策略，營運組織與協調機制之研究：以台達電子和宏碁電腦為例」台灣大學國際企業學研究所碩士論文，2000年。林紹琪「台灣筆記型電腦產業競爭策略研究」台灣大學國際企業學研究所碩士論文，2000年。
（4） 施振榮，前掲書，2005年。林信昌・鄭秋霜『施振榮薪傳：一手都不留的經營智慧』聯經，2004年。黃揚期「品牌與代工的經營策略研究：以台灣筆記型電腦為案例」逢甲大學經營管理研究所碩士論文，2000年。
（5） 施振榮『宏碁的世紀變革：淡出製造，成就品牌』天下遠見出版，2004年。黃銘章

「影響代工供應商與顧客間夥伴関係因素之研究―以台灣資訊電子產業為例」政治大學企管研究所博士論文，2001 年。陳盈秀「企業商業模式及品牌價值創造：以宏碁集團為例」中央大學財務金融學系碩士論文，2010 年。
(6) 高次軒『打造全球第一品牌：Dlink 年年獲利的傳奇』城邦文化事業，2006 年。林維偉「筆記型電腦代工廠競争分析」台灣大學管理學院國際企業管理碩士論文，2006 年。
(7) 朝元照雄『台湾の企業戦略：経済発展の担い手と多国籍企業化への道』勁草書房，2014 年，第 5 章。
(8) エイサー・グループのホームページによる。
(9) 朝元照雄，前掲書，2014 年，第 5 章。
(10) 施振榮『全球品牌大戰略：品牌先生施振榮觀點』天下財經，2005 年。趙子泰「品牌電腦企業稱霸全球的市場競争策略：以宏碁公司為例」交通大學管理學程碩士論文，2011 年。
(11) 施振榮「品牌國際化：台灣科技業出路」『商業周刊』第 917 期，2005 年。朝元照雄，前掲書，2014 年，第 5 章および本書の第 5 章に詳しい。
(12) 施振榮，前掲書，2004 年。廖丗欽「台灣筆記型電腦產業經營策略之研究：以個案公司為例」政治大學企業管理系碩士論文，2006 年。
(13) 楊金發「筆記型電腦品牌策略：宏碁公司在歐州推廣自有品牌為例」交通大學管理學程碩士論文，2007 年。
(14) 黃欽勇『電腦王國 R.O.C.：Republic of Computers 的傳奇』天下出版，1995 年，161 ページ（田畠真弓訳『電腦王国：台湾の奇跡』アスキー，1996 年，199 ページ）。
(15) 施振榮『微笑走出自己的路』天下遠見出版，2012 年。
(16) Aaker, David A., and Erich, J., *Brand Leadership*, The Free Press, 2000（阿久津聡訳『ブランド・リーダーシップ：「見えない企業資産」の構築』ダイヤモンド社，2000 年）。
(17) Aaker, David A., *Building Strong Brands*, The Free Press, Simon & Schuster, 1996（陶山計介・小林哲・梅本春夫・石垣智德訳『ブランド優位の戦略：顧客を創造する BI の開発と実践』ダイヤモンド社，1997 年）。Aaker, David A., *Managing Brand Equity*, The Free Press, Macmillan, 1991（陶山計介・中田善啓・尾崎久仁博・小林哲訳『ブランド・エクイティ戦略：競争優位をつくりだす名前，シンボル，スローガン』ダイヤモンド社，1994 年）。
(18) 徐培軒「台灣高科技企業的多品牌策略：以宏碁為例」政治大學商学院經營管理碩士論文，2011 年。戴文杰「筆記型電腦產業策略之個案研究：以宏碁為例」台灣大學管理學院碩士論文，2009 年。
(19) Koehn, Nancy F., *Brand New: How Entrepreneurs Earned Consumers Trust from Wedgwood to Dell*, Harvard Business School Press, 2001（樫村志保訳『ザ・ブランド：世紀を越えた起業家たちのブランド戦略』翔泳社，2001 年）。

(20) 王樵一編『施振榮:逆境再起』超邁文化國際, 2007年。張志豪「自有品牌對企業價值創造之研究:以宏達電為例」中央大學財務金融研究所碩士論文, 2009年。楊金發, 前掲論文, 2007年。
(21) 詹雅雯「價值創造:宏碁經營模式變革之個案研究」交通大學管理學院碩士論文, 2007年。
(22) 王雪樺「策略故事與企業成長策略關係之研究:以宏碁與華碩為例」屏東科技大學管理研究所碩士論文, 2013年。顏和正「宏碁歐洲建立Formula1的關係」『天下雜誌』第255期, 2002年。
(23) 朝元照雄, 前掲書, 2014年, 第5章。
(24) 朝元照雄『台湾の経済発展:キャッチアップ型ハイテク産業の形成過程』勁草書房, 2011年, 第5章。李中友「企業成長策略與績效:以宏碁與及聯想公司為例」輔仁大學科技學程碩士論文, 2012年。
(25) Aaker, David, *Aaker on Branding: 20 Principles That Drive Success*, UNI Agency, 2014(阿久津聡訳『ブランド論:無形の差別化をつくる20の基本原則』ダイヤモンド社, 2014年)。

第5章　宏達国際電子（HTC）
――自社ブランド構築へのプロセス――

はじめに

　1996年に英業達（インベンテック）はアメリカ系企業の迪吉多電脳（Digital Equipment Co., 以下，DEC）の大渓工場を買収した。当時，この工場の工程処所長の卓火土，ミャンマ華僑出身のサーバー・プラットフォーム設計部長の周永明（Peter Chou）および次長（協理）の劉慶東など3人はリストラされ，失業に陥った。その後，威盛電子（VIA）の董事長（会長）・王雪紅（Cher Wang）と知り合って，威盛電子に入社した。

　1997年5月15日に宏達国際電子股份有限公司（High Tech Computer，2008年にHTC Computerに名称変更，以下，HTC）が設立された。当時，この企業の資本額は500万台湾元である。このときに卓火土，周永明および劉慶東など主要な幹部はHTCに移籍した。つまり，HTCの設立時にHTCの主な幹部は，DECの研究開発（R&D）チームのメンバーであり，サーバー製品の開発に精通していた。

　HTCが設立された時期，卓火土などは最新のノートパソコンを製造し，業績をあげようと考え，ノートパソコンの製造に参入した。しかし，HTCが設立された時期，パソコンのOEM（自社ブランドを持たないで，他社から受託生産）やODM（自社ブランドを持たないで，他社から受託設計と生産）はビジネスの競争が熾烈な状態であった。HP（ヒューレット・パッカード），Dell（デル），IBMなどのブランド企業は，パソコンのODM生産企業の廣達（クアンタ），仁寶（コンパル），英業達（インベンテック），緯創（ウィストロン）および華宇などに製造を委託していた。当然，設立したばかりのHTCは，他のODM企

業との競争ができる状態ではなかった。この厳しい事実に直面し，卓氏は新たに自分の考え方を修正することになった。なぜならば，設立初期のHTCにとって，ノートパソコン市場では資金や設備規模などは他社と比べると，いずれも優位性を持っていなかったからである。このような誤った企業戦略を堅持した場合，恐らくわずか1～2年で倒産の運命に直面することになると，卓火土は悟ったのである。

他社との差別化を図るために，遂にHTCはノートパソコンのODM生産の方針を放棄するようになった。ノートパソコンの製造を放棄した場合，何を製造したらHTCの企業価値が高まるかを慎重に考えるようになった。

HTCの発展方針を決める会議の中で，董事長・王雪紅は過去においてヨーロッパで大衆電脳（FIC）のパソコンおよびマザーボードのセールスの経験から，常に一人で重い荷物を持って移動したことを述べた。当時のパソコンの体積は大きく重たく，特にヨーロッパでの移動は常に鉄道を使い，鉄道の乗車下車時に重たい荷物を運ぶのは大きな負担であると感想を述べた。自らの経験からもし軽いIT機器を作ることができると，消費者の視点から大変助かると王雪紅は述べた。もし，この機器は電話機のように通話ができ，電子メールの受信・発信ことができ，MP3の音楽を聴くことができ，電子書籍を読むことができると，消費者から歓迎されると提言した。そして，ポケット・コンピュータ（Pocket PC，ポケコン）機能付きビジネス用の軽いPDA（携帯情報端末）があると，ビジネスマンにとっては大変便利になると王は自らの経験を述べた。

当時，IT業界では「ポストPC時代」を目指す動きがあった。ポストPC時代とは，ネットの応用を主とし，各種の電子機器はネットとの接続ができ，ネット通信の特色を持っていることである。1つは"無制限"であり，ネットとの接続は制限を受けずに，セットトップボックス（Set-top-box，テレビのスクランブルを解除する小型補助装置），PDA，モバイル携帯電話などがその代表である。1つは"無線"であり，有線通信から無線通信へとシフトするようになった。そのために，HTCはポケコン機能付きPDAを選び，ODMの路線でなく，直接的に市場に参入して消費者を求めるようになった。

1995年の時点においてPDA市場の9割以上はPalm（パーム）システムを選び，マイクロソフトのOSのWindows CEシステムを搭載したPDAはスタ

ートしたばかりである[1]。HTC の設立後，卓火土は Windows CE が将来の主流になるものと大胆に予想し，反対を押し切って，それに対応する PDA を開発するようになった。当時，携帯電話の4分の3以上はノキアの Symbian OS（シンビアン・オーエス）システムを採用していたが，マイクロソフトはパソコンのソフトからモバイル機器市場に参入するように考えた。HTC の技術力によって，マイクロソフトからの支持が得られた。HTC は世界初の Windows CE システム搭載の PDA を開発し，ヨーロッパ市場に参入して成功が得られた。

HTC は品質の堅持および海外著名企業との協力によって，価値創造の重要な役割を担当するようになった。2006年に自社ブランドの携帯電話を開発し，世界の大企業からも注目されるようになった。マイクロソフト，インテル，TI（テキサス・インスツルメンツ），クァルコム（Qualcomm）および欧米の通信業者との協力によって，互いのウィンウィンを実現することになった。2006年4月26日に台湾証券取引所で HTC の株価が1,020台湾元に上昇し，1,000台湾元を突破した企業になり，大いに脚光を浴びるようになった。

本章は次のように展開する。まず，第Ⅰ節は HTC の設立から今日までに歩んだ道を3つの時期に分けて説明する。続く第Ⅱ節は，HTC の企業戦略にスポットを当てて，企業の戦略同盟や M&A（合併・買収）を考察する。第Ⅲ節は財務分析を通じて HTC がブランド戦略を採用したあとの変化を分析する。そして，第Ⅳ節は王雪紅の企業家への道程を検討する。最後は本章のまとめとする。

Ⅰ．HTC の沿革

HTC の設立から今日に至るまで，次の3つの時期を歩んできた（**表 5-1**）[2]。

(1) PDA の設計期

1997年の HTC 設立以降，リスクが低く，掌握しやすく，ポケコンと呼ばれる PDA を選択し，参入するようになった。この時期にマイクロソフトは PDA 市場に参入しようと考え，自ら開発した Windows CE システムの搭載が

表5-1 HTC の沿革

年別	出来事
1997	5月，HTC の設立。
1998	3月，ポケコンの Kangaroo はマイクロソフトから NSTL 認証合格。 5月，ポケコンが販売開始（世界初）。
2000	6月，ポケコン iPAQ36XX の販売開始。 iPAQ はギネス世界記録の「機能最強の PDA」と評価。
2001	7月，「宏達国際電子」に企業名を変更。
2002	3月，台湾証券取引所に証券上場を認可。 5月，マイクロソフトの Pocket PC Phone Edition プラットフォーム搭載の Wireless Pocket PC を発売。 10月，マイクロソフトの Smartphone 2002 ソフト搭載のスマートフォンを発売。
2003	10月，ソフト企業友笙資訊（IA Style）を買収。
2004	8月，世界最小のスマートフォンの販売。 9月，世界初の Smart Music Phone および世界最小の PDA Phone を販売。
2005	5月，マイクロソフトの Windows Mobile 5.0 システムの 3G スマートフォンを販売。 11月，ヨーロッパ支社を開設。
2006	4月，株価が 1,020 台湾元に，1,000 台湾元を突破。台湾企業 2 社目に。 5月，マイクロソフトの Windows Mobile の折り畳み式のスマートフォンを販売。 5月，株価が 1,220 台湾元，台湾証券取引所上場企業の最高額の「株王」に。 6月，Windows Mobile 5.0 の 3G PDA Phone および 3G スマートフォンを発売。 7月，日本支社を開設。
2007	5月，携帯電話販売の多普達（Dopod）の持株を獲得した。 6月，ブランドの Touch シリーズを発売。Touch FLO 液晶，指を使って閲覧が可能。 11月，Google 主導の「開放携帯電話連盟」(Open Handset Alliance) に加盟（34 社）。Qualcom，T-Mobile，モトローラなどと Android プラットフォームを構築。
2008	2月，外資持株比率が 52.19% に達する。 5月，ロンドンで Touch Diamond を発表。 6月，ロンドンで Touch Pro を発表。5 列の QWERTY のキーボードをアレンジ。 9月，Touch FLO 3D を発表。特に，Touch HD は iPhone のライバル機と見られる。中低価格機の Touch Viva および Touch 3G は Manila 2D を搭載。 9月，Google，T-Mobile と同時に Android システムの携帯電話 T-Mobil G1（ブランド名は Dream）。 11月，ロシアの WiMax モバイル通信業者の Scartel と共同で GSM/WiMax の Max4G（ブランド名は Yota）を発表。 12月，傘下の子会社の B.V.I. を通じて，サンフランシスコの設計企業 One & Company Design, Inc. を買収。

表 5-1 つづき

年別	出来事
2009	2月，Mobile World Cogress（3GSM）展覧会で Touch Pro2 のブランド Touch Diamond2 を発表。 2月，Vodafone と共同で Android スマートフォンの Magic を発表。 6月，Android のスマートフォンの第3機種の Hero を発表。 9月，Android のスマートフォンの第4機種の Tattoo を発表。 10月，Sense の Windows Mobile 6.5 のスマートフォン HD2（Leo）を発表。4.3 インチの液晶タッチパネルおよび 1 GHz を搭載。
2010	3月，WiMax Android スマートフォンの EVO 4G を発表。 6月，1,100万ユーロ（4億2,300万台湾元）でフランスのソフト企業 Abaxia の 100％ の持株を確保。 7月，中国市場に進出し，4機種の天璽，天怡，渇望，野火を販売。 9月，ロンドンで Android 2.2 Desire HD および Desire Z スマートフォンを発表。 11月，台湾で Windows Phone 7 スマートフォン HD7 および Mozart を発表。
2011	2月，3,000万ポンド（14億台湾元）でイギリスのマディア企業の Saffron Digital の 100％ の持株を獲得。 2月，4,000万ドル（11億6,000万台湾元）でアメリカのオンライン・ゲーム企業 OnLive Inc. の増資特別株を購入。 2月，スペイン・バルセロナで世界携帯電話大賞で，「2011 年最優秀携帯電話企業大賞」を獲得。 3月，4G LTE スマートフォンの Thunder Bolt から Verizon Wireless を購入。 3月，香港のテレビ放送局 TVB の 26％ の持株を獲得。王雪紅は董事長（会長）に就任。 7月，3億ドル（87億台湾元）で威盛から S3 Graphics を購入。 8月，1,850万ドル（5億3,600万台湾元）でクラウドサービス企業の Dashwire を購入。 8月，戦略同盟を締結，3億900万ドル（90億台湾元）で音響ブランド Beats by Dr. Dre の 51％ の持株を購入。 10月，世界トップ 100 ブランド企業ランキングの第 98 位に入り。台湾初の企業に。 10月，1,300万ドル（3億9,000万台湾元）でアメリカの児童応用サービスの Inquisitive Minds の 100％ の持株を獲得。

（出所）　HTC のホームページや新聞報道による筆者の整理。

できる PDA 企業を探していた。

1997 年 11 月にアメリカ・ラスベガスでの消費性電子（Comdex）秋期展覧会に HTC はこの PDA を出展した。マイクロソフト関係者はこの展覧会で，偶然，HTC が世界初のカラー液晶搭載の PDA の出展を見て大変驚き，HTC の王雪紅董事長（会長）と連絡するようになった。

王雪紅はビジネスチャンスがあると直感し，マイクロソフトの主管を台湾・桃園の HTC の工場に招いて見学させるように連絡した。マイクロソフトの主

管は卓火土と周永明が共同で開発したPDAに大変満足した。王は自社のサンプルをビル・ゲイツに，直接に贈呈したらどうかと考えるようになった。

　王雪紅は直ちに卓火土と周永明に連絡し，ビル・ゲイツが感動するようなPDAを開発するよう命じた。卓火土と周永明の共同のR&Dチームによって，世界初のWindows CEシステムを搭載したPDAが開発された。さまざまなチャンネルを通じて，シアトルのビル・ゲイツの豪邸でプレゼンのチャンスが得られた。この商品のプレゼンはのちのHTCの発展の道を拓くようになった。ビル・ゲイツは「これは私が探し求めていた企業だ」と満足したことを述べた。マイクロソフトからWindows CEシステムの使用権が得られ，その後，双方は重要な戦略的パートナーになり，製品のR&D関連において優れた基礎を構築するようになった[3]。

　マイクロソフトはHTCの技術力を高く評価したが，しかし，高価なソフトの使用権は数百万ドルに達し，設立したばかりのHTCにとっては大変な負担であった。その新機種の開発に膨大なマンパワーと資本金の投入などによって，初期のHTCは連続3年間の赤字が累計10億台湾元に達するようになった。このような赤字状態のために，王雪紅は事業の継続を躊躇するようになった。

　卓火土は王雪紅の躊躇の様子を見て，直ちに自分の住宅の不動産権利書を持って王を訪ね，自分の不動産を担保にしてHTCの継続を支持するように要求した。王雪紅は卓火土の熱意に感動し，直ちに権利書を返して，自分の威盛電子（VIA）で稼いだ資金を使って，HTCに引き続いて2億台湾元を投資すると伝えた。この話を聞いて，卓氏は大変感銘した。事実上，このビジネスチャンスを捉えて，後に王雪紅は10億台湾元を投資するようになった。

　2000～2002年はHTCのPDAにとって重要な時期である。2001年の世界のPDA市場の出荷量は1,301万台であり，そのうち，台湾企業によるOEM・ODM製品の市場シェアは21.6%である。設計と製造専門のODM企業は，英業達，華宇，HTCなどで，製造専門のOEM企業は，華碩電脳（エイスース），神達（Mitac），大衆電脳（FIC）などである。当時，HTCの最大の顧客はコンパック（Compaq）であり，2001年の売上高の86%はこの企業によるものである。

　2000年6月，HTCにODM生産を委託したコンパックはiPAQ（アイパッ

ク）を市場に売り出した。この Windows Mobile を搭載した PDA はギネス世界記録に最強機能の機器としてランキングされ，世界で注目されるようになった。この PDA はソニーの LIPS のカラー液晶を採用したために，いままでの厚く，重たいバッテリー・モジュールの体積が小さくなり，消費者から好評が得られた。この製品はギネス世界最強機能の PDA として記録されるようになり，ある程度の地位を構築するようになった。

卓火土が PDA の開発に焦点を当てた理由は，将来の電子製品の主流は軽薄短小であることである。HTC が成功を収めた理由は，マイクロソフトから Windows CE システムの使用権を得たことであり，この領域でのチャンスを掌握したことである。そして，R&D および品質の堅持であり，PDA の ODM 生産に全力を注ぐことである。

(2) 携帯電話の参入期

第 2 の時期に HTC は通信機器に参入し，世界初の PDA 機能付きの携帯電話（PDA Phone）を製造した。これは HTC の第 2 の転換の時期である。1999 年に，モバイル通信製品が人々の生活の中で欠くことができないと，周永明は考えるようになった。この時期に世界の GSM（FDD-TDMA 方式の第 2 世代携帯電話）通信市場は，ヨーロッパから発展するようになり，次第にアメリカ，日本の市場に広がるようになった。

周永明はヨーロッパの大手通信業者を積極的に訪問し，"顧客（通信事業）のニーズを受けて製造（オプション）"のビジネス方式を採用するようになった。なぜこの時期に，HTC は通信事業との提携方式を採用し，ブランド企業からの受託の ODM 生産を選択しなかったのか。それはブランド携帯電話の ODM 生産の競争が熾烈であり，優位性を勝ち取ることが難しいと考えたからである。そのために，あえて難易度の高い通信事業との協力方式を選択するようになったのである。

2006 年 5 月に HTC の株券は 1 株当たり 1,220 台湾元に達し，上場株の最高株価の企業になった。台湾では上場株の最高株価の企業は「株王」（股王）と呼ばれている。この時期に HTC は名実とともに「株王」になったのである[4]。

2001 年に携帯電話は第 2.5 世代（2.5G）に入り，通信速度が大幅に速くなっ

た。通信事業は販売方式を変えて，付加価値型サービスを推進するようになった。それに合わせて，通信事業からのオプション付き受注方式で，HTCは一席の地位を獲得するようになった。

当時のHTCの企業戦略では，マイクロソフトとの共同協力を行っていた。3G（第3世代）時代では，通信事業が統合型携帯電話で市場を主導するとマイクロソフトは考えた。そのために，専門チームを設けて，通信事業にサービスを提供し，この市場に積極的に参入するようになった。過去において，HTCとマイクロソフトとの協力のもとで，HTCは間接的に通信事業に協力するチャンスを構築するようになった。そのほかに，長期的に協力戦略を考慮し，顧客（通信事業）の受注の大小を問わず，戦略的な意義を持つ顧客と認めた場合，HTCは顧客のニーズを満たすために，全力で協力して新製品を開発していた。一部の通信事業は自社ブランドの携帯電話を持っていない場合，HTCは販売子会社の名義で3つのブランドのQtek，i-MateおよびAudiovox（オーディオボックス）で，通信事業に携帯電話を提供している。

一方，この時期の協力の市場をヨーロッパ，アメリカおよび日本などに焦点を合わせた。その理由は，これらの国々の1人当たりの所得が高く，高価格のPDA機能付きの携帯電話（PDA Phone）の購買力を持つことである。他方，この時期の中国やインドなどの携帯電話の販売量は多いが，依然として低価格の携帯電話が主であるからである。

HTCの活躍によって，世界各国の通信事業から注目されるようになった。2002年に，HTCはイギリス通信事業のO2およびフランス通信事業のOrange（オレンジ）社にマイクロソフトの最新プラットフォーム付き携帯電話Smartphone 2002（O2社の製品名はO2 XDAであり，Orange社の製品名はOrange SPVであった）をいち早く開発した。そのほかに，通信事業のモバイル通信サービスネットワークの構築に協力し，製品の実用的便利性を強化して，間接的には通信事業の消費者からの売上高を向上させる。HTCのXDAシリーズは世界初のカラー画像のPDA機能付きの携帯電話であり，イギリスおよびドイツでよく売れた。イギリスの最大手雑誌はこのPDA機能付きの携帯電話（PDA Phone）を「掌中コンピュータの王様」（King of Handheld）と称した[5]。

HTCはネット，娯楽，映像，音声，PDAなどの機能の高画質，カラーの大

画面を1台の携帯電話に内蔵させた。つまり，携帯電話は単に通話だけのツールでなく，自由に楽しむことができ，世界と連結できるプラットフォームを持ち，携帯電話の新しい世代に入るようになった。HTCは積極的に顧客（通信事業）と共同で新製品を開発し，顧客の通信サービスを理解して，携帯電話の"顧客のニーズを受けて製造（オプション）"を行うようになった。HTCは世界の通信市場に積極的に参入し，販売サービスのシステムを構築し，のちには自社ブランドの基礎を構築するようになった。

(3) 自社ブランドの構築期

2001年ごろから日米欧の通信事業は3G（第3世代）の携帯電話のサービスを開始した。しかしながら，2006年に至るまで3G携帯電話の市場シェアは，わずか5.4％であった。当時，通信事業サービスの成功例は，NTT docomo（ドコモ）の2.5Gの携帯電話を基礎にしたi-mode（アイモード）サービスであり，消費者から大きな支持が得られた。この成功例によって，通信事業は3G市場への移行を牽引するようになった。3G携帯電話の最大のセールスポイントは，高速データの送信であり，ブロードバンドで音楽や映像のデジタルコンテンツを送信・受信ができることである。この新たなニーズに応じて，通信事業や携帯電話の製造企業は，相互的に協力しあう新製品を開発するようになった。

この時期に，HTCは3G時代の新しいビジネスチャンスを反映して，3G対応のPDA機能付きの携帯電話を開発するようになった。2006年6月末に，HTCは最初の3.5G対応のスマートフォンを開発した。俗称「阿福機」と呼ばれたHTC Touchのスマートフォンで，自社ブランドの携帯電話を構築するようになった。この3.5G対応の携帯電話はHSDPA（High-Speed Downlink Packet Access，移動通信システム通信プロトコルの一種，HSPAファミリーの1つ）の伝送技術を採用し，速度は3Gの384Kbpsの10倍速である。この携帯電話の顧客で使われた名称は，中華電信の機種の場合ではCHT9000，アジア市場では838PROを使用していた。そのほかに，同年に日本のNTT docomo，ドイツ通信事業のT-Mobile（T-モバイル）およびヨーロッパ通信事業のVodafone（ボーダフォン）などから多くの受注が得られた[6]。

自社ブランド路線を歩む前に，HTC はヨーロッパ市場では「ダブルブランド路線」を選択するようになった。大型の通信事業は自社ブランドを使う場合が多い。一部の小型の通信事業は自社ブランドがない場合，いままで HTC は販売の子会社の名称の Qtek, i-Mate, Audiovox（オーディオボックス）などを使うようになった。それがダブルブランドである。2002 年 7 月，多普達国際公司（Dopod）が設立され，この企業はアジア太平洋地域の携帯電話の販売ビジネスに従事した。この企業の初代董事長は王雪紅である。HTC と Dopod は親会社と子会社の関係ではないと対外的に説明している。しかし，Dopod ブランドの携帯電話のほとんどが HTC の製品であり，しかも最新機種のスマートフォンを販売し，王雪紅の個人の出資の企業である。Dopod は HTC が自社ブランド路線を採用する 2006 年の 4 年間の過渡期に，サブブランドの役割を演じたことになる。のちに，Dopod の会長は王雪紅の甥の陳主望（王の姉・王貴雪の長男）が担当するようになり，最終的には威盛電子の丁秀鳳が会長になった。2007 年に HTC は Dopod を完全に買収するようになった[7]。アジア市場での Dopod ブランドの使用やヨーロッパ市場でダブルブランド戦略の使用は，後日の HTC ブランド路線のために道を開拓することになる。

　2006 年以降，台湾のほとんどの携帯電話製造企業は ODM 生産ビジネスを積極的に展開するようになり，最も影響を受けたのが HTC である。将来において，HTC は他社の ODM 企業との低価格競争に陥ると，危惧するようになった。当時，HTC は創業して 10 年目に入り，王雪紅は次の 10 年のために，企業発展の原動力を探す必要があると感じていた。この時期に，「ブランド路線は選択すべき戦略である」と王は主張するようになった。

　2006 年 6 月，HTC は自社ブランドでヨーロッパ市場に積極的に参入すると発表した。HTC は主にヨーロッパとアジアの携帯電話の量販店をターゲットに，通信事業との直接対決を避けた。2007 年 5 月にスマートフォン販売の多普達（Dopod）の主な持株を獲得したあと，Dopod のブランドで販売を展開するようになった[8]。ヨーロッパ市場では，いままで使っていた Qtek ブランドから HTC ブランドに次第に転換することになった。アメリカ市場では通信事業が約 9 割の市場シェアを占めていて，携帯電話の販売店では市場能力を発揮できる余地が少ないために，この時期ではアメリカでのブランド戦略の展開は

第 5 章　宏達国際電子（HTC）　　205

考えなかった。

　ブランド戦略の最大のリスクとは，ODM 生産を委託する顧客（ブランド企業）との間で利益関係による衝突を引き起こすことである。それによって，顧客が他社に ODM 生産を委託し，自社に注文が来なくなることである。具体的な例として，2003 年に明基（BenQ）が自社の「BenQ ブランド」を設けた後，モトローラからの ODM 生産の依頼が大幅に減少するようになった。HTC も例外なく，自社ブランド路線を選択したあと，顧客の i-Mate からの注文は英業達（インベンテック），華碩電脳（エイスース），廣達電脳（クアンタ）などに移るようになった。しかし，HTC はめげずに，自社ブランド戦略を堅持し，ヨーロッパ市場で成果をあげることができた[9]。

　HTC の世界販売ネットワークがより完璧に構築できたとき，2007 年 6 月に最初のタッチパネルのスマートフォン「HTC Touch（タッチ）」が発売され，タッチパネルのスマートフォンのブームを引き起こした。2008 年にロンドンで新機種の「Diamond（ダイヤモンド）」を発表し，スマートで斬新な外形で，視覚効果を持つ Touch FLO 3D 技術を採用し，ブームを引き起こすようになった。そのあとに，「Hero（英雄）」，「Romance（ロマンス）」，「Desire（希望）」や「Emotion（感動）」などの機種がヒット製品になったため，HTC の売上高の大幅な増加の原動力になった。ある機種のスマートフォンが市場で販売される前に，北朝鮮の最高指導者・金正恩が使ったスマートフォンは，HTC の製品であるとの噂の報道があった[10]。

　HTC が自社ブランド路線を選択したときに，王雪紅は株価の引き下げの影響を受けると考えていた。そのために，周永明を秘かに Google 社に派遣し，アンドロイド（Android）システムの連携戦略を考えた。過去において，周氏は欧米に出張したときに至る所に名刺を配り，多くの企業の上層部と人脈関係を結ぶようになった。そのときにアンドロイド・システムの創設者のアンディー・ルービン（Andy Rubin）を知った。2 人は 3G（第 3 世代）携帯電話の将来像に同じような理想を持っていた。その後，Google 社はアンドロイド・システムの関係企業を合併し，ルービン氏は Google のモバイル・プラットフォームのシニア総監督（技術部門担当副社長）に就いた。そのために，HTC と Google の協力関係の締結は互いに有益であり，ルービンが総監督に就任して

から直ちに周と共同でアンドロイド・システム対応の携帯電話を開発するようになった。

2008年9月に，HTCは世界最大のネット検索サイトのGoogleおよび通信事業のトップクラスのT-Mobileと共同で世界初アンドロイド・システム搭載の第3世代（G3）の携帯電話「T-Mobil G1」を開発した。このT-Mobile G1では大画面液晶のタッチパネル，キーボード入力方式およびGoogleのネット検索のサービスが提供された。それによって，T-Mobile G1はSymbian（シンビアン），Windows MobileおよびiOSなどのシステムと互角に対抗できる携帯電話に育つようになった。

それによって，世界中のアンドロイド携帯電話の5本のうち2本はHTCの製品に達した。また，マイクロソフトのWindows Mobile携帯電話の2本のうち1本はHTCの製品である計算になった。2011年第2四半期，Windows MobileシステムとアンドロイドシステムのHTCの携帯電話の北米地域の販売量はランキング第1位になり，アップルのiPhone（アイフォン）の市場シェアを凌駕した[11]。

市場の専門家の予想に反して，このT-Mobil G1の販売量は150万台を超えた。その後，HTCは引き続いてアンドロイド・システムの携帯電話「HTC Magic（マジック）」（俗称G2）を開発した。このG2も持続的に右肩上がりの売り上げを見せるようになり，当時はアップルのiPhoneに次ぐ，ランキング第2位の売上量を記録した。当時，「HTCは唯一にiPhoneと対抗ができるブランド製品である」といわれるようになった。

アップルがiPhoneを開発する前に，HTCは世界初のタッチパネル方式のスマートフォンを開発した。このスマートフォンは直接に指によるタッチパネルの操作ができ，3D感覚の指によるページを捲る方式である。そのために，売り出すと大きな話題を呼ぶようになった。わずか1年間で300万台を販売することができた[12]。

アップルのiPhoneの発売前にHTCが先駆けてタッチパネル，ページを捲る方式を開発したことは，いままでの努力の方向性が正確であったことを証明した。そのために，2009年になると1年間の出荷量は2,000万台に達した。同時に，2011年にHTCは「世界トップ100ブランド企業」ランキングの第

98位に入り，台湾初のランキング入りの企業になった(13)。そのときに，HTCは36億500万ドルの製品価値を創造し，1,000億台湾元のブランド価値を生み出した。

　しかし，HTCのスマートフォンの操作とアップルのiPhoneが類似のため，HTCはアップルの特許侵害の訴訟の対象になった。つまり，2003年に王雪紅董事長（会長）所有の威盛電子（VIA）がインテルの特許侵害の訴訟を受けたことの再現である。2010年3月にアメリカの地方裁判所および国際貿易委員会で，アップルはHTCが自社の3つの特許を侵害したと，訴訟を引き起こすようになった。具体的に言えば，アップルはHTCが，自社の多点タッチパネルや画像のソフトのSense UIおよび他のソフトとハードの10項目の技術特許を侵害したと訴えたのである。アップルのこの訴訟の目的は，HTCのスマートフォンがアメリカに上陸させないためである。この訴訟はHTCに大きな打撃を与えたことになった。

　しかし，王雪紅はHTCのこの訴訟を特に心配はしていなかった。「もし，ライバルにとって貴方が脅威にならない場合，ライバルは賠償金要求の手段をとる」，「もし，貴方が市場のトップになる気配があると，ライバルは訴訟を引き起こして貴方を市場から排除する手段を採用する」と王雪紅はアメリカ企業の常套手段を批判した。要するに，「ライバルから見て（貴方が）脅威になると，ライバルは貴方が市場で能力を発揮できない手段を使う」と厳しくアップルを批判した。近年，アップルによるサムスン電子の特許侵害の訴訟も，この典型的なケースであろう。

　アメリカの地方裁判所および国際貿易委員会に，HTCはアップルの特許を侵害した証拠がないと，直ちに反論を展開した。2011年5月に電話番号の入力システム，電話番号簿の整合およびスマートフォンの電力消耗管理システムなどは，HTCの5つの特許を侵害したと逆にアップルに対する訴訟を起こした。同時に，アップルのMacパソコンのOS，iPhone，iPadおよびiPodもHTCのS3 Graphicsの特許を侵害したと追加的に訴えた(14)。

　両社の数回の"交戦"を経て，アップルは確かな証拠を提出することができなかった。それにアップルも損失を蒙るようになった。遂に，アップルはHTCと和解を行うと申し出たが，問題は終わらなかった。その後，アップル

はHTCに対して持続的に訴訟を提出するようになった。これらの訴訟から明らかに，HTCの市場での活躍は，アップルにとっては相当大きな脅威になっていたことである。そのために，アップルは法律の手段を使ってHTCに打撃を与えたのであろう。

　最終的にアメリカ国際貿易委員会は，HTCの1つの技術がアップルの特許を侵害したと判決した。この技術で製造したHTCのスマートフォンは，アメリカに輸出することができないとの判決であった。表面から見ると，アップルはこの訴訟において勝利を収めた様子である。結局，この訴訟においてHTCの実益に影響がなかった。アップルからは特許侵害の訴訟を起こしたが，判決の結果は1項目の侵害であり，しかもアメリカの市場で販売ができないのはHTCの古い機種のスマートフォンである。その後，HTCはすでに製造していない機種のため，事実上，この古い機種の製造禁止は，HTCの利益獲得には何らのダメージもなかった。最も重要なのは，和解後，逆にHTCのブランドの人気が上がり，これらの効果はHTCの株価に反映するようになり，株価が6.97％も上昇するようになった[15]。

　2009年2月に，HTCはシンガポール通信およびオーストラリアのOptus（オプタス）通信と協力し，アジア太平洋地域で初のアンドロイド対応のスマートフォンの「HTC Dream（ドリーム）」を開発した。また，HTCはヨーロッパ，アメリカおよびアジア初のアンドロイド対応方式の携帯電話（俗称Android Phone）のリーダーになった。それによって，HTCの自社ブランド戦略で通信業界において指導者の地位を構築することができた。

　調査機関のCanalysの発表によると，2010年第1四半期の世界のスマートフォンにおけるHTCの市場シェアは5.1％であり，世界第4位を占めている。2009年の同・四半期の市場シェアの4.2％からわずかであるが，増加している。明らかに，HTCの自社ブランド戦略で成果をあげることができたといえる。

　現在，HTCは自社ブランド戦略で中国市場をターゲットに，全力を投入している。その理由は，近年における中国の消費力が旺盛であり，3G（第3世代）市場の成長が期待できるからである。そのほかに，中国の主な通信事業は3G携帯電話通を相次いでスタートさせてきたことである。HTC傘下のDopod（多普達）は長年にわたり中国市場を開拓してきた。そういう意味で，

HTC の自社ブランド戦略は大きな成果が期待できる。

2014年2月，HTC の Disete 816 機種が中国で発売前の予約が開始された。1台は1,800人民元以下で，発売前の3日間の予約数が45万台に達した。1台当たりの販売単価は中国・小米科技（シャオミ）のスマートフォンの価格帯である。近年，中国の華為，小米，聯想（レノボ）などが低価格・高品質のスマートフォンを開発し，大きく躍進している。逆に，HTC の市場シェアが低下し，HTC は新機種のスマートフォンの投入で挽回を図っている。要するに，HTC は低価格による市場シェア拡大の一環で，中国のライバルから注文を奪い取る戦略を採用したと考えられる[16]。

II．HTC の企業戦略

HTC が設立されてからモバイル通信機器（handheld device）の R&D（研究・開発）に全力を投入し，多くの成果が得られた。マイクロソフト，TI（テキサス・インスツルメンツ）およびクァルコム（Qualcomm）などの世界一流企業との共同協力によって，また HTC のブランド価値および製品の品質の堅持によって，自らのビジネスモデルを構築するようになった。

台湾のハイテク企業は R&D，特許の獲得，高い品質によって，世界の大企業から認められるようになった。台湾企業は川上段階から川下段階に至るまでのサプライチェーンの構築によって，海外大企業から注目されるようになった。しかし，台湾の多くの企業は OEM・ODM 生産の宿命から離脱することができず，ブランド企業と比べると得られる利潤が著しく少ないことである。逆に，自社ブランドと ODM 生産兼用の戦略を選択した場合，顧客からの注文は他の ODM 生産企業の流出が発生する。この戦略は中途半端で失敗する可能性がある。

HTC はいままで台湾の ODM 生産企業とブランド企業との関係とは異なった自社ブランド路線を選択するようになった。要するに，HTC は自社ブランドと通信事業の ODM 生産の中で積極的にイノベーションを追求し，自らのバリューチェーンの価値を構築するようになった。

HTC が設立されてからモバイル通信機器の生産に全力に投入し，この領域

での指導的な地位を構築するようになった。最初はPDAの製造から近年のスマートフォンに至るまで，同業よりもいち早くアンドロイド・システム対応の携帯電話を開発した。顧客（ブランド企業）からの受注を待つのではなく，積極的に製品を設計・開発し，海外の展示会に出展してビジネスチャンスを摑むようになった。携帯電話の領域の中でスマートフォンは難易度が高い製品であり，HTCは優れたビジネスモデルがあるからこそ成功を収めることができた。

　HTCの自社ブランドの位置付けは明白である。ブランド企業によるODM生産という低利潤の路線を選ばない。HTCは自社ブランド路線およびアメリカのAT&Tや台湾の中華電信などの通信事業のODM生産路線を選択するようになった。要するに，HTCは自社ブランドおよび通信事業のODM生産の2つの企業戦略を追求するようになった。

　HTCのビジネス戦略のうち，最も注目されるのが国内外の通信事業との協力による製品開発である。通信事業は通話，メールの送配信，インターネットの接続・検索など機能によって消費者にサービスを提供している。そのほかに，音楽およびゲームのダウンロードなどのサービスも行っている。つまり，通信事業は消費者に通信サービスの提供によって付加価値を生み出すビジネスを営んでいることである。

　消費者に通信サービスの使用時間と回数を増やすために，通信事業は自社ブランドの機能型携帯電話（Feature Phone）から3G（第3世代）や3.5G（第3.5世代）対応のスマートフォン（Smart Phone）へのシフト策を打ち出した。通信事業のニーズに合わせて，HTCは"顧客のニーズを受けての製造"というオプション生産のために，顧客（通信事業）と共同で通信サービスに適合するスマートフォンを開発していた。その目的は消費者の使用量の増加によって，通信事業に1人当たりの売上高を増加させることである。

　HTCが自社ブランドを打ち出した強みとは，(1)通信事業利用の優位性の掌握である。例えば，台湾では公営事業から民営化した中華電信（CHT）は固定電話通信やモバイル通信を問わず，市場シェアが最も高く，通信事業の優位性を掌中に入れた。通信事業は消費者を自社の通信ネットワークに加入させ，"縛り付ける"ために，高額のスマートフォンを安くしている（時には本体のゼロ円戦略を採用）。その替わりに，消費者は毎月支払金の一部を本体の分割支払

い額として負担させ，最短で数年間のヒモ付き条件を採用することで，通信ネットワーク加入の重要な手段にしていた。(2) 通信事業のODM生産のほかに，HTCは自社ブランドの携帯電話を開発し，消費者に自社ブランド携帯電話を提供している[17]。

日本のNTT docomo（ドコモ），ソフトバンク（softbank），アメリカのAT&TおよびSprint（スプリント），ヨーロッパ最大の通信事業のイギリスのVodafone（ボーダフォン），ドイツのT-Mobile（T-モバイル），台湾の中華電信などは，HTCが設立後から積極的に協力した通信事業である。HTCは通信事業のブランドに協力するビジネスパターンによって，持続的に利益をもたらした。つまり，HTCの優れた品質の製品によって消費者との間で良い評判が流れ，自社ブランドの構築の基礎をもたらすことになる。

HTCのビジネス戦略は自社のR&Dのほかに，世界トップの大企業から必要とする特許を入手し，後日の技術成長の基礎にしていた。具体的に，次のような特許を入手している。

(1) 2000年1月に，HTCはTI（テキサス・インスツルメンツ）からGSMヨーロッパ規格の携帯電話の特許を購入した。

(2) 2000年12月に，HTCはクァルコム（Qualcomm）からCDMAの特許を購入した。

(3) 2003年1月に，HTCはノキア社から特許を購入した。

(4) 2003年4月に，HTCはエリクソン・モバイル（Ericsson Mobile Platform AB）からEDGEなど無線通信技術を購入した。

(5) 2003年12月に，HTCはインターデジタル（Inter Digital Technology Corporation）からTDMA，Narrow Band CDMAおよびTD/CDMA規格の特許を購入した。

(6) 2004年1月に，HTCはフィリップス（Koninklijke Philips Electronics N. V.）からGSMおよびDCS 1800/1900規格の通信機器に必要とする特許を購入した。

(7) 2004年7月に，HTCはシーメンス（Siemens Akiengesellschaft）からGDM，GPRS，EDGEの特許を購入した。

(8) 2008年12月以降，HTCはエリクソン（Telefonaktiebolaget LM Erics-

son）から GSM 規格の特許を購入した。

（9）2009年2月以降，HTC はマイクロソフトから作業システムのソフトの特許を購入した。

（10）2009年から3年間にわたり，HTC はアルカテル・ルーセント（Alcatel Lucent）から 2G（第2世代）の GSM，GPRS および CDMA，3G（第3世代）の CDMA2000，WCDMA および HTML，MPEG，AMR などの技術と特許を購入した[18]。

2006年6月以前の HTC は通信事業の ODM 生産を主に行ってきた。この時期の HTC のサプライチェーンの購入先は作業システム企業およびチップ企業であり，日米欧台の通信事業の顧客の ODM 生産を行っていた。そのために，ライバルは携帯電話の華宇通訊（Hwa Yeu），華寶通訊（CCI），英華達（Inventec）などの ODM 生産企業である。しかし，OEM・ODM 生産の利潤がますます少なくなり，そのために，HTC は同年6月以降に自社ブランドの標記を"hTC"に変更し，ブランド重視の企業戦略に転じるようになった。2006年の HTC の利益率は 29.9% で，自社ブランド路線をまだ歩んでいない 2005年の利益率の 22% よりも高く，ブランド戦略の成果が生じたことがわかる。

ブランド戦略を歩んだ以降，知名度が次第にあげることができた。安定的な製品の販売量を確保し，利益率も 30% 以上をキープすることができた。2009年以降になると，HTC の ODM 生産の比率は 10% 以下になったが，バリューチェーンには大きな変化がなかった。

HTC の顧客は日米欧などの先進国の通信事業や新興国の中国，ブラジル，ロシアおよびインドなどの通信事業であり，特に北米市場は安定した販売量を維持していて，HTC の最大の市場になった。そして，新興国も重要な市場になり，競争のライバルはスマートフォンのアップル，サムスン電子，ノキア，RIM（Research in Motion），モトローラおよび中国の華為（Hwa Wei），小米などである。HTC の対新興国の企業戦略は，市場シェアの向上であり，多機種の中低価格帯の携帯電話をすばやく投入していた。他方，製品の外形設計および使用消費者の機器操作の容易さを重視している。それによって，HTC の出荷量は 2006年の 1,048万台から 2009年の 1,449万台に増加するようになった。

2010年以降，企業戦略について，HTC は Google（グーグル）と共同で高水

準のアンドロイド対応のスマートフォン「Nexus One」を開発した。HTC はファブレス企業のクァルコム（Qualcomm）との協力で Brew モバイルのプラットフォーム・システムを構築した[19]。このシステムの特色は主にソフトのソリューションと作業のシステムとの統合である。

さらに，ソフトの設計実力を強化するために，HTC はフランスの携帯電話ソフト開発企業の Abaxia 社を買収した。この企業は世界の通信事業および携帯電話製造企業にソリューションを提供している。HTC はハード機器を掌握し，マンマシーン・インターフェース重視の Sense U1 を強化して，消費者の使用習慣に合わせるようにした。HTC は競争ライバルから積極的に学び，製品の外観設計を強化した。2008 年に HTC はアメリカ設計企業の One & Co 社を買収し，製品の更なる発展を図っている。

これまで HTC は企業戦略のための基礎作りに励んでいた。そのビジネスモデルが成功した要因は次のようであると考えられる。優れた研究チームと優れた執行力を擁し，多くの機種のスマートフォンを開発したことである。HTC は Windows Mobile，アンドロイドなどのシステム企業，TI（テキサス・インスツルメンツ），クァルコムなどのチップの設計・製造企業と戦略的パートナシップを構築し，共同でスマートフォンを開発している。長期的にわたり，HTC は世界の通信事業のニーズを満たすように，携帯電話の ODM 生産を行い，世界各地の消費者のニーズや使用習慣を反映して製品を設計している。毎年，HTC は異なる機種の携帯電話を開発し，消費者にとって HTC ブランドのフレッシュ感および製品のイメージを維持することができた。

2006 年以前の HTC のビジネス戦略は，通信事業のニーズを吸い上げて携帯電話の ODM 生産を行った。つまりこの時期においては，通信事業からの委託による通信事業ブランドの ODM 生産が主であった。2006 年以降では HTC の自社ブランド戦略がメインになり，通信事業を通じての販売が次第にサブになった。

HTC の 2009 年の公開説明書によると，この時期において通信事業向けの ODM 生産の売上高の比重は 10% 台に低下し，逆に自社ブランドの売上高が増え，同じく利益率も上昇するようになった[20]。HTC が自社ブランドの戦略を選択した後，アップル，サムスン電子，ノキア，RIM，モトローラおよび華

為などのスマートフォン企業がライバルになった。その後，HTC は低中価格帯の携帯電話で，スマートフォンの市場シェアを伸ばす戦略を採用するようになった。要するに，企業の利益率と市場シェアの中で，HTC は市場シェア重視の企業戦略を選択したのである。

　製品差別化の追求，新製品の開発および新技術の導入などは，HTC が設立から持続してきた企業の DNA である。2010 年に HTC は初めて 4G（第 4 世代）スマートフォンの EVO 4G-Sprint の WiMax 対応の機種を開発した。HTC は技術の優位性で 4G のリーダーの地位を維持するようになった。

　2010 年以降の HTC の企業説明会の資料によると，HTC の企業戦略の成功の要因は最も優れた財務管理，強固な製品の組み合わせ，顧客と密接な関係の保持，ブランドの知名度の向上，販売実績の向上などによるものである[21]。HTC の企業戦略の成功によって，これらのパフォーマンスから企業のバリューチェーンおよびビジネスモデルは順調に推進することである。

　2010 年から王雪紅は HTC のために，企業の買収戦略を行うようになった。フランスのソフト開発企業 Abaxia の 100% の株券を 1,100 万ユーロ（約 4 億 2,600 万台湾元）で買収した。王はこの企業の通信ソフトの開発，検索などのプラットフォーム構築のビジネス業務が気に入ったのである。さらに，王は香港企業家の陳國強などとともに組織した投資グループによって，香港 TVB の 26% の株権を買収した。それによって，台湾の TVBS（ニュースや芸能番組などを専門とするテレビ放送事業）のトップのポストを入手することができた。そのほかに，イギリス・メディア企業のサフラン・デジタル（Saffron Digital），アメリカ・オンラインゲーム企業のオンライブ（OnLive）の持株，アメリカ・クラウドサービス企業のダッシュワイヤー（Dashwire）の買収，アメリカ・児童応用プログラムサービス企業の Inquisitive Minds の 100% 株券を買収した。また，中国のモバイルネット・サービスの丁丁網を買収した[22]。

　これらの買収の目的は，HTC のモバイル・ネットワークサービスを構築することである。その目的を達成するために，2011 年 4 月 29 日に HTC の株価が 1 株当たり 1,300 台湾元の最高株価に達した後に，これらの買収を行っていた。しかし，アップルからの特許侵害の訴訟による HTC の敗訴の影響を受けて，2011 年 11 月にまるでジェットコースターに乗っているように，HTC の

株価は山から谷に落ち込んで、株価が40台湾元台までに暴落した。HTCにとって、株価の69％の暴落は憂慮すべき悪夢である。

2013年4月、アメリカ・カリフォルニアで製品発表会が開催された。フェイスブック（Facebook）の創業者・CEOのマーク・ザッカーバーグ、HTCのCEOの周永明、AT&Tモバイルの総裁・CEOのラルフ・デ・ラ・ベガが共同で世界初のFacebookソフト搭載の携帯電話「HTC First（ファースト）」を発表した。このビジネスの提携によるメリットは、ソーシャル・ネットワーキング・サービス（SNS）を容易に使用することができることである[23]。

「私たちは単に携帯電話を作るだけではなく、応用プログラムによって、もっと意味深い製品を出荷するものである」とザッカーバーグはホクホク顔で語った。一緒に発表会の舞台に立ち上がった周氏も自信満々の笑顔であった。なぜならば、数年前にHTCはGoogleと協力し、今回も再び大企業との協力によって、この新機種の携帯電話を開発したからである。証券市場でもHTCの株価が再び上昇すると強気で見ていた。

しかし共同発表会のあと、HTC本部から発表された2013年の第1四半期の財務業績は不振である。この第1四半期のHTCの売上高は42億台湾元であり、対前年同期に比べて37％も下落した。税引き後の純利益はわずか8,500万台湾元で、1株当たりの税引き後の純利益はわずか0.1台湾元であり、この8年間以来、HTCは最低株価の記録を更新するようになった。

この2011年冬〜2013年春のHTCの業績は、まるで天国から地獄に蹴り落とされた悪夢を見ているようである。また、イギリスのロンドンで新機種Butterfly（バタフライ）の新作発表会の場面は大きいが、収めた成果は小さい。そのために、市場ではHTCに対して失望感が広がることになった。このFacebookソフト搭載の携帯電話も「HTC First（ファースト）」の売り上げも下落し続けている。HTCの業績を挽回することができない状態に陥った。

つまり、この短い期間内にHTCから9,000億台湾元以上の資産が"蒸発"した。「赤字を出していなかっただけでも幸いです」とエコノミストからのコメントがあった。HTCは劣勢を挽回しようと努力しているが、事実上この劣勢は避けることができたと市場観察者は見ている。「2012年にHTCは多くの致命的な誤りを犯した」という。

果たして HTC はどんな致命的な過ちを犯したのか。

　まず，企業文化の変化である。「HTC は昔の HTC ではなくなった」と 5 年間にわたり HTC の上層部に勤務し，離職した元幹部が語った(24)。HTC は国際業務を推進するために，ソニーモバイルコミュニケーションズ（旧ソニー・エリクソン），マイクロソフトなどの他社から高賃金で外国人をスカウトした。賃金は年額 1,000 万台湾元以上であるが，これらの外国人幹部は HTC の文化を理解せずに，権力の奪いあいに精力を注いだ。いったん，トラブルが起きると，直ちに尻を叩いて離職した。結局，HTC の従業員がその後始末処理をするしかなかった。さらに，これらの外国人幹部のポストを提供するために，HTC の人事異動を行い，多くの従業員は自分の職位の移動と再移動に耐えきれず，離職したものも多い。

　2013 年 2 月に HTC はニューヨーク，ロンドンで新機種の製品発表会を行った。待望の新機種「HTC One（ワン）」に新しい撮影技術を搭載したものである。明らかに，市場の挽回策を待望した新機種である。この新機種に携帯電話を作ったことがない香港のサプライヤー愛佩儀（APP）から写真光学モジュールであるボイルコールモーター（VCM）の新技術を選択した。APP は過去において携帯電話の取引がなく，HTC の数百万台の注文に対応しきれず，大きな品不足に陥った。本来，携帯電話に長年の経験を持つ HTC は，このような重要なミスを犯すことはありえないはずである。APP の量産に困難が生じた時期に，HTC は直ちに第 2 のサプライ企業を採用しないで，逆に，前もって新製品発表会を実施した。新製品の発表会の後に，品不足の問題が発生してから技師を APP の中国の深圳工場に派遣し，量産化対策を行った。

　このような前例があった。2012 年末に HTC の新機種「Butterfly（バタフライ）」を日本の市場で売り出し，市場の反応が大変良かった。HTC はこの新機種を台湾でも販売した。市場の反応が良く，注文待ちの状態になった。しかし，注文待ちが長引いて，流通販売業者および消費者は期待から失望に転じた。消費者は HTC が台湾でこの新機種を販売する誠意があるのかと疑うようになった。それによって，HTC への信頼を失うことになった(25)。

　2011 年に HTC は多くの関連企業を買収した。HTC のプラットフォームのセンス（Sences）統合のために，90 億台湾元を投入してアメリカのヘッドホン

企業 Beats の 50％ の株権を買収した。その後，HTC は Beats のヘッドホンをセットに 2 機種の携帯電話を販売した。その後，企業業績の悪化のために，2 社が協力して 1 年も満たずに，HTC は持株の 25％ を Beats に 1 億 5,000 万ドル（約 45 億台湾元）で売り返した。しかし，この金額は当時支払うべき 332 億 5,000 万台湾元の株主配当金から見たら充分な金額でないことがわかる。

Ⅲ．企業組織と財務分析

図 5-1 は HTC の組織図である。王雪紅董事長と CEO 周永明をトップの組織によって構成されることがわかる。続く表 5-2 は HTC 関連企業の業務形態であり，ビジネス形態の一環をうかがうことができる。

HTC はスマートフォンの ODM 生産および自社ブランド製品のビジネスを展開している。製品ラインはタッチフォン（Touch Phone），PDA フォン（PDA Phone），スマートフォン（Smart Phone）およびモバイル・コンピュータ（Mobile Computer）など 4 大種類である。作業システムは Windows Mobile，Android および Brew などを採用している。HTC の製品販売先から見ると，製品の輸出比率が 90％ 以上を占めていた。企業の設立以降，販売先の 3 大地域は日米欧などの先進国である。近年，中国，インド，ロシア，中南米などの新興国地域の出荷比重が次第に増加するようになった。

HTC の販売量は安定成長の趨勢を維持していた。2008 年のリーマンショッ

図 5-1　HTC の組織図

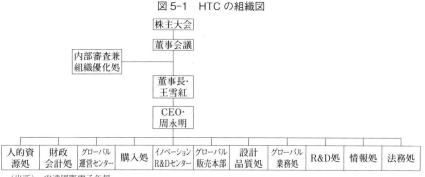

（出所）　宏達國際電子年報。

表5-2 HTC関連企業の業務

主要業務	担当企業
R&D，製造，技術支援，アフターサービス 国際投資	宏達国際電子 HTC（BVI）Corp. HTC HK Ltd. High Tech Computer Asia Pacific Ltd.
製品設計および電子部品の製造，販売 製造組立・販売 PDAと部品の設計，製造，販売 通信器材の輸入と情報ソフトサービス 出荷センター関連業務 保守，アフタサービス 設計，応用ソフト 販売関連業務およびR&D技術支援	鉅瞻科技 宏達電子（蘇州） 威宏電子（上海） 世界通全球験証 Exedea Inc. One & Company Design Inc. HTC America Inc. HTC Europe Co. LTD. HTC Nippon Corporation HTC Brasil Corporation HTC Belgium BVBA/SPRL HTC Italia SRL High Tech Computer Singpore Pte Ltd. High Tech Computer（HK）Pte Ltd. HTC（Australia & New Zealand）Pte. Ltd. HTC Philippines Corp.

（出所）『宏達國際電子公司年報』各年報。

クの影響で，2009年の販売量は5%の減少が見られた。それ以降は増加と減少が繰り返し発生している。HTCの対新興国の企業戦略は，市場シェアの増加を目的とする。多くの種類の中低価格レベルの携帯電話をすばやく投入する戦略を採用している。そのほかに，製品の外形設計および消費者の機器操作の利便性を重視した。それによって，HTCの出荷量は2006年の1,048万台から2009年の1,449万台に増加するようになった[26]。

　北米の携帯電話市場において2006～2009年のHTCの市場シェアは36～48.8%である。HTCにとって北米市場は最も良好な成果を築いた地域である。その主な理由は，2009年に北米市場で新システムのアンドロイド携帯電話を発売したことによるものである。この種類の携帯電話のヨーロッパおよびアジアの市場での受け入れ度合いは，北米市場よりも低い。同時に北米市場におい

て通信事業の関係がより密接になり，GoogleとのWith協力によって「Nexus One（ネクサス・ワン）」を開発した。世界においてHTCのブランドが持続的に上昇し，北米市場での市場シェアは特に顕著な上昇が見られた。この地域での最大のライバルはアップルのiPhone，サムスン電子のギャラクシーおよびRIMのブラックベリー（Blackberry）などである。

ヨーロッパの携帯電話市場では，HTCの市場シェアは30.4～39.7%である。ヨーロッパはHTCが設立から重点的に力を入れて，売上高も最も安定している地域であり，HTCの市場シェアは3割以上である。それをキープできる主な理由は，現地の通信事業と長年にわたって築いた良好な信頼である。しかし，景気変動の影響を受けやすく，ヨーロッパ地域においてアンドロイド携帯電話の受け入れ度合いを強化する必要があり，残された最大の課題である。この地域での最大ライバルはアップル，ノキアおよびRIMのブラックベリーなどである。

新興国市場はHTCが積極的に力を入れている地域である。HTCの売上高のうち，中国の市場での売上高の比重は少ない。しかし，中国の3G通信規格の開発について，HTCは中国の3大通信事業と積極的に協力していた。具体的に，2009年にHTCは中国移動（チャイナ・モバイル）との間でTD-SCDMA端末の協力覚書を締結した。将来に向けて共同で技術の研究，製品のR&D，市場分析および顧客のサービスなどにおいて，密接に協力するようになった。現在，中国市場では3G携帯電話のインフラ建設および経営環境は発展段階であるが，その急速な成長の潜在力はHTCの成長の原動力になる。HTCは中国の携帯電話市場で発展の優れた基礎を構築するようになった。

アジアの携帯電話市場のHTCの市場シェアは11.5～33.5%である。アジア市場の販売量および市場シェアから見ると，依然として増加の余地があると考えられる。近年，HTCの市場シェアが増加し，その主な理由は日米欧の通信事業との協力の成功経験がある。日本，台湾や中国の通信事業との協力を通じてアジア地域および新興国市場の発展が期待される。販売のために広告の増加によって知名度アップが必要であると考えられる。アジア地域での主な競争ライバルはアップル，サムスン電子およびノキアである。

自社ブランドを採用していない2006年以前，HTCの売上高は明らかに上昇

表 5-3　HTC の財務比率

(単位：百万ドル，%)

	2005	2006	2007	2008	2009
総所得	2,215	3,215	3,656	4,651	4,782
販売コスト	1,728	2,254	2,418	3,107	3,300
利益	487	961	1,239	1,544	1,482
利益率（%）	24.29	29.89	33.89	33.2	30.99
販売支出	21	53	149	275	346
管理支出	20	20	29	55	62
R&D 支出	73	91	119	293	268
純利益率（%）	16	24	24	19	16
1株当たり利益（台湾元）	69	77	50.48	36.16	28.17
流動比率（%）	216	264	242	186	189
負債比率（%）	50	35	38	47	45
資金回転率（%）	6.25	6.09	6	6	5
在庫回転率（%）	10.98	12.53	11.29	12.68	12.16
株主報酬率（%）	69	77	59	49	36

(出所)　表 5-1 に同じ。

が見られなかった。しかし，自社ブランドを設けた 2006 年以降，景気変動およびスマートフォンの作業システムのプラットフォームの変化の影響を受けた以外に，毎年の売上高が着実に増加している。明らかに，HTC のブランド戦略は成功を収めていた点が指摘される。同時に，HTC の知名度の向上およびスマートフォンが消費者から受け入れられたことを意味している。そのほかに，HTC と通信事業との協力関係は安定的な成長を維持し，企業全体の売上高の増加に大きく寄与している。2010 年以降，HTC の売上高のうち，通信事業からの ODM 生産の委託の比重は 10% 以下に減少している[27]。

　HTC の自社ブランド戦略を採用する以前の 2005 年の純利益率は 16% で，自社ブランド戦略を採用した 2006 年の純利益率は 24% であり，増加したことがわかる（表 5-3）。2006 年 5 月に HTC は 1 株当たり 1,220 台湾元に達し，上場株の最高株価の企業になった。台湾では上場株の最高株価の企業を「株王」と呼ばれているが，この時期に HTC は名実とも「株王」になった。

　2009 年以降に HTC は中低価格帯のスマートフォンを売り出して，市場シェアを奪い取る戦略を採用した。2006 年から 2009 年の HTC の携帯電話 1 台当たりの平均販売価格は 1 万 1,661 台湾元，1 万 2,085 台湾元，1 万 1,364 台湾元，1 万 528 台湾元と減少の傾向を辿っている。この中低価格帯の企業戦略は

直接的には企業の利益の低下を及ぼすことになり，税引き後の純利益率は2007年の24％から2009年の16％に低下するようになった。2010年以降は台湾元高・ユーロ安の影響で，税引き後の純利益の低下をもたらすようになった。

2010年の株主説明会で周永明CEOはHTCの次の3大目標を示した[28]。(1) 消費者にとってHTCのスマートフォンは第1に選択するブランド企業になったこと，(2) 製品の機種を増やし，消費者が求める市場に深く入り込んだこと，(3) 持続的に販売活動を強化してブランドの知名度アップを図ることである。しかし，純利益率と市場シェアとのトレードオフの関係について，HTCの企業戦略は出荷量の増加および市場シェアの向上に重点を置くと，周が言明した。つまり，純利益率の低減を容認した発言である。

製品の出荷後の代金の回収日数は2006～2008年の平均58～61日から2009年の平均74日に増加した。その主な理由は自社ブランド戦略を歩んで，世界の通信事業および流通企業から販売資金を回収することであり，リーマンショック以降の不況の影響を受けたことになる。

Ⅳ. 王雪紅の企業家への道

現在，王雪紅（Cher Wang）が注目されている（写真）。それは「なぜ王雪紅は台湾最大の金持ち企業家になったのか」，そして，「王雪紅はいかにして成功したのか」である。なぜHTCの董事長（会長）の王雪紅が注目されたのか。

王紅雪

（出所）　HTCのホームページ。

次の最も輝かしい"業績"を築き上げたからである。

(1) 44歳で台湾史上最も若く，"最大の女性富豪"になった。

(2) 48歳のときに，自らが創業し，台湾証券取引所に前後して上場した2つの企業は，"株価が最高価格"（台湾では「株王」と呼ぶ）に達したことである。

(3) 52歳で台湾史上最も若く，"最大の富豪"になった。世界初のスマートフォンを開発した企業のオーナーになった。HTCは台湾のブランドとして初めて「世界ブランドのトップ100」にランクインした[29]。

ちなみに，2005年に『ビジネス・ウィーク』誌は王雪紅を「アジアビジネスのスター」として選出した[30]。同年，『ウォールストリート・ジャーナル』紙は王を世界で"最も注目される50名のビジネス界の女性"の1人として選んだ（表5-4）。2009年に王は香港のフェニックス・テレビから華人経済指導者賞を受賞した。2010年に王は『天下雑誌』から「企業家に最も尊敬される企業家」の第8位に選出された。2011年に王はAPECから「APEC女性企業家賞」を受賞した。同年に『フォーブス（Forbes）』誌から王は「世界で最も影響力のある女性トップ100」の第20位に選出された。また，同年に『フォーチュン（Fortune）』誌から王は「台湾大富豪トップ100」の第1位に選出された。『タイムズ』誌から王は「世界大富豪」の第168位，「アジア大富豪」の第27位に選出された。そして，王は『天下雑誌』から「企業家に最も尊敬さ

表5-4　王雪紅の受賞記録

年別	受賞/名称	評価機関
2005	アジアビジネスのスター 世界で最も注目される50名のビジネス界女性	アメリカ・『ビジネスウィーク』誌 『ウォールストリート・ジャーナル』紙
2009	年度華人経済指導者賞	鳳凰ネット
2010	「企業家に最も尊敬される企業家」の第8位	『天下雑誌』
2011	APEC女性企業家賞 「世界で最も影響力のある女性トップ100」の第20位 「台湾大富豪トップ100」の第1位 「世界大富豪」の第168位，「アジア大富豪」の第27位 「企業家に最も尊敬される企業家」の第3位 第12回CCTV中国経済年度人物	APEC 『フォーブス』誌 『フォーチュン』誌 『タイムズ』誌 『天下雑誌』 中国・中央テレビ

（出所）　張甄薇『王雪紅的故事：智慧型手機女王與她的IT王國』聯經出版事業公司，2012年，131ページ。

第5章　宏達国際電子（HTC）　　　　　　　　　223

れる企業家」の第3位に選出された。中国の中央テレビから王は「第12回CCTV中国経済年度人物」に選出された。

　これだけの輝かしい業績によって，王雪紅の生涯にはどんな波瀾万丈の人生が存在したのか，どんな"勝利の方程式"を辿って，企業家への道を邁進したのかを探ることにする。

(1) "経営の神様"・王永慶の"反逆する娘"

　HTCの董事長（会長）の王雪紅は，台湾の"経営の神様"と呼ばれる台湾プラスチックグループの創業者の王永慶の娘で知られている。周知のように，日本の経営の神様は松下幸之助であり，その"台湾の松下"に相当する人物が王永慶である。

　ここまで紹介すると，「富二代」（金持ちの第2世代）と安易に納得できると考えられる。しかし，王雪紅は父親の援助をいっさい受けないで，自らの努力によって今日の成果を達成したのだ。それが注目される理由である。むしろ，王雪紅は王永慶の"反逆する娘"と呼ばれる。つまり，親がアレンジした平坦な道を蹴って，自ら企業を設けて成功を収めたことが注目されているのである。王雪紅は父親・王永慶のDNAを受け継いで，ドラマチックなサクセス・ストーリーを歩んだのである。

　王雪紅は15歳のときに父親からアメリカに送られ，カリフォルニアの高校を卒業した。卒業後，ピアノが大好きな王はアメリカ・カリフォルニア大学バークレー校の音楽学部作曲学科に入学した。しかし，直ちに音楽の才能がないことに気がついた。そのために，同大学の経済学部に転学部することになった。

　1981年に王雪紅はカリフォルニア大学バークレー校経済学研究科の修士課程を修了後，王永慶がアレンジした台湾プラスチックグループに就職した。しかし，当時，台湾プラスチックの社内では王永慶の第2夫人（王楊嬌）一族（雪紅は3女・末娘）と第3夫人（李寶珠）一族の勢力争いが展開されていた。王雪紅はそれに嫌気を感じ，2番目姉の王雪齢と義理の兄の簡明仁が設けたパソコンとマザーボードの製造企業の大衆電脳（FIC）に転職した。義理の兄の簡明仁は「二二八事件」（1947年2月27日の闇タバコ販売の未亡人の摘発を契機に，28日から台湾全土にわたる抗議デモに対する殺害・弾圧事件）・白色テロの犠

牲者の2代目として知られている(31)。

　姉の王雪齢は15歳でイギリスに渡り，高校卒業後にロンドン大学に進学し，その後，カリフォルニア大学バークレー校の応用数学と統計学の修士課程を修了した。その後，アメリカでの仕事の経験を積んで，1970年に夫の簡明仁とともに台湾に帰国し，2万5,000ドルで大衆電脳を設けた。資金がなく，親のバックアップがない状況で，自らの実力で創業した姉夫婦に王雪紅は尊敬の念を抱いた。いつか自分も自らの事業を起こしたいと，王雪紅は考えていた。

　アメリカでの販路拡大のために，王雪紅は常に1人でアメリカのパソコン展覧会で大きな机の上に大衆電脳の製品を並べて，パソコンや関連部品について説明した。王が台湾に帰国した後，大衆電脳の業務部門の副総経理（副部長）を担当し，昼間は公務に，夜はヨーロッパ市場との国際電話，受注・出荷の催促などに忙殺された。王雪紅が大衆電脳で販売業務を担当した時期は，大衆電脳の全盛期で，1989～1991年に売上高は7倍も増加した。そして，大衆電脳のマザーボードの販売量は世界のトップの座を獲得し，王雪紅は「マザーボードの女王」と呼ばれるようになった(32)。

　実際，王雪紅は最初から順調に成功したのではなかった。スペインから多くのパソコンの受注をもらったが，製品を納めた後，3ヵ月後に代金の70万ドルが支払われなかった。大衆電脳にとっては多額の資金である。大衆電脳は倒産の危機に直面した。ペテン師の詐欺に直面して憤懣の王雪紅は，債務を返済してもらうために航空券を購入し，単身でスペインに飛び立って交渉にあたった。

　スペインで王雪紅は直ちに通訳と弁護士を探し，アパートを借りて長期間にわたって戦う決心をした。そのほかに，王雪紅はボディーガードを雇い，債務の返済を要求したが，相手はペテン師のため，スペインで半年間滞在したが，製品代金の返済を獲得することができなかった。

　70万ドルの代金はもらえなかったが，王雪紅はスペイン滞在期間にヨーロッパ市場の各地で情報を蒐集し，鉄道に乗り換えて全ヨーロッパを回り，大衆電脳のパソコンおよびマザーボードをセールスした。それによって，彼女は大衆電脳のヨーロッパ市場を開拓し，後には大衆電脳の最も重要な市場の1つになった。大衆電脳のマザーボードは，一時的には50%以上の市場シェアを占

めるようになった。このときに訪問した企業および代理店は，後日には王雪紅の最も信頼できるビジネスのパートナーになった。王雪紅が威盛電子（VIA）およびHTCを経営したときにも，ヨーロッパ市場は重要な販売先になっていた。

(2) 企業家への道

　1988年秋，王雪紅は區永禧と離婚し，7年間勤務した大衆電脳を退職して単独でアメリカに渡った。自分のビジネスを起こす準備という理由であった。王永慶は娘の状況を知った後，台湾プラスチックのアメリカ東部機構にポストをアレンジしたが，王雪紅は親の好意を辞退した。王雪紅はロサンゼルス，サンフランシスコ，ニューヨークなどの大都市を回り，最初はコストがかからないパソコンの代理販売を行うことを考えた。しかし，大衆電脳の設立時はパソコンのブーム時期であり，この時期にパソコンはすでに新興ビジネスではなくなっていた。このビジネスは次第に成熟期に入り，発展の潜在力は大きくなかったのである。しかし，他の事業に投資する経験がなく，必要とする資金も不足であった。

　王雪紅はビジネス市場を理解するために，人脈を作るために，多くのIT関連のパーティに参加した。このときに事業のパートナーと生涯にわたり重要な役割を果たす夫の陳文琦と知り合った。王雪紅は陳文琦が潜在的にビジネスのパートナーである可能性を直感し，氏の経歴を調べた。

　陳文琦は台湾大学大学院の電機工程研究所を修了の後，カリフォルニア工科大学大学院のコンピュータ修士学位を獲得した後，インテルなどの著名なIT企業に就職し，構造設計領域で頭角を表していた。1989年に陳文琦はインテルから離職し，自らシンフォニー（Symphony）社を設立してシニア管理者に就いた。このような経歴の持ち主のために，王雪紅の興味を引いて，良い友人になった。

　このときに，王雪紅は陳文琦からの貴重な情報をもらった。シリコンバレーで日系技師が設立したVIA Chip TechnologiesというICチップセットのファブレス（製造部門を持たないで，半導体の設計のみを専門に行うビジネス）企業が経営不振による倒産に直面し，安い価格で企業を売却するという。調査から明

らかになったことは，この企業の製品はトップの大企業の封鎖を突破することができず，淘汰の危機にさらされていた。事実上，この企業の問題点は経営不良にあり，うまく経営を改善すると，業績が回復する潜在力が十分あるという。このようなチャンスは滅多にないとわかり，陳文琦の協力によってVIAの社長と交渉した。双方は直ちに売却協議書を締結したが，当時，王雪紅は手持ちではこのような大金がなく，直ちに台湾に帰国し，貯蓄を取り出したあとに，不足分は母親からもらった住宅を担保に500万台湾元で買収金を揃えることになった。VIAの買収資金について，「父親の王永慶からの財政の援助があるか」の問いに対し，「考えたことがない。恐らくはくれないだろう」と王雪紅はスッパリと答えた。

王雪紅は1982年に大衆電脳に入社し，1992年にVIAを買収して，企業の英語名はVIAのままにして，中国語名を「威盛電子」にした。この10年間に王雪紅はビジネス界の新人から企業の董事長（会長）に一気に登りつめることになった。

威盛電子の設立後，他の台湾のIT企業と同じように，他のパソコン企業にマザーボードのICチップを提供していた。ファブレス企業のために，威盛電子は独自にマザーボードのチップを自らが設計しているが，製造する能力がなく，これらのチップは他社に製造を委託していた。威盛電子のチップは他社よりも安く，優れていた。マザーボードのチップの設計の次に，威盛電子のICチップセット市場に進出するようになった。王雪紅は陳文琦に入社を誘い，陳文琦は自らが2年間経営したシンフォニー（Symphony）を手放し，威盛電子の総経理（社長）に就任した[33]。

その後，王雪紅は陳文琦のかつての同僚の林子牧をスカウトした。林はカリフォルニア工科大学大学院のコンピュータ博士の学位を持ち，IC設計領域の"鬼才"であり，彼が加入すると威盛電子の製品のR&D関連の心配がなくなると考えた。林の大学院の"師匠"は半導体領域権威のカーヴァー・ミード（Carver Mead）教授である。この時期に，林はある株主との意見が合わず，すぐに威盛電子に加入することになった。それ以降，威盛電子のR&Dセンターはシリコンバレーに置き，林子牧がこの部門のトップに就いた。陳文琦は企業運営および企業の同盟戦略を担当し，王雪紅は資金調達およびマーケティング

を担当した。それによって，威盛電子の"鉄のトライアングル"が形成されるようになった[34]。

　競争が激しいチップセット市場において，名が知られておらず威盛電子は多くのIT企業の中の1社で，製品の品質や生産規模のいずれも劣勢に立たされた。しかし幸いにして，姉と義理の兄の大衆電脳が威盛電子の製品全数を購入し，辛うじて生き残れることができた。

　このときに台湾はすでに世界のパソコンの生産基地になり，世界のマザーボードの80％以上が台湾の企業が製造していた。そのために，王と陳は企業戦略を変更し，威盛電子の本社をシリコンバレーから台湾に移転するようになった。その理由は，顧客の近くにいると，顧客の市場ニーズを吸い上げ，直ちに製品に反映しやすいからである。同時に，威盛電子はファブレス（デザインハウス）路線を採用したため，自ら設計したチップをファウンドリー（自社ブランドを持たず，半導体製造委託ビジネス）の台湾積体電路製造（TSMC）に製造を委託するようになった。そうすると，自らが莫大な資金を使いウェハー工場を設けて製造することが不要となるからである。

(3)　インテルへの挑戦

　1994年にCPU（中央演算処理装置）のトップメーカーのインテルはチップセット・ビジネス市場に参入すると発表した。この市場ではすでに熾烈な競争になっていて，この大企業の参入はさらに厳しい競争になることを意味している。この時期，威盛電子は大衆電脳からマザーボード用チップの注文があるため，辛うじて生存を維持することができた。1997年に威盛電子はコンパック（Compaq）と共同でチップセットの開発を行うことになり，コンパックから注文を得ることができた。その後，威盛電子はIBM，HPなどの大企業から多くの注文が得られた。1997年から2001年にかけて，威盛電子は台湾最大のファブレス企業になり，マザーボード用チップはインテルに続く世界第2位に上昇した。

　威盛電子のビジネスが軌道に乗り，王雪紅がホッとしたときに，1999年6月，インテルはアメリカ，イギリスおよびシンガポールなどで威盛電子が特許を侵害したと訴えるようになった。そして，インテルはアメリカの商務省に，インテルと互換性のある威盛電子のチップセットのアメリカへの輸出を禁止す

るように要求した。

インテルの3つの常套手段としては，(1)インテルは突然に製品の設計を変更する。それによって，ライバルは直ちに対応する関連の製品を出荷することができず，予定よりも出荷が遅れるようになる。数回も遅れると販売店から見向きされなくなり，市場から淘汰されるようになる。(2)インテルはライバルと性能が近い部品の価格を大幅に引き下げて，市場シェアを奪い取る戦略を採用する。(3)インテルは特許訴訟の戦略を使い，ライバルが自社の特許を侵害したと訴えることである[35]。

当初，威盛電子がチップセット・ビジネスに参入するときに，インテルの会長兼CEO（最高経営責任者）のアンドリュー・グローブは王雪紅に，「チップセットを作るべきでない。インテルはインテルに挑戦する企業に，厳しく懲罰を加える」と厳しく警告した。この脅迫に王雪紅はめげずに，逆に彼女の負けず嫌いな性格によって，闘志が燃えあがったのである[36]。

王が帰国後，創業のパートナーの陳文琦にこのことを報告した。過去において陳はインテルで構造設計部長を担当し，チップセットの設計とコストに精通していた。「アメリカのチップセットの初期発展のR&Dに着手したのは，ほとんどが台湾からの元・留学生組であった。インテルは他人が参入することを禁止する筋ではない」と陳氏はグローブの警告に不服を示した[37]。

この時期にシリコンバレーのIC産業が衰退気味で，逆に，台湾のICの設計およびR&D能力が強かった。チップセット市場に参入した場合，勝利を収める可能性が大変高いと陳は指摘した。この話を聞いて，王雪紅はライバルからの脅迫があっても，威盛電子はチップセット・ビジネスに参入すると決めた。

1999年7月，インテルはRambusチップセットを開発した。同時に，威盛電子はインテル規格と異なるPC133チップセットを開発した。それによって，威盛電子のチップによってメモリーのDRAMやSRAMの計算速度を大幅に上昇することができた。その後，インテルは市場ニーズの見積りを誤って，チップセットの多大な品不足を招いた。このときに，威盛電子は自社開発のPC133によって，チップセット市場で20億ドル以上を稼ぐようになった[38]。

2000年初めに，威盛電子は世界のチップセット市場で50％のシェアを獲得した。この年に，威盛電子の株価は629台湾元の高値を更新し，台湾証券市場

の最高の株価を記録して，この企業は1,258億台湾元の市場価値を創造するようになった。

この時期に，威盛電子はアメリカ・ナショナルセミコンダクター（NSC）のマイクロプロセッサ部門を買収した。続く，2000年に威盛電子はIDTのサイリクス（Cyrix）およびセントール（Centaur）処理装置事業部を買収し，マイクロプロセッサ市場に参入するようになった。その後，最初のプロトタイプ（試作品）の低電力消費のC3処理装置を開発し，プラットフォームを構築した。それによって，トータル・ソリューションの基礎を作りあげ，世界各地で好評を得ることができた。モバイルPCシステム，サーバーおよびパソコンのCPU（中央演算処理装置）市場に参入するようになった。その後，威盛電子はインテルと特許権のクロス（交差）協議を持つS3を買収し，直接的にインテルのコア事業に参入するようになった[39]。

チップセットからCPUのファブレスを通じて，王雪紅は威盛電子を牽引し，インテルと直接的に対決することになった。インテルは威盛電子のすべての製品が自社の特許を侵害したと訴え，インテルのCPUを使用している企業に圧力を加えた。やむをえず，これらの企業は威盛電子の製品の使用を放棄するようになった。2001年9月，インテルは威盛電子に特許侵害の訴訟の攻勢を再び展開し，アメリカの裁判所に威盛電子が自社の5つの特許を侵害したと訴えた。数日後，威盛電子は直ちに反撃を開始し，アメリカと台湾でインテルが威盛電子の特許を侵害したと訴訟を引き起こした。

当時のインテルの市場価値は威盛電子の数十倍であり，インテルから不断の訴訟によって，威盛電子のチップセットの市場シェアが持続的に減少し，利益の減少および株価の引き下げに大きな影響を及ぼした。最も厳しいのは，従業員の士気が動揺し，集団の他社移籍が頻繁に発生するようになった。王雪紅の自分の能力を超越したインテルへの挑戦は，まるで"小さなエビの大きなクジラへの挑戦である"と業界ではこのような表現をするようになった[40]。

威盛電子は大きなダメージを受けたが，株価もジェットコースターのように急降下するようになり，威盛電子の市場価格も大幅に落ち込むようになった。しかし，王雪紅はめげずに戦いを続けていた。遂に，インテルが尻ごみをするようになった。

その後，威盛電子の信用が大幅に回復し，2005年10月にチップセットの出荷量は450万枚に達し，市場シェアは45％に上昇するようになった。インテルの訴訟によって，威盛電子は倒産の寸前まで追い込まれたが，王雪紅の堅い意志力が威盛電子の困難な時期を支えてきた主な原動力になった。和解の過程の中で，インテルは威盛電子がすべての特許権を譲与する条件を要求したが，王雪紅はインテルの要求を断った。

　一時的に台湾証券取引所の株価トップを記録した威盛電子は，連年の訴訟によって赤字経営になった。2008年のリーマンショックの時期に，威盛電子の株価は1株4.9台湾元まで落ち込んで，"紙屑同然の株券"と表現されるようになった。その後，威盛電子はチップセットのビジネスを次第に放棄するようになり，CPU（中央演算処理装置）に集中するようになった。低価格のネットブックのブームによって，株価1株が十数台湾元に回復するようになった。しかし，競争がますます激しくなり，利潤はますます低減するようになった。

(4) 企業の戦略的同盟

　王雪紅が威盛電子を引率し，マザーボードのチップセットを開発し，多くの製品は業界トップの座を勝ち取った。2002年に威盛電子は「カナン計画」（Project Canaan）を展開した[41]。これは多元的に製品ラインを開発し，人事組織の改造から着手して，威盛電子を劣勢から立ち直らせることを試みたプロジェクトである。威盛電子の計画はロジックICチップ，光学用チップ，製図用チップ（GPU），中央演算処理装置（CPU）およびネット通信用チップに参入することを明らかにした。主要な経営アイテムをコア製品種類別に沿って異なる商業部門に分けて，チップセット企業から更なる飛躍を試みている。

　「王雪紅は消費者の目線で企業を管理し，彼女は技術者でないために，消費者としての直覚で判断している。事後の証明で，これらの決定の大半は正確である」と王雪紅の部下のシニア管理者が証言している[42]。

　王雪紅は父の王永慶の風格を持っていると言われていた。しかし，管理方式の観点から言えば，2人は両極端であり，王永慶は軍隊管理方式の厳しい規律重視の「ハードな管理方式」であり，王雪紅は温情および部下に充分な権限供与する「ソフトな管理方式」である。そのほかに，王雪紅は従業員を理解し，

従業員の意見に耳を傾けている。彼女の秘訣は「永遠に謙虚で，専門家から学ぶ」ことである。

　要するに，王雪紅は「サーバント・リーダーシップ」という修道院の奉仕者タイプのリーダーシップの実現者である。サーバント・リーダーシップとは，(1) リーダーシップについて，皆に共通の正しい認識されたゴールに向かい，一生懸命に向かい，一生懸命に働くよう人々に影響するスキルである。(2) 権力について，他人を力で強い，自分の意のままにさせる能力である。自分の地位あるいは力より，たとえ他人の意思に添わなくても，そうさせる能力のことである。(3) 権威について，自分個人の影響力があるため，自分の意図するよう他人を速く行動させるスキルのことである[43]。

　王雪紅の経営の秘訣は，大胆な投資である。台湾の労働力賃金が高騰し始めると，王雪紅は直ちに中国の華南地域に生産基地を構築し，自社ブランド戦略を選択し，チップセット・ビジネスに参入して，前に述べたように大胆にインテルに挑戦したことである。

　世界最大ブランド諮問企業のインターブランド（Interbrand）から「世界トップ100の最も価値のあるブランド」の1つとして評価されたHTCは，初めてランクインした台湾の企業である。インターブランドの評価によると，当時のHTCのブランド価値は36億500万ドル（約1,107億台湾元）に達している。

　2012年，威盛電子と華碩（エイスース）は企業の戦略的同盟関係を締結し，華碩は低価格のタブレット「ネクサス（Nexus）7」を開発した。このタブレットはサムスン電子，レノボ（聯想）などのライバルと中国市場で対戦するようになった。2013年に華碩のタブレットのネクサス7はアップルのタブレットiPad（アイパット）に続く，世界の第2位を獲得した[44]。

　同年末に，威盛電子と玉山創業投資およびBaustein Centralが共同で記者発表会を開催し，威盛電子からの3DプリンターおよびAPCミニ型マザーボードを展示した。つまり，威盛電子はさらなる新しい領域に参入することを正式に発表したのである。3Dプリンターとは，個人や中小企業が自ら部品を設計し，このプリンターを通じて，金型が要らずに，部品のプロトタイプ（試作品）を作ることができる。これも威盛電子が更なる新しい転換期を迎えることである。

2013年7月，威盛電子は中国の武漢で研究開発センターを設け，従業員数を5倍に増やし，セットトップボックス（Set-Top Box）のチップセットの開発に従事している。

(5) 香港テレビ放送企業の買収

TVBは香港の大衆文化主流の代表企業であり，香港の"映画王"と呼ばれる邵逸夫が創設したものである。TVBは台湾，中国，香港およびマカオの政府が認可したテレビ放送局である。TVB傘下の台湾のTVBSはニュース，芸能，音楽など3つのチャンネルを所有している。

2006年以降，邵逸夫が保有するTVBの株券を売り出すという噂が聞こえてきた。最終的には，王雪紅，アメリカ私募基金会のプロヴィデンス持株組合（Providence Equity Partners）および香港企業家の陳國強などの出資によって香港TVBを買収した。王は26％の持株で最大株主になり，董事長（会長）のポストも掌中に入れた。TVBは香港で8割以上の視聴率を掌握し，制作したテレビ連続劇は世界の華人地域で放映されている。王雪紅がこの企業を買収した理由は「コンテンツ産業と情報のハードウェア，ソフトウェアの結合」であり，これからは「発展できる領域」と判断したからである[45]。

アップルのiPhoneやiPadなどのハードウェアとオンラインショップのアップルストアのiTunes Storeとの結合によって，デジタルコンテンツの領域で大きなビジネスが育った。つまり，これからはハードウェアの分野で稼ぐのが難しくなり，それに比べてデジタルコンテンツ産業などのソフトの分野では稼ぎやすい。それは王雪紅がこの「デジタルコンテンツ王国」に注目した最大の理由である。

それに合わせて，王雪紅はフランス携帯電話のソフト企業の買収によって，プラットフォームのソフトのR&D能力を強化する試みた。中国携帯電話のソフト企業に投資し，携帯電話のウィルス退治を強化した。また，イギリス携帯電話の映像・音声プラットフォームの設計企業を買収し，携帯電話のコンテンツの伝送能力を強化している。

そのほかに，アメリカのクラウドサービス企業を買収し，クラウドのコンテンツ産業を強化している。アメリカのオンラインゲームのプラットフォーム企

業を買収し，携帯電話のゲームを提供している。さらに，台湾のオンライン音楽企業の株券を購入し，モバイル音楽のコンテンツを強化している。これらの配置は，HTCがコンテンツ産業の川上段階から川下段階に至るまでを構築することの現れである。

　2006年に王雪紅は個人の名義で威望国際（Catch Play）に投資し，娯楽の映像・音声のプラットフォームを構成した。この企業は甥の陳主望に任せて経営した。この時期の威望国際はコンテンツの代理企業を行ってきたが，わずか5年間で台湾最大の映画発行企業になった。しかし，当時のモバイルのブロードバンドの環境が芳しくなく，威望国際の映画の代理およびDVDの発行数量が多く，版権費用だけで15億台湾元を使った。そのために，5年間の連続赤字経営になった。投下した費用が回収できず，逆に王雪紅は映画制作企業との間で訴訟に巻き込まれるようになった。

　王雪紅はめげず，威望国際と共同で「Catch Play創業投資1号基金」を設け，2011年から7年間にさらに9億台湾元を投資し，台湾およびハリウッドでの映画制作を計画した。2009年5月，威望国際はハリウッドの映画領域にも参入した。

　威望国際は王雪紅が考えた川上段階から川下段階までに至る垂直統合の娯楽メディア企業のビジネスの姿である。つまり，映画の制作，発行，経営，販売からデジタルコンテンツ産業のサービスに至るまで投入した金額は大変大きい。その結果，HTC Watchのオンライン映画サービスはアップルのiTunes Storeのような役割を果たすことができると期待している。

おわりに

　この30年以来，台湾のハイテク産業は川上段階から川下段階のサプライチェーンを構築したために，世界のハイテク製品の供給基地になっている。これらの企業は主にハイテク産業のOEM・ODM生産を担当し，世界で知られているブランド企業に製品を供給していた。同時に，多くの外貨保有高を累積した黒衣の存在でもあった。

　しかし近年における台湾での生産コストの高騰，熾烈な競争のために，

OEM・ODM生産の利益率の低減をもたらすようになった。その中で最大の"勝ち組"と言われたのは，HTCや華碩などを代表とするブランド企業に変貌したのである。それはW・チャン・キムおよびレネ・モボルニュが指摘した「ブルー・オーシャン戦略」である[46]。これらの企業は完備した流通販路を掌握し，厳しい品質管理によって，消費者から大きな信頼を勝ち取るようになった。

他方，台湾の多くのOEM・ODM製造企業は製造コストの引き下げ，製品のR&Dの強化，生産工程のフローの改善などの「企業内部の管理」および作業システム，チップ製造企業との戦略的連盟の締結，販売流通の創造などの「企業外部の戦略」によって共同でサプライチェーンを強化していた。そのうち，具体的な対策は，川上段階から川下段階に至るまでサプライチェーンの協力，イノベーション新思考のビジネスモデル，製造基地の世界の配置などによって，企業が持続的に発展および安定した利益の獲得を図ってきた。要するに，台湾の多くのOEM・ODM製造企業は企業努力によって「レッド・オーシャン」からの脱却を図っている。

HTCは他の携帯電話のOEM・ODM製造企業と異なった企業戦略を選択してきた。それは，差別化およびPDA，PDA機能付きの携帯電話（PDA Phone）などのニッチ製品を選択し，のちに主流ビジネスのスマートフォンにシフトしたことである。なぜならば，当時ではパソコンなどのOEM・ODM企業は生産規模を持ち，この領域では価格競争が熾烈に推進されている（レッド・オーシャンの世界）。そのために，HTCはパソコンの領域では競争の強みがないため，当時，競争がまだ激しくないPDAおよび携帯電話の参入を選択するようになった。

HTCは技術の優位性である研究開発チームを重視し，新しい技術および新製品を持続的に開発した。それによって，ライバルとの距離を大きく引き離したことになる。そのほかに，携帯電話のソフト企業やIC製造チップ企業との間で戦略的同盟関係を締結し，完璧なバリューチェーンを構築するようになった。HTCは新しいビジネスモデルを構築し，直接的に難易度の高い領域に参入して，通信業者のニーズを製品に反映するビジネスに参入するようになった。

その後，HTCは自社ブランドを構築し，企業の知名度を向上して，自社ブ

ランド戦略を速いスピードで推進するようになった。それによって，HTCの利益の増加を招くようになり，ブランド価値も上昇するようになった。HTCのブランド戦略の過程において，主にブランド・バリューを安定的に構築することができ，ブランド意識（Brand Awareness）を強調するようになった。このブランド戦略は，将来における台湾企業がOEM・ODM生産から選択する方向性を示すものかもしれない。

　HTCは通信事業のODM生産から自社ブランド戦略の選択にシフトし，そのビジネスモデルの最も重要なコアは，製品価値の差異の創造である。顧客のニーズに合わせた開発，新技術のR&D，新製品の多様化，ソフト企業とICチップ企業との戦略的同盟関係の締結および販売流通の配置などを通じて代替することができないバリューチェーン・ネットワークを構築するようになった。

　HTCの株価は2011年に頂点に到達した後，アップルとサムスン電子のトップ企業のスマートフォン（iPhoneとギャラクシー）に対抗しきれず，株価の大きな低下を招き，携帯電話の市場シェアも減少するようになった。販売量が回復しない場合，恐らく他社に合併される運命に直面する危機が潜んでいる。すでに中興通訊，聯想（レノボ）および華為などの中国企業はこの"品物が良く，価格が安い物件"の合併に望みを抱いている。

　つまり，製品の開発能力が不足の企業は，HTCを合併すると，スマートフォンの技術を入手することができ，同時に好評であるブランドを入手することができるからである。台湾のブランド企業はそのままに中国の企業に売却する意思がなく，業績が良い華碩電脳（エイスース）と合併したほうが良いなどという台湾のマスコミの意見もある。2015年3月，周永明は業績の悪化の責任をとり，社長の職から"降格"され，HTC未来開発試験室（Future Development Lab）を主管し，R&D業務を担当するようになった。そして，王雪紅が社長を兼任するようになった。しかし，過去から現在に至るまで，HTCがどんな困難に遭遇しても意志が強靭な王雪紅は最後まで堅持し，逆境から回復すると期待される。

［注］
（1）　朱博湧編『藍海策略台灣版：15個開創新市場的成功故事』天下遠見出版，2006年，

第 8 章。
（ 2 ）　伍忠賢『宏達電股王捍衛戰：王雪紅的慧眼雄心』五南圖書出版，2007 年。
（ 3 ）　林艾莎「生死存亡間，總能找出生機」『優渥』No.49, 2013 年 9 月号，40～48 ページ。
（ 4 ）　洪順慶『台灣品牌競争力』天下雜誌出版社，2006 年。何宜佳「智慧型手機發展趨勢研究」交通大學科技管理研究所碩士論文，2001 年。
（ 5 ）　張甄薇『王雪紅的故事：智慧型手機女王與她的 IT 王國』聯經出版事業，2012 年，224 ページ。陳瓊琪「從台灣智慧型手機設計代工個案探討其競争優勢」中央大學企業管理研究所碩士論文，2004 年。
（ 6 ）　王俊杰「2006 年至 2009 年宏達國際電子（股）公司商業經營模式與品牌價值變化之研究」中央大學財務金融學系碩士論文，2010 年。
（ 7 ）　張甄薇，前掲書，2012 年，249～250 ページ。
（ 8 ）　鍾榮峰「宏達電併購多普達子公司提升全球佈局」CTimes 全球中文電子産業社群平台，2007 年。江逸之「宏達電子執行長周永明：謹慎十年，現在放膽搶第一」『遠見雜誌』2007 年。
（ 9 ）　黃仁律「探討宏達國際電子建構品牌之過程：一個個案研究」清華大學科技管理研究所碩士論文，2008 年。
（10）　林艾莎，前掲論文，2013 年，40～48 ページ。
（11）　張甄薇，前掲書，2012 年，254 ページ。
（12）　陳冠廷「智慧型手機作業系統之競合策略分析」台灣大學商學研究所碩士論文，2008 年。
（13）　張甄薇，前掲書，2012 年，226 ページ，266 ページ。
（14）　張甄薇，前掲書，2012 年，268 ページ。
（15）　蔡承瀚「宏達國際電子公司經營策略之研究」雲林科技大學企業管理系碩士論文，2009 年。
（16）　『工商日報』，『經濟日報』など台湾各紙の新聞記事，2014 年 3 月 16 日～17 日付。
（17）　王生和「手機代工産業之垂直整合研究：以 C 公司為例」高雄大學國際高階經營管理碩士論文，2010 年。
（18）　陳建廷「智慧型手機之産業競争分析」台灣大學企業管理學院碩士論文，2009 年。關緯豪「我國智慧型手機産業競争力分析：以宏達電為例」佛光大學經濟系碩士論文，2010 年。
（19）　陳文治「台灣智慧型手機産業由代工轉型到創品牌之行銷策略分析：以 H 公司為例」中央大學資訊管理學系碩士論文，2012 年。
（20）　『宏達國際電子公司年報』各年版。
（21）　『宏達國際電子公司年報』各年版。
（22）　葉柏鋒「智慧型手機市場之分析：宏達電（hTC）之個案研究」台灣大學管理學院商

学碩士論文，2012 年。
(23) 林艾莎「公司變大，創業精神在哪裡」『優渥』No. 49, 2013 年 9 月号。
(24) 林艾莎，前揭論文，2013 年。
(25) 林艾莎「過不憚改，hTC 才是變形金剛」『優渥』No. 49, 2013 年 9 月号。
(26) 張志豪「自有品牌對企業價值創造之研究：以宏達電為例」中央大學財務金融研究所碩士論文，2009 年。
(27) 江進元「產業轉折點廠商持續性成長策略：台灣電子業廠商的個案研究」台灣大學管理學院碩士論文，2008 年。
(28) 周永明「HTC 創新與品牌之路」『工業技術與資訊』第 225 期，2010 年 7 月，8～11 ページ。王純瑞「周永明，讓宏達電成為台灣之光」『經濟日報』2011 年 3 月 21 日。
(29) 張甄薇，前揭書，2012 年，52 ページ。
(30) 張甄薇，前揭書，2012 年，225 ページ。
(31) 簡明仁の父親・簡吉は農民運動に参加したために，1947 年の 228 事件・白色テロ時に銃殺された。
(32) 廖淑鈴「不鬥人事，我闖天地」『優渥』No. 49, 2013 年 9 月号。
(33) 李煉祥「智慧型手機軟體商店之商業模式分析」中央大學資訊管理研究所碩士論文，2011 年。
(34) 李曉夫「做好準備，看準，專挑明日之星」『優渥』No. 49, 2013 年 9 月号。
(35) 李曉夫「小蝦米鬥贏大鯨魚」『優渥』No. 49, 2013 年 9 月号。
(36) 張甄薇，前揭書，2012 年，175 ページ。李伯彥「智慧型手機廠商的網路服務策略：以 HTC 為例」台灣大學管理學院碩士論文，2011 年。
(37) 翁于荃「創新歷程研究：以行動通訊產業宏達電為例」交通大學經營管理研究所碩士論文，2012 年。張甄薇，前揭書，2012 年，176 ページ。
(38) 朱思穎「台灣智慧型手機製造商經營策略分析：以宏達電為例」清華大學科技管理研究所碩士論文，2010 年。陳潔寧「宏達電的挑戰」清華大學科技管理研究所碩士論文，2012 年。
(39) 吳宜真「企業自創品牌歷程解析：以宏達電 HTC 為例」世新大學傳播管理學系碩士論文，2012 年。劉建君「台灣智慧型手機廠商宏達電之競爭優勢分析」交通大學科技管理研究所碩士論文，2011 年。李曉夫，前揭論文，2013 年。
(40) 張甄薇，前揭書，2012 年，185 ページ。江逸之「四大改變　宏達電拼突圍」『天下雜誌』第 494 期，2012 年 4 月 7 日。
(41) カナン計画（Project Canaan）。カナンとは，神がアブラハムとその子孫に与えると約束した地のこと。
(42) 林正寬「台灣智慧型手持設備廠商新商業模式之策略創新分析」政治大學經營管理碩士論文，2008 年。李雅惠「智慧型手機市場研發策略分析：以宏達電為例」清華大學科技管理學院碩士論文，2012 年。

(43) Hunter, James, *The Servant: A Simple Story About the Essence of Leadership*, Random House, 1998（石田量訳『サーバント・リーダーシップ』PHP研究所，2004年。同書籍は，高山祥子訳『サーバント・リーダー：「権力」ではない。「権威」を求めよ』海と月社，2012年に再訳された）。

(44) 朝元照雄『台湾の企業戦略：経済発展の担い手と多国籍企業化への道』勁草書房，2014年，第5章。

(45) 廖薇真「再捧明日之星，誰是下個第一」『優渥』No.49，2013年9月号。

(46) Kim, W. Chan, and Mauborgne, Renee, *Blue Ocean Strategy: How to Create Uncontested Market Space and Make the Competition Irrelevant*, Harvard Business School Press, 2005（入山章栄・有賀裕子訳『ブルー・オーシャン戦略：競争のない世界を創造する』ランダムハウス講談社，2005年）。

初出論文

　以下の各章の初出論文の掲載元である。本書に掲載した各章はこれらの論文に加筆修正したものである。

第1章：「中華電信（CHT）の企業研究：公営事業民営化の変遷過程」『エコノミクス』第21巻第1・2号，2016年。
第2章：「国泰金控（キャッセイ・フィナンシャル・ホールディングス・グループ）の企業戦略：世華聯合商業銀行と第七商業銀行のM&Aによる勢力の拡大」『エコノミクス』第20巻第1・2号，2015年10月。この論文の1部分は日本国際経済学会2015年度第2回九州・山口地区研究会（於：西南学院大学，2015年12月26日）で発表。
第3章：「ジャイアント（巨大機械工業）の企業研究：ツール・ド・フランスの賛助によるユーザー・イノベーション戦略とコア・ケイパビリティの追求」『エコノミクス』第20巻第1・2号，2015年10月。この論文は日本台湾学会第18回学術大会（於：宇都宮大学，2016年5月21日）で発表。
第4章：「宏碁（エイサー）の企業戦略：ゲートウェイ，パッカード・ベルなどの買収による多ブランド戦略の選択」『エコノミクス』第19巻第3・4号，2015年3月。この論文は日本経済政策学会第73回全国大会（於：九州産業大学，2016年5月29日）で発表。
第5章：「宏達国際電子（HTC）の企業戦略と企業家王雪紅：自社ブランド構築へのプロセス」『エコノミクス』第19巻第1・2号，2014年12月。この論文の1部分は日本国際経済学会2014年度第1回九州・山口地区研究会（於：西南学院大学，2014年9月12日），日本国際経済学会九州・山口地区研究会および九州産業大学経営産業研究所共催シンポジューム（於：九州産業大学，2014年12月20日）で発表。

人名索引

（台湾在住の本省人・外省人および在米台湾系・中国系の名前は，原則的にウェード式（Wade-Giles System）ローマ字を使用する。1949年以降，中国在住の中国人は漢語拼音を使用する。）

アーカー，デービッド（Aaker, David A.）
　182, 193, 194
阿部孝太郎　139
アフレンス（Ahrens, Oliver）　166, 168
阿久津聡　193, 194
有賀裕子　238
朝元照雄　46, 76, 138, 193, 194, 238

バリー，デデ・ディモート（Barry, Dede Demet）　110
ベガ，ラルフ・デ・ラ　215
ベロキ，ホセバ　109, 139
Birkin, Michael　152
ブレントジェス，バート（Brentjes, Bart）
　110
Brookfield, Jonathan　140
バローズ，マイケル（Burrows, Michael）
　101, 117, 127

陳國強（Chan, Charles Kwok-Keung）　214, 232
詹雅雯（Chan, Ya-Wen）　194
張甄薇（Chang, Chen-Wei）　222, 236, 237
張志豪（Chang, Chih-Hao）　194, 237
張祿坤（Chang, Chuo-Kun）　47
張紹明（Chang, Shao-Ming）　46
張書文（Chang, Shu-Wen）　140
張滋彬（Chang, Tzu-Pin）　139
張晏蓉（Chang, Yen-Jung）　47
張妍婷（Chang, Yen-Ting）　76
趙國亨（Chao, Kuo-Heng）　140
趙子泰（Chao, Tzu-Tai）　193

陳嘉慧（Chen, Chia-Hui）　46
陳巧風（Chen, Chiao-Feng）　153
陳潔寧（Chen, Chieh-Ning）　237
陳建仁（Chen, Chien-Jen）　77
陳建廷（Chen, Chien-Ting）　236
陳瓊琪（Chen, Chiung-Chi）　236
陳主望（Chen, Chu-Wang）　204, 233
陳俊毅（Chen, Chun-I）　138
陳俊聖（Chen, Chun-Sheng）　153, 172
陳倚瑄（Chen, I-Hsuan）　140
陳瑞敏（Chen, Jui-Min）　192
陳冠廷（Chen, Kuan-Ting）　236
陳淑美（Chen, Shu-Mei）　140
陳水扁（Chen, Shui-Pien）　77
陳添枝（Chen, Tain-Jy）　46, 76
陳太齡（Chen, Tai-Ling）　76
陳盈秀（Chen, Ying-Hsiu）　193
陳文琦（Chen, Wen-Chi）　225, 226, 228
陳文治（Chen, Wen-Chih）　236
鄭秋霜（Cheng, Chiu-Shuang）　192
鄭榮櫃（Cheng, Jung-Tung）　47
鄭陸霖（Cheng, Lu-Lin）　138
鄭名哲（Cheng, Ming-Che）　192
鄭柏凱（Cheng, Po-Kai）　140
賈尚文（Chia, Shang-Wen）　192
江進元（Chiang, Chin-Yuan）　237
江逸之（Chiang, I-Chih）　236, 237
蔣介石（Chiang, Kai-Shek）　48
姜世榮（Chiang, Shih-Jung）　47
蔣淑鈴（Chiang, Shu-Ling）　47
簡吉（Chien, Chi）　237
簡明仁（Chien, Ming-Jen）　223, 237

秦順隆（Chin, Shun-Lung）　46
邱金蘭（Chiu, Chin-Lan）　60, 76
裘以嘉（Chiu, I-Chia）　140
周正賢（Chou, Cheng-Hsien）　192
周慧菁（Chou, Hui-Ching）　192
周立鼎（Chou, Li-Ting）　140
周永明（Chou, Peter）　195, 200, 201, 205, 215, 221, 235-237
周素素（Chou, Shu-Shu）　47
周子瑜（Chou, Tzu-Yu）　78
周延鵬（Chou, Yen-Peng）　122, 140
朱立倫（Chu, Li-Lun）　77
朱博湧（Chu, Po-Yung）　235
朱思穎（Chu, Ssu-Ying）　237
瞿宛文（Chu, Wan-Wen）　138
區永禧（Chu, Yung-Hsi）　225
莊惠鈞（Chuan, Hui-Chun）　138
鍾榮峰（Chung, Jung-Feng）　236
鍾佩勳（Chung, Pei-Hsun）　46
卓火土（Chuo, Huo-Tu）　195-197, 200, 201
クラーク（Clark, Kim B.）　98, 99, 102, 137, 138
コルナコ，エルネスト（Colnago, Ernesto）　139, 140
Coleman, Glenn　138
Crown, Judith　138

デペンダ（Deppeler, Walter）　166
丁毅（Ding, Yi）　144
土肥志穂　138
ダイアー（Dyer, Lunn）　155

アイゼンハワー（Eisenhower, Dwight David）　6
Erich, J.　193

方燕玲（Fang, Yen-Ling）　77
フェラン＝プレヴォ，ポーリーヌ（Ferrand-Prévot, Pauline）　80
Fox, Megan　153

ゲイツ，ビル（Gates, Bill; Gates III, Willan Herry）　200
ゲシュケ，シモン（Geschke, Simon）　79
グローブ，アンドリュー（Grove, Andrew Stephen）　228

八田外代樹　48
八田與一　48
ヒッペル，エリック・フォン（Hippel, Eric von）　101, 137, 139
何宜佳（Ho, I-Chia）　236
夏維廷（Hsia, Wei-Ting）　140
謝志明（Hsieh, Chih-Ming）　46
謝思全（Hsieh, Ssu-Chuan）　138
謝文菁（Hsieh, Wen-Ching）　47
薛英超（Hsneh, Ying-Chao）　47
徐欣瑩（Hsu, Hsin-Ying）　77
徐培軒（Hsu, Pei-Yuan）　184, 193
黃安（Huang, An）　78
黃欽勇（Huang, Chin-Yung）　179, 193
黃富三（Huang, Fu-San）　8, 45, 46
黃錫泉（Huang, Hsi-Chuan）　47
黃旭男（Huang, Hsu-Nan）　46
黃惠美（Huang, Hui-Mei）　47
黃意婷（Huang, I-Ting）　46
黃仁律（Huang, Jen-Lu）　236
黃金寶（ワン，カンポ＝Wong, Kampo）　89
黃蘭貴（Huang, Lan-Kui）　139
黃銘章（Huang, Ming-Chang）　192
黃奇帆（Huang, Qi-Fan）　170
黃少華（Huang, Shao-Hua）　142, 153, 160, 172
黃資婷（Huang, Tzu-Ting）　153
黃莞茹（Huang, Wan-Ju）　46
黃揚期（Huang, Yang-Chi）　192
洪鈴琪（Hung, Ling-Chi）　46, 47
洪順慶（Hung, Shun-Ching）　236
Hunter, James　238
ハンチントン（Huntington, Samuel P.）　77

入山章栄　238

人名索引

石田量　238
石垣智德　193

樫村志保　193
ハリール（Khalil, T. M.）　100, 139
金正恩（Kim, Jong-Un）　205
キム，W. チャン（Kim, W. Chan）　234, 238
キッテル，マルセル（Kittel, Marcel）　79
小林哲　193
Koehn, Nancy F.　193
小池洋一　138
駒形哲哉　138
關緯豪（Kuan, Wei-Hao）　236
郭婉容（Kuo, Shirley W. Y.）　17
高次軒（Kuo, Tzu-Yuan）　193

賴松鐘（Lai, Sung-Chung）　46
賴泰岳（Lai, Tai-Yueh）　168
ランチ，ジャンフランコ（Lanci, Gianfranco）
　iii, 165, 166, 168, 171, 175, 176, 190
李登輝（Lee, Teng-Hui）　14
レオナルド，ドロシー（Leonard-Barton, Dorothy）　105, 139
李健民（Li, Chien-Min）　192
李中友（Li, Chung-Yu）　194
李曉夫（Li, Hsiao-Fu）　237
李惠雯（Li, Hui-Wen）　140
李怡霖（Li, I-Lin）　192
李瑞芬（Li, Jui-Fen）　140
李焜耀（Li, Kun-Yao）　155, 160, 161, 165
李煉祥（Li, Lien-Hsiang）　237
李寶珠（Li, Pao-Chu）　223
李並光（Li, Ping-Kuang）　77
李伯彥（Li, Po-Yen）　237
李雅惠（Li, Ya-Hei）　237
李育蓉（Li, Yu-Jung）　46
李郁亭（Li, Yu-Ting）　51, 77
廖進福（Liao, Ching-Fu）　47
廖珊鈫（Liao, Shih-Chin）　193
廖壽聰（Liao, Shou-Tsung）　77
廖淑鈴（Liao, Shu-Ling）　237

廖薇真（Liao, Wei-Chen）　238
連戰（Lien, Chan）　3
林艾莎（Lin, Ai-Sha）　236, 237
林靜宜（Lin, Ching-I）　89, 138
林正寬（Lin, Cheng-Kuan）　237
林家和（Lin, Chia-He）　142
林錦暖（Lin, Chin-Nuan）　140
林憲銘（Lin, Hsien-Ming）　160, 161
林信昌（Lin, Hsin-Chang）　192
劉銘傳（Lin, Ming-Chnan）　4, 5
林秉洋（Lin, Ping-Yang）　47
林紹琪（Lin, Shao-Chi）　192
林淑芬（Lin, Shu-Fen）　139
林大景（Lin, Ta-Ching）　46
林子超（Lin, Tzu-Chao）　76
林子牧（Lin, Tzu-Mu）　226
林維偉（Lin, Wei-Wei）　193
劉兆玄（Liu, Chao-Shiuan）　21
劉哲宇（Liu, Che-Yu）　47
劉建君（Liu, Chien-Chun）　237
劉慶東（Liu, Ching-Tung）　195
劉仁傑（Liu, Jen-Chieh）　140
劉金標（リュー，キング＝Liu, King）　ii, 86-89, 92, 97
劉英武（Liu, Ying-Wu）　144, 156, 157
羅祥安（ロー，トニー＝Lo, Antony）　87, 89, 106, 131

馬英九（Ma, Ying-Chiu）　77
モボルニュ，レネ（Mauborgne, Renee）　234, 238
ミード，カーヴァー（Mead, Carver）　226
メルクス，エディ　139
苗豊強（Miao, Feng-Chiang）　154
水越豊　47
Mortazavi, Amin　153

中田善啓　193
中辻萬治　47
野嶋剛　138

小川進　139
尾崎久仁博　193

ポーリーンホ，セルジオ（Paulinho, Sergio）110
彭家怡（Peng, Chia-I）　139
ポーター，マイケル（Porter, Michael E.）24, 25, 47

ルービン，アンディー（Rubin, Andy）　205

佐藤幸人　138
シュミッドライナー（Schmidleithner, Rude）166
施昭雄　138
邵逸夫（Shaw, Run Run）　232
沈志賢（Shen, Chih-Hsien）　77
沈立均（Shen, Li-Chun）　142
沈祐綾（Shen, Yu-Ling）　77
盛宣懷（Sheng, Hshan-Huai）　46
施正成（Shih, Cheng-Cheng）　140
施振榮（シー，スタン＝Shin, Stan）　141, 142, 148, 153, 154, 156-161, 165, 171, 172, 174, 178, 181, 185, 191-194
孫文（Sun, Yat-Sen）　16
宋楚瑜（Sung, Chu-Yu）　77, 78

田畑曉生　139
田畠真弓　179, 193
邰中和（Tai, Chung-He）　142
戴文杰（Tai, Wen-Chieh）　193
高山祥子　238
田中靖夫　138
鄧陽傳（Teng, Yang-Hsi）　46
丁秀鳳（Ting, Hsiu-Feng）　204
丁日昌（Ting, Jih-Chang）　4, 5
土岐坤　25, 47
トマック，ジョン（Tomac, John）　101, 117, 127
陶山計介　193
蔡鎮宇（Tsai, Chen-Yu）　66

蔡承瀚（Tsai, Cheng-Han）　236
蔡嘉文（Tsai, Chia-Wen）　77
蔡萬春（Tsai, Wan-Chun）　66
蔡萬霖（Tsai, Wan-Lin）　66
蔡英文（Tsai, Ying-Wen）　77, 78
臧之慶（Tsang, Chih-Ching）　139
曾紀澤（Tseng, Chi-Tse）　45
曾雅妮（ツェン，ヤニ＝Tseng, Ya-Ni）　152, 186, 189
涂金泉（Tu, Chin-Chuan）　142
杜綉珍（Tu, Hsiu-Chen）　89

梅本春夫　193

フォス，マリアンヌ（Vos, Marianne）　80
王振堂（Wang, Chen-Tang）　153, 160, 161, 166, 168, 171, 172, 191
王楨徳（Wang, Chen-Te）　140
王雪紅（Wang, Cher）　195, 196, 199, 200, 204, 205, 207, 214, 217, 221, 230-233, 235, 236
王樵一（Wang, Chiao-I）　194
王建民（ワン，チェンミン＝Wang, Chien-Min）　150, 186, 189
王清全（Wang, Ching-Chueh）　46
王俊杰（Wang, Chun-Chieh）　236
王純瑞（Wang, Chun-Jui）　237
王富民（Wang, Fu-Min）　76
王恒陽（Wang, Heng-Yang）　47
王馨苓（Wang, Hsin-Ling）　77
王雪樺（Wang, Hsueh-Hua）　153, 194
王雪齡（Wang, Hsueh-Ling）　223, 224
王如玄（Wang, Ju-Hsuan）　77
王貴雪（Wang, Kui-Hsueh）　204
汪國華（Wang, Kuo-Hua）　70
王生和（Wang, Sheng-He）　236
王楊嬌（Wang, Yang-Chieh）　223
王永慶（Wang, Yung-Ching）　223, 226, 230
王維鈴（Wang, Wei-Ling）　140
渡辺幸男　138
渡辺利夫　46, 76
魏錫鈴（Wei, Hsi-Ling）　138

翁建仁（Weng, Chien-Jen）　153, 170-172
翁于荃（Weng, Yu-Chuan）　237
ウィールライト（Wheelwright, Steven C.）
　98, 99, 102, 137, 138
伍忠賢（Wu, Chung-Hsien）　236
呉宜真（Wu, I-Chen）　237
呉宗翰（Wu, Tsung-Han）　140
呉文勝（Wu, Wen-Sheng）　47

山口和幸　138, 139
楊金發（Yang, Chin-Fa）　193, 194
楊佳穎（Yang, Chia-Ying）　140

葉紫華（イー，キャロリン＝Yeh, Carolyn）
　142
葉怡慧（Yeh, I-Hui）　139
葉柏鋒（Yeh, Po-Feng）　236
顏和正（Yen, He-Cheng）　194
顏逸萱（Yen, I-Hsuan）　140
殷之浩（Yin, Chih-Hao）　154
俞國華（Yu, Kuo-Hua）　49

ザッカーバーグ，マーク（Zuckerberg, Mark Elliot）　215
周立群（Zhou, Li-Qun）　138

事項索引

アルファベット

A-Team　　80, 89, 93, 102, 125, 128, 129, 131-137, 140
BenQ　→　明基電通
EMS　　i
HTC　→　宏達国際電子
PDA（携帯情報端末）　　iii, 196, 197, 199-202, 210
PDA機能付きの携帯電話（PDA Phone）　　iii, 201, 202, 234
PPM分析　　41
SWOT戦略　　37, 38
SWOT分析　　4, 32, 36, 37
TSMC　→　台湾積体電路製造
WTO加盟　　37, 76

ア行

アジア太平洋運営センター　　14
アップル　　iii, v, 170, 206-208, 212-214, 219, 231, 232, 235
アンドロイド（Android）　　iii, 205, 206, 208, 210, 213, 218, 219
威盛電子（VIA）　　195, 200, 207, 225-232
緯創資通（Wistron＝ウィストロン）　　iii, iv, vi, 161-164, 195
インテル　　172, 225, 227-231
烏山頭ダム　　48
エイサー（宏碁）　　ii-iv, vi, 31, 141-194
エイスース（華碩電脳）　　i, iii, iv, 47, 141, 162, 167, 168, 170, 173, 188-190, 200, 205, 231, 234, 235

カ行

佳世達　　164, 165
家電下郷　　190
カナン計画（Project Canaan）　　230, 237
嘉南大圳　　48
機能型携帯電話（Feature Phone）　　210
群創光電（イノラックス）　　i
ゲートウェイ（Gateway）　　iii, 141, 151, 166-168, 177, 181-183
コア・ケイパビリティ　　79, 86, 95, 96, 101, 102, 104-107, 115, 117-119, 121
公営事業の民営化　　i, ii, 3, 4, 14, 16-18, 33, 40
宏達国際電子（HTC）　　iii, iv, vi, 173, 195-223, 231, 233-235
廣達電脳（クアンタ）　　160, 163, 190, 195, 205
工業技術研究院（ITRI）　　i, 83, 85, 97, 101, 107, 130, 139, 154
国共内戦　　9, 46
国泰FH（国泰金融控股）　　ii-iv, vi, 50, 54, 55, 57-65, 68-75
国民党　　77
コルナゴ（Colnago）　　106, 111, 131, 139, 140

サ行

最後の1マイル　　29, 30, 32, 33, 36
サーバント・リーダーシップ　　231, 238
サービス貿易協定　　77
サムスン電子　　212, 213, 219, 231, 235
三一三多　　161, 163, 167, 172, 174
ジャイアント（巨大機械工業）　　ii, iv, 79, 80, 85-97, 100-120, 122-131, 133-138
シュウィン（Schwinn）　　91, 92, 100
新竹科学工業園区　　i, 156
仁寶（コンパル）　　160, 163, 190, 195
スマートフォン　　vi, 172, 203-210, 212-214,

217, 220, 221, 234, 235
スマイルカーブ仮説　161, 178, 179, 181

タ 行
台湾意識　78
台湾証券取引所　iii, 14, 52, 56, 58, 59, 163, 171, 197, 198, 222
台湾積体電路製造（TSMC）　i, vi, 148, 158, 227
台湾総督府　5, 48
タブレット　iii, 170, 172, 190, 231
中華電信（CHT）　i-iii, vi, 3, 4, 14, 16, 18-23, 25, 27-29, 31-47, 203, 210
ツール・ド・フランス　79, 80, 102, 105, 106, 109, 111, 137-139
電信三法　i, 4, 14, 18
電信総局　6, 10-19, 46

ナ 行
二二八事件　223
ネットブック　iii, 167, 168, 188
ノートパソコン　i, 147, 149-153, 166-171, 173, 176, 186, 187, 190, 195, 196

ハ 行
パッカード・ベル（Packard Bell: PB）　iii, 141, 151, 166-168, 177, 181-183
ひまわり運動　77, 78
ファイブ・フォース　4, 24, 25, 32, 47

ファウンドリー　i
ファストフードモデル　159
ファブレス　i
フィナンシャル・ホールディングス法　ii, 50, 54, 64, 76
富邦 FH　52, 54, 55, 57-60
ブランド・リーダーシップ　182, 191, 193
プロジェクト・マッピング　98, 99, 137
プロダクト・ポートフォリオ・マネジメント（PPM）　4, 41
鴻海（ホンハイ）　i, iv, v, 31, 163, 190

マ 行
マザーボード　173, 188, 196, 224, 225, 230
民進党（民主進歩党）　49, 77, 78
明基電通／明碁電脳（BenQ）　iii, 155, 157, 161-165, 205
メリダ（Merida）　85, 95, 128-130, 131, 133

ヤ 行
ユーザー・イノベーション　79, 101, 102, 105, 137, 139

ラ・ワ行
両岸金融管理覚書（MOU）　59, 74
両岸経済協力仕組協議（ECFA）　59
聯発科技（メディアテック）　i, iv
和碩（ペガトロン）　iv, 162, 188

著者紹介

朝元　照雄（あさもと　てるお）

1950年生まれ。筑波大学大学院社会科学研究科博士課程修了・博士（経済学）。

株式日立製作所技術部主任・副参事、ハーバード大学フェアバンク東アジア研究センター客員研究員を経て、現在は九州産業大学経済学部教授・同大学院経済・ビジネス研究科教授。

主著は『現代台湾経済分析』勁草書房、1996年；『台湾経済論』（共編）勁草書房、1999年；『台湾の経済開発政策』（共編）勁草書房、2001年；『台湾の産業政策』（共編）勁草書房、2003年；『開発経済学と台湾の経験』勁草書房、2004年；『台湾農業経済論』（共著）税務経理協会、2006年；『台湾経済入門』（共編）勁草書房、2007年；『台湾経済読本』（共編）勁草書房、2010年；『台湾の経済発展』勁草書房、2011年；『台湾の企業戦略』勁草書房、2014年など。

(asamoto@ip.kyusan-u.ac.jp)

台湾企業の発展戦略
ケーススタディと勝利の方程式

2016年7月25日　第1版第1刷発行

著者　朝元　照雄

発行者　井村　寿人

発行所　株式会社　勁草書房

112-0005 東京都文京区水道2-1-1　振替 00150-2-175253
（編集）電話 03-3815-5277／FAX 03-3814-6968
（営業）電話 03-3814-6861／FAX 03-3814-6854

三秀舎・松岳社

© ASAMOTO Teruo　2016

ISBN978-4-326-50427-5　　Printed in Japan　　

〈(社)出版者著作権管理機構　委託出版物〉
本書の無断複写は著作権法上での例外を除き禁じられています。複写される場合は、そのつど事前に、(社)出版者著作権管理機構（電話 03-3513-6969、FAX 03-3513-6979、e-mail: info@jcopy.or.jp）の許諾を得てください。

＊落丁本・乱丁本はお取替いたします。
http://www.keisoshobo.co.jp

朝元照雄
台湾の企業戦略
経済発展の担い手と多国籍企業化への道

A5 判　3,400 円
50399-5

朝元照雄
台湾の経済発展
キャッチアップ型ハイテク産業の形成過程

A5 判　3,200 円
50354-4

渡辺利夫・朝元照雄 編著
台湾経済読本

A5 判　2,800 円
50330-8

渡辺利夫・朝元照雄 編著
台湾経済入門

A5 判　2,800 円
50289-9

朝元照雄
【オンデマンド】
現代台湾経済分析
開発経済学からのアプローチ

A5 判　3,600 円
98092-5

赤羽　淳
東アジア液晶パネル産業の発展
韓国・台湾企業の急速キャッチアップと日本企業の対応

A5 判　3,200 円
50396-4

西村英俊・小林英夫 編
ASEAN の自動車産業
ERIA＝TCER アジア経済統合叢書　第 7 巻

A5 判　近刊
50423-7

―――――――――――――――――――――― 勁草書房刊

＊表示価格は 2016 年 7 月現在。消費税は含まれておりません。